汽车专业技能型教育创新教材

汽车电气系统结构与维修图解教程

第 2 版

组　编　东莞市凌凯教学设备有限公司
主　编　谭本忠
参　编　胡　波　谭红平　谭秋平　张远军　张国林　李阳阳
　　　　李志杰　李　明　曾放生　宋祥贵　吴林勇　向建华

机械工业出版社

本书对汽车电气系统与维修进行了系统的阐述，主要包括电源系统、起动系统、点火系统、照明及信号装置系统、仪表和警告灯信号系统、电动附件六个方面的内容。本书在系统介绍汽车电气系统理论知识的同时，结合了大量图表和典型案例，使读者易学习、易理解、易掌握、易应用。

本书可作为中等职业院校和技工学校汽车修理、汽车电气等相关专业的教材，也可供汽车维修行业人士和汽车工程技术人员参考阅读。

为方便教学，本套教材专门配备了 PowerPoint（PPT）形式的配套教学课件，可供广大教师选用。在 http://www.cmpedu.com 网站上，注册后即可下载教材课件；或与机械工业出版社联系，编辑热线：010-88379771。

图书在版编目（CIP）数据

汽车电气系统结构与维修图解教程/谭本忠主编．—2版．—北京：机械工业出版社，2016.11（2025.3重印）
汽车专业技能型教育创新教材
ISBN 978-7-111-55174-4

Ⅰ.①汽… Ⅱ.①谭… Ⅲ.①汽车—电气系统—结构—教材②汽车—电气系统—车辆修理—教材 Ⅳ.①U472.41

中国版本图书馆 CIP 数据核字（2016）第 248071 号

机械工业出版社（北京市百万庄大街22号 邮政编码100037）
策划编辑：连景岩 杜凡如 责任编辑：连景岩 杜凡如 张利萍
责任校对：樊钟英 封面设计：鞠 杨
责任印制：常天培
北京中科印刷有限公司印刷
2025年3月第2版第7次印刷
184mm×260mm·10.75印张·257千字
标准书号：ISBN 978-7-111-55174-4
定价：29.00元

电话服务　　　　　　　　网络服务
客服电话：010-88361066　　机　工　官　网：www.cmpbook.com
　　　　　010-88379833　　机　工　官　博：weibo.com/cmp1952
　　　　　010-68326294　　金　书　网：www.golden-book.com
封底无防伪标均为盗版　　　机工教育服务网：www.cmpedu.com

丛 书 序

当今正值国家大力推广职业教育之际，各地教育机构紧抓机遇，大胆革新，积极推行新的职业教育方法与思路。

本套创新教材根据职业需求和岗位要求而设置教学项目，同时将知识系统和技能系统化整为零，使学员能做到学一样精一样，同时在细化深入的前提下掌握解决问题的途径和思路。

本套教材强化职业实践的实用性教学，对理论教学的要求是将抽象深奥的知识简单化、形象化和感性化，使学员能够轻松掌握，并联系实际，融入实践，同时在实践教学中结合理论认识能将实践认知与经验总结为理论。这样，在学中做，在做中学，巩固知识，强化技能。

综合上述特点和要求，创新教材应该具有系统分块，知识点与技能点结合，理论描述简明，实践叙述符合职业规范，能直接感知并参照操作的特点。

很多与汽车专业相关的职业院校与职教中心在进行教学改革的同时也在进行教材更新，但大多数是在传统教学教材的基础上改编而来的，无法摆脱原有的形式和限制，编写出来的教材往往难以普及并发挥实效。

我们综合汽车运用与维修、汽车检测与维护技术等专业课程设置的要求，同时考虑到职业需求和岗位的设置，将本套创新教材分为汽车机修技术、汽车电子技术、汽车故障诊断技术、汽车车身修复技术、汽车美容与装饰技术、汽车保养与维护技术六大块，同时为保证专业课程有理论和技术基础，设置了汽车机械基础、汽车电学基础、汽车维修专业英语以及汽车文化四门基础课。各个专业分类之下是核心与主干课程，如机修类之下包括汽车发动机与汽车底盘，电子类之下包括汽车电器、汽车空调、汽车发动机电控系统、汽车自动变速器、汽车安全舒适系统等。

这套教材作为学生课本，主要突出实图、实例及原理、检测、维修与案例相结合。配套开发的还有教学课件，我们力图通过这种方式使此套创新教材成为一种立体化的、学员易学、教师易教、效果独到的专业化教材。

编　者

目录 Contents

丛书序
第一章　电源系统 ··· 1
　第一节　蓄电池的构造 ·· 1
　第二节　蓄电池的工作原理 ·· 3
　第三节　蓄电池的使用与检修 ··· 4
　第四节　发电机的构造 ·· 9
　第五节　发电机的工作原理 ··· 12
　第六节　发电机的使用与检修 ·· 16
　第七节　电源系统的常见电路实例 ·· 22
　第八节　电源系统的常见故障与检修 ··· 24

第二章　起动系统 ·· 28
　第一节　起动机的构造 ·· 28
　第二节　起动机的结构类型 ··· 31
　第三节　起动机的工作原理与工作过程 ·· 33
　第四节　起动机的使用与检修 ·· 36
　第五节　起动系统的故障维修案例 ·· 43

第三章　点火系统 ·· 45
　第一节　点火系统的种类与工作原理 ··· 45
　第二节　点火系统的组成及构件 ··· 55
　第三节　点火系统电路实例 ··· 62
　第四节　点火系统的使用与检修 ··· 64
　第五节　点火系统的故障维修案例 ·· 75

第四章　照明及信号装置系统 ·· 79
　第一节　照明与信号系统的组成 ··· 79
　第二节　照明信号装置的构造与控制电路 ··· 82
　第三节　照明信号系统的常见故障与检修 ··· 97
　第四节　照明信号系统的故障维修案例 ·· 102

第五章　仪表和警告灯信号系统 ··· 106
　第一节　认识仪表板 ·· 106

|第二节　仪表的构造及工作原理 …………………………………………… 109
|第三节　警告灯信号装置的构造及工作原理 ……………………………… 115
|第四节　汽车电子显示装置的构件 ………………………………………… 117
|第五节　仪表和警告灯信号系统的故障与检修 …………………………… 119
|第六节　仪表和警告灯信号系统的故障维修案例 ………………………… 123

第六章　电动附件 …………………………………………………………… 128
 第一节　电动车窗的原理与检修 …………………………………………… 128
 第二节　电动刮水器的原理与检修 ………………………………………… 137
 第三节　电动后视镜的原理与检修 ………………………………………… 146
 第四节　电动座椅的原理与检修 …………………………………………… 149
 第五节　中控门锁、防盗报警系统的原理与检修 ………………………… 155

参考文献 ……………………………………………………………………… 164

第一章

电 源 系 统

第一节 蓄电池的构造

汽车蓄电池是一种储存电能的装置,一旦连接外部负载或接通充电电路,便开始了它的能量转换过程。在放电过程中,蓄电池中的化学能转变成电能;在充电过程中,电能被转变成化学能。

蓄电池由极板、隔板、电解液、外壳、联条等组成,如图1-1所示。

1. 极板(正极板、负极板)

蓄电池极板由栅架和活性物质组成,如图1-2所示,活性物质填充在铅锑合金铸成的栅架上。极板是蓄电池的核心部分,它分正极板和负极板。

2. 隔板

为了减小蓄电池的内阻和尺寸,蓄电池内部正、负极板应尽可能地靠近,但为

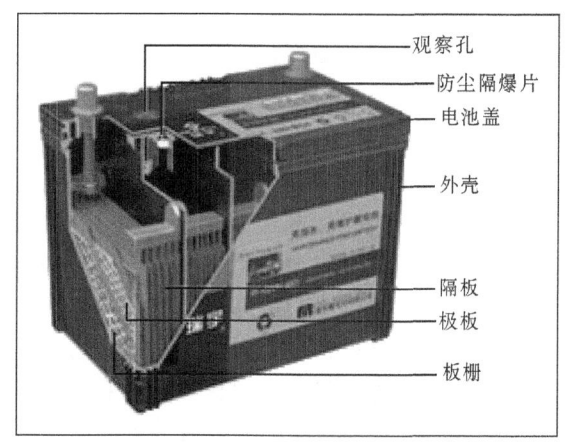

图1-1 蓄电池

了避免彼此接触而短路,正、负极板之间要用隔板隔开,如图1-3所示。隔板材料应具有多孔性和渗透性的特点,且化学性能稳定,即具有良好的耐酸性和抗氧化性。常用的隔板有木质隔板、微孔橡胶隔板、微孔塑料隔板、玻璃纤维隔板和纸板等。

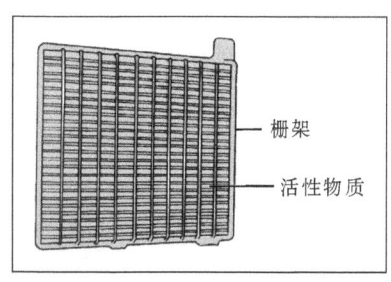

图1-2 蓄电池极板

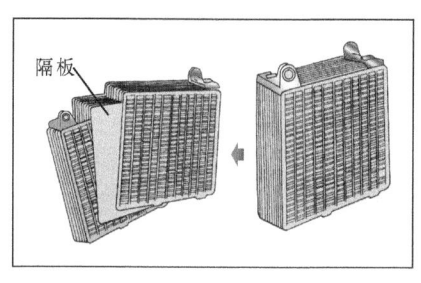

图1-3 隔板位置图

3. 电解液

蓄电池的电解液是用高纯度的硫酸和蒸馏水按规定比例配制而成的。全充电状态下，电解液的密度应符合表1-1的推荐值。对于透明塑料容器的蓄电池，可以通过观察液面高度指示线检查电解液的液面高度，如图1-4所示。

表1-1 适应不同气温的电解液密度 （单位：g/cm³）

地区气候条件	冬 季	夏 季	地区气候条件	冬 季	夏 季
冬季气温低于-40℃	1.30	1.26	冬季气温高于-20℃	1.26	1.23
冬季气温高于-40℃	1.28	1.26	冬季气温高于0℃	1.23	1.23
冬季气温高于-30℃	1.27	1.24			

电解液的密度一般为1.23~1.30g/cm³，不同气温下电解液密度（完全充足电的蓄电池在25℃时）的选择见表1-1。

4. 外壳

外壳是用来盛放电解液、极板组和隔板的。汽车用蓄电池电压多为6V和12V两种规格。6V蓄电池内分为三个单格（即由两个单格壁将容器分为互不相通的三个小容器），12V蓄电池内分为6个单格。各单格底部都有垫脚，用以架起极板组，使其下方有足够的空间作为沉淀槽，容纳脱落的活性物质，以免它们堆积起来，接触极板，造成短路。

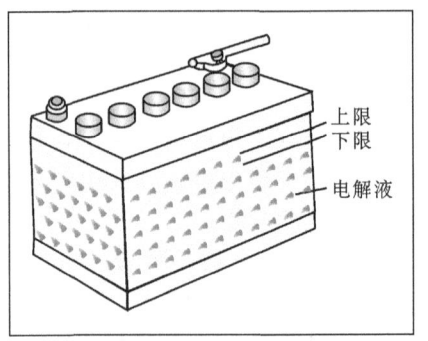

图1-4 电解液

制造外壳的材料必须能耐酸、耐热、耐寒、抗振，并具有足够的机械强度。常用的材料有硬质橡胶和工程塑料等。现在国内普遍采用工程塑料外壳。这种外壳美观透明、耐酸、抗蚀、重量轻、强度高，是一种较好的外壳材料。

5. 联条

联条的作用是将单体电池串联起来，提高整个蓄电池的端电压。普通蓄电池联条的串联方式一般是外露式，而新型蓄电池联条的串联方式是穿壁式或跨接式结构（在电池内部）。单体电池的连接方式如图1-5所示。

6. 极桩

极桩有锥台形和L形等形式，如图1-6所示。锥台形极桩是蓄电池装配后再铸上的，L形极桩是装配后焊接上去的。为便于识别，极桩的上方或旁边标刻有"+"（或P）、"-"（或N）标记，或者在正极桩上涂红色油漆。

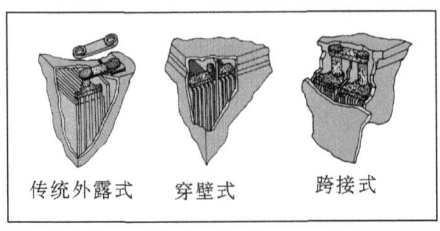

图1-5 单体电池的连接方式

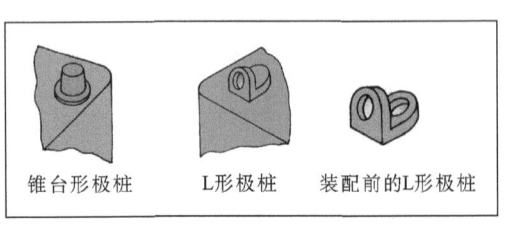

图1-6 极桩

第二节　蓄电池的工作原理

1. 工作原理

蓄电池充放电过程（即工作过程）就是化学能与电能相互转化的过程：当蓄电池向外供电时，将化学能转化为电能；而当蓄电池与外部直流电源相连并进行充电时，将电能转化为化学能，如图 1-7 所示。

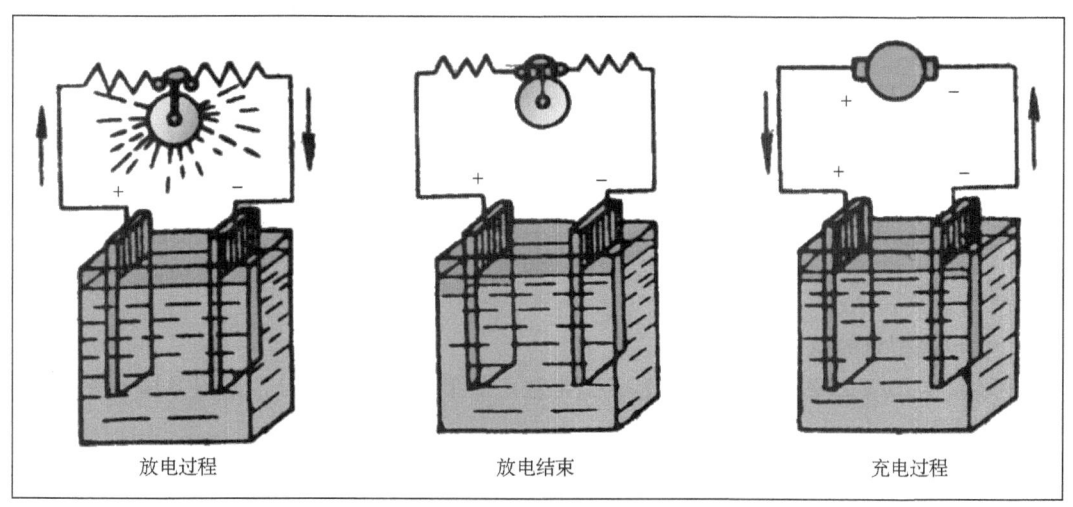

图 1-7　蓄电池工作原理图

根据双硫化理论，铅蓄电池正极板上的活性物质（参与化学反应的物质）是二氧化铅，负极板上的活性物质是海绵状铅，电解液是硫酸的水溶液。放电时，正极板上的 PbO_2 和负极板上的 Pb 都变成 $PbSO_4$，电解液中的 H_2SO_4 减少，密度减小。充电时按相反的方向变化，正、负极板上的 $PbSO_4$ 分别变成原来的 PbO_2 和 Pb，电解液中的 H_2SO_4 增加，密度增大。总的反应式如下：

$$PbO_2 + 2H_2SO_4 + Pb \xrightleftharpoons[\text{充电}]{\text{放电}} 2PbSO_4 + 2H_2O$$

2. 放电过程

蓄电池与外电路接通后，在极板电位差的作用下，电流从正极流出，经过灯泡流回负极，使灯泡通电发光。在蓄电池放电过程中，正极板活性物质由 PbO_2 转变为 $PbSO_4$，负极板上的活性物质由 Pb 也转变为 $PbSO_4$，电解液消耗 H_2SO_4 生成 H_2O，电解液密度逐渐下降，放电过程如图 1-8 所示。

3. 充电过程

把放电后的蓄电池接一直流电源，使蓄电池正极连接直流电源的正极，蓄电池的负极连接直流电源的负极，当外加电源电压高于蓄电池电动势时，电源电流将以与放电电流相反的方向流过蓄电池，使蓄电池正、负极板发生电化学反应，对蓄电池进行充电。在铅蓄电池充电过程中，正极板活性物质由 $PbSO_4$ 转变为 PbO_2，负极板上的活性物质由 $PbSO_4$ 转变为 Pb，电解液中消耗了 H_2O，生成了 H_2SO_4，电解液密度逐渐上升。只要充电过程进行，上述电化学反应就不断进行。当极板上的物质全部转变完成后，蓄电池就充足了电，充电过程如图1-9所示。

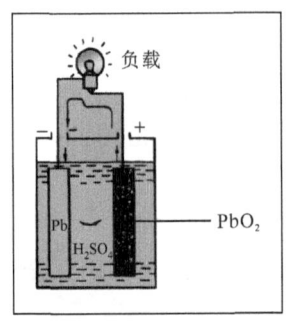

图1-8 放电过程

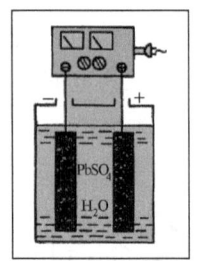

图1-9 充电过程

第三节　蓄电池的使用与检修

1. 蓄电池型号的认识

按照标准JB/T 2599—2012的规定，蓄电池产品型号包含三部分，如图1-10所示，其排列及含义如下：

□ - □□ - □□
第一部分　第二部分　第三部分

第一部分表示串联的单格蓄电池数，用阿拉伯数字表示，其额定电压为这个数字的2倍。例如，3表示3个单格，额定电压为6V；6表示6个单格，额定电压为12V。

第二部分表示蓄电池的类型和特征，用两个汉语拼音字母表示。如第一个字母是Q表示起动用铅蓄电池，M表示摩托车

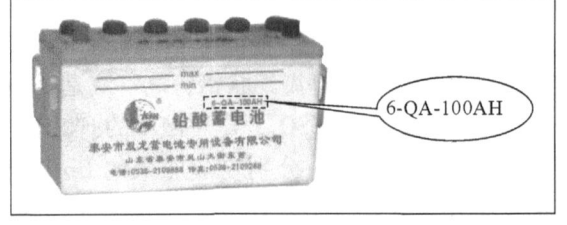

图1-10 蓄电池的型号

用铅蓄电池。第二个字母为蓄电池的特征代号，无字母则表示为普通式铅蓄电池。例如，A表示干荷电式，W表示免维护式，H表示湿荷电式，M表示密封式，S表示少维护，J表示胶体电解质。

第三部分表示蓄电池额定容量和特殊性能，我国目前规定采用20h放电率的额定容量，单位为A·h，用数字表示，特殊性能用字母表示：G表示高起动率，S表示塑料槽，D表示低温起动性能好。

举例：东风牌EQ1090E汽车蓄电池型号为6-Q-105D，表示该蓄电池由6个单格组成，额定电压为6V×2=12V，20h放电率的额定容量为105A·h，是低温起动性能好的普通起动型蓄电池。

解放牌CA1091汽车蓄电池型号为6-QA-100S，表示该蓄电池由6个单格组成，额定电压为12V，额定容量为100A·h，是采用了塑料整体式外壳的起动型干荷电式蓄电池。

2. 蓄电池的充电

充电是蓄电池使用过程中的一个重要环节。对于新启用的蓄电池或修复的蓄电池，在使用前必须进行初次充电；使用中的蓄电池也要进行补充充电，特别是在汽车充电系统发生故障而导致蓄电池充电不足的情况下；在存放期内，每3个月也要进行一次放电、充电循环处理，以保持蓄电池的容量，延长其使用寿命。

（1）定电流充电 在充电过程中，使充电电流保持恒定的充电方法称为定电流充电法，简称定流充电。充电电流一般在蓄电池容量的0.1倍以下，如60A·h蓄电池充电电流不大于6A。

定流充电时，被充电的蓄电池不论是6V还是12V，均可串联在一起进行充电，其连接方法如图1-11所示。所串联的蓄电池的容量应尽可能相同，如不相同，充电电流应用小容量的蓄电池来计算。当小容量的蓄电池充足电后，应随之去除，再继续给大容量的蓄电池充电。

（2）定电压充电 在充电过程中，充电电压始终保持不变的充电方法称为定电压充电法，简称定压充电。定压充电蓄电池的连接方式如图1-12所示。采取此方式时，要求各支路蓄电池的额定电压必须相同，容量也要一样。

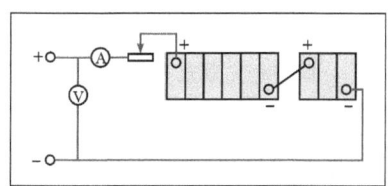

图1-11 定流充电时蓄电池的连接

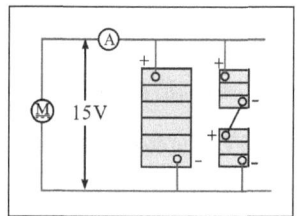

图1-12 定压充电时蓄电池的连接

定压充电的充电电压一般按串联单体电池数量的2.5倍选用，即6V蓄电池的充电电压为7.5V，12V蓄电池的充电电压为15V。

3. 蓄电池的使用注意事项

1）要经常保持蓄电池的外部清洁，以防间接短路和电极接线柱腐蚀。
2）要经常检查蓄电池在车上的安装是否牢靠，电极接线柱与接线头的连接是否紧固。
3）定期检查和调整各单体内电解液液面高度。
4）冬季补加蒸馏水时，只能在蓄电池充足电前进行。
5）要经常检查加液孔盖是否拧紧，以免行车时因振动而使电解液溢出。
6）使用起动机时，每次起动时间应不超过5s，两次起动之间的时间间隔应大于15s。
7）对于车上使用的蓄电池，每月应拆下进行一次补充充电，新、旧蓄电池不允许混用。
8）对暂时不用的蓄电池可放置在室内阴暗处进行湿储存。使用前，应重新充足电。
9）对于长期不使用的蓄电池采用干储存法。
10）未启用的新电池，其储存方法和时间应以出厂说明为准，其保管期限为两年。
11）保管蓄电池时需注意，应保存在室温为5~40℃的干燥、清洁及通风良好的地方，并不受阳光直射,远离热源,避免与任何液体和有害物质接触。图1-13所示为用端头清洁器清洁卡子和电极桩。

4. 蓄电池的检测

(1) 通过观察孔判断蓄电池技术状况 对于无加液孔的全密封型免维护蓄电池,由于不能采用传统的密度计来测量电解液密度以判断其技术状况,为此,在这种免维护蓄电池内部一般装有一支小型密度计,其观察孔位置如图1-14所示。通过顶端的检查孔观察其颜色可判断蓄电池的技术状况,如图1-15所示。

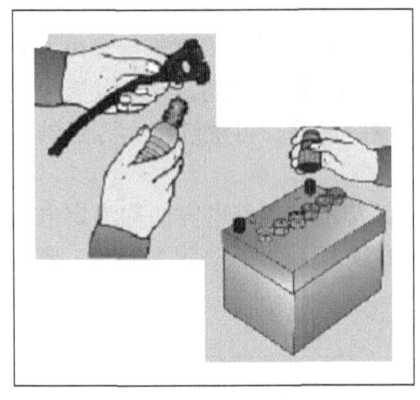

图1-13　用端头清洁器清洁卡子和电极桩

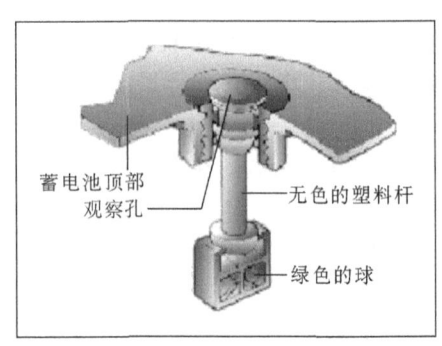

图1-14　观察孔位置图

(2) 电解液液面高度的检查

1) 对于塑料壳体的蓄电池,可以直接通过外壳上的液面线检查。壳体前侧面上标有两条平行的液面线,如图1-16所示。分别用"max"或"UPPER LEVEL"或"上液面线",以及"min"或"LOWER LEVEL"或"下液面线"表示电解液液面的最高限和最低限,电解液液面应保持在高、低液面线之间,电解液不足时应加注蒸馏水。

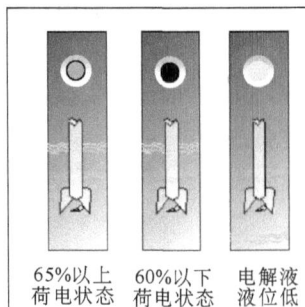

图1-15　蓄电池的技术状况

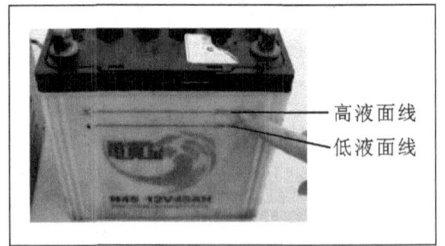

图1-16　观察液面的高度

2) 对于不能通过外壳上的液面线进行检测的蓄电池,可以用玻璃管测量液面高度。

检测方法:将玻璃管垂直插入蓄电池的加液孔中,直到与保护网或隔板上缘接触为止,然后用手指堵紧管口并将管取出,管内所吸取的电解液的高度即为液面高度,其值应为10~15mm,如图1-17所示。

(3) 蓄电池放电程度的检测

1)用密度计测量电解液密度。用密度计测试电解液密度是最直接的一种测试方法,如图 1-18 所示。吸取蓄电池中的电解液,直到浮子浮起,然后检查浮子高度和浮子刻线之间的关系,可读出高度的数值,如图 1-19 所示。

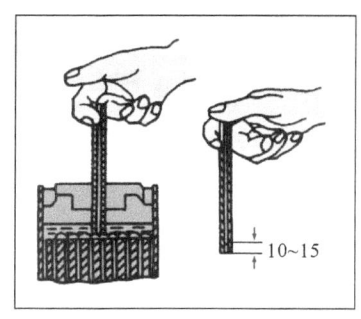

图 1-17 用玻璃管测量电解液液面高度

图 1-18 用密度计吸取蓄电池中的电解液

也可通过浮子彩色标记来判断蓄电池放电程度:
① 电解液处于黄色区域(见图 1-20),说明电量充足。

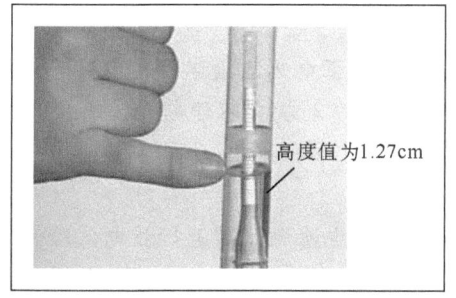

图 1-19 读取高度值

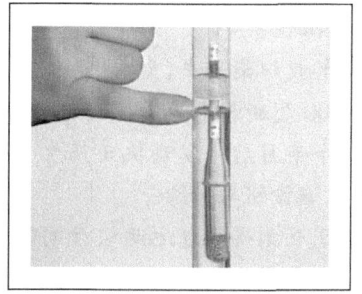

图 1-20 电解液处于黄色区域

② 电解液处于绿色区域,说明电量比较充足。
③ 电解液处于红色区域,说明蓄电池必须充电。

2)用蓄电池高功率放电计测量蓄电池空载端电压。用高功率放电计测量放电电压,方法如下:将点火开关置于关闭状态,按压高功率放电计测试开关并保持 5s 后放开,待测试仪上的指针静止不动后读出读数(见图 1-21),此读数即为蓄电池的端电压:
① 如电压小于 12V,则需要对蓄电池进行维护。
② 如电压小于 11V,则需要更换蓄电池。

(4)蓄电池电极桩的检测 为保证蓄电池在车上能给起动机提供大电流,除蓄电池本身的技术状况良好外,蓄电池极桩与电缆线的连接非常重要,极桩与电缆线的连接是否可靠可通过测量两者之间的电压降来确定。如图 1-22 所示,将电压表红表笔接到蓄电池的正极桩上,黑表笔接到正极桩电缆线的线夹上,接通起动机,使起动机带动发动机工作,这时电压表的读数不得大于 0.5V,否则说明极桩与线夹接触不良,将起动困难。当极桩与线夹接触不良时,若是极桩表面氧化,应清除氧化物;若是接触松动,应重新紧固线夹。测量负极桩与其电缆线线夹的压降时,表笔连接与上述相反。

图 1-21　用高功率放电计测量出的蓄电池空载端电压

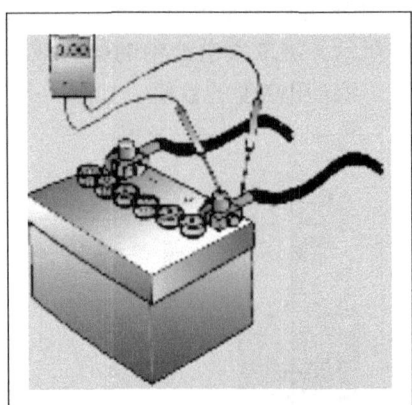

图 1-22　蓄电池电极桩检测的检测连接法

5. 蓄电池故障维修案例

案例一：蓄电池异常损坏故障的排除

☞ **故障现象**

一辆解放牌柴油车(5t)发动机不能正常起动，测试表明蓄电池已损坏。在换用两只东北牌 QAW-100 型新蓄电池后发动机能顺利起动，但两个月后发动机又不能起动。再次换用新蓄电池一个半月后，发动机又产生了同样的故障现象。

☞ **故障诊断与排除**

用电压表测得蓄电池两极柱间的电压为 10.6V，而用蓄电池测试器进行放电试验时，蓄电池电压急剧下降到 2V，并且观察到蓄电池极板弯曲且有大量脱落的活性物质。测量和观察结果都表明蓄电池已损坏。考虑到蓄电池极板弯曲和活性物质的脱落与蓄电池的充电电流及使用温度有关，所以测量了发电机输出电压，并检查了蓄电池的使用温度。发电机输出电压正常，但发现在排气管朝向蓄电池的一侧有长为 80mm 的裂纹，在发动机运转过程中排气管内的高温高压气体不断地喷射到蓄电池外壳上，以致蓄电池的温度很高。在焊修了排气管，并换装了新蓄电池后，故障排除。

案例二：奇瑞 SQR7160 蓄电池经常亏电

☞ **故障现象**

一辆奇瑞 SQR7160 基本型汽车，已行驶了 3600km，在蓄电池电量充足的前提下，停置数小时后，蓄电池就出现亏电，甚至全车无电。

☞ **故障诊断与排除**

蓄电池亏电主要有以下几种原因：①发电机发电量不足；②蓄电池自放电；③用电设备工作放电。

因该车常有亏电，所以对该车发电机充电状况进行测量，其充电电压为 14.2V，符合正常值 13.8~14.2V。因该车曾出现在蓄电池电量充足情况下，熄火 2h 后蓄电池严重亏电，甚至全车无电的情况，故对该车的放电电流进行了测量，其值为 4.2mA。该值也不会导致

第一章 电源系统

上述故障。最后对该车蓄电池进行了更换,但故障现象依然存在。

该车蓄电池正极有三根相线,一根为起动机、发电机相线,另一根为发动机电控系统常相线,第三根通往中央继电器盒。首先将电控系统相线拆除,将该车放置一晚上,故障仍存在。单独断开中央继电器盒相线,故障排除。由此断定上述故障原因是中央继电器盒控制的用电设备偶尔放电所致。因该车曾出现熄火2h便将新蓄电池放电终了的现象,分析其放电电流一定很强,所以,怀疑是由于进气预热装置导致上述故障。于是打开点火开关,用导线反复短接冷却液温度开关,测量进气预热电阻上的电压,偶尔出现断开冷却液温度开关后,预热电阻上的电压仍存在的情况,说明进气预热继电器触点不能跳离。更换新继电器,故障排除。

打开进气预热继电器,发现触点结合面烧蚀,有金属毛刺,在受热或颠簸情况下将继电器的两个端子意外连接,导致进气预热阀工作,产生放电,引起上述故障。

案例三:捷达轿车蓄电池总亏电,推车着火行驶一段时间,蓄电池又正常

☞ 故障现象

一辆捷达轿车蓄电池总亏电,推车着火后,行驶一段时间,蓄电池又正常。

☞ 故障诊断与排除

1) 检查蓄电池电解液液面高度基本正常。

2) 起动发动机,测量发电机输出电压为13.8V,基本正常。由此怀疑该蓄电池有自放电现象,且较严重,故决定更换蓄电池。

3) 在拆装蓄电池时,发现接线柱有强烈的电火花,而此时点火开关处于关闭状态。由此说明,电路中有用电器漏电或短路之处。

4) 不经点火开关的用电器有散热器风扇、点烟器、收音机、制动灯、门灯和小灯等。逐一拔掉上述这些电器的熔丝,观察漏电电流并不减小;干脆拔下所有熔丝,漏电电流还是不减小。再逐一拔掉所有继电器,当拔掉12号位置进气歧管预热继电器后,漏电电流消失,用手摸该继电器,表面发热严重。

拆开发热的继电器,发现其内部已烧蚀粘连。更换新的继电器后,漏电消失,蓄电池也不再亏电,故障排除。

提示:进气预热电路如图1-23所示,打开点火开关后,如果发动机冷却液温度低于60℃,温度开关F35闭合,继电器J81通电工作,其内触点闭合,30号电线上的电压经继电器内闭合的触点到进气管预热加热电阻N51,加热电阻开始加热。当继电器内触点烧蚀粘连后,加热电阻N51一直工作不停,从而造成了蓄电池亏电,出现了上述故障。

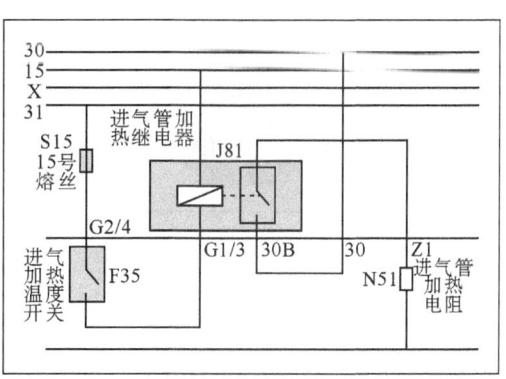

图1-23 捷达轿车进气预热电路示意图

第四节 发电机的构造

汽车用交流发电机由一个三相同步交流发电机及用硅二极管组成的整流器构成,是汽车

的主要电源，其作用是在发动机怠速以上运转时，向除起动机以外的所有用电设备供电，同时还向蓄电池充电。

三相同步交流发电机由转子、定子、电刷与电刷架、整流器、电子调节器、风扇、带轮、前端盖和后端盖等组成，如图1-24所示。

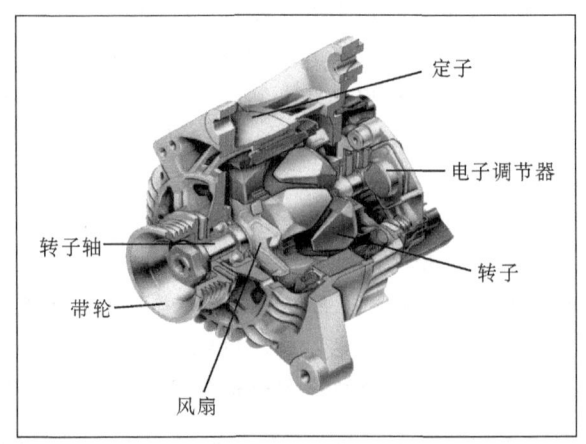

图1-24 三相同步交流发电机

1. 转子

转子是交流发电机的磁场部分，主要由两块爪极、励磁绕组、轴和集电环等组成。两块爪极各具有6个鸟嘴形磁极，压装在转子轴上，在爪极的空腔内装有磁轭，其上绕有励磁绕组（又称磁场绕组或转子线圈）。励磁绕组的两引出线分别焊在与轴绝缘的两个集电环上，集电环与装在后端盖上的两个电刷接触。当两电刷与直流电源接通时，励磁绕组中便有磁场电流通过，产生轴向磁通，使得一块爪极被磁化为N极，另一块爪极为S极，从而形成了6对相互交错的磁极。转子如图1-25所示。

2. 定子

定子由定子铁心和定子绕组组成。定子铁心由相互绝缘的内圆带嵌线槽的圆环状硅钢片叠成。嵌线槽内嵌入三相对称的定子绕组。绕组的联结方法有星形和三角形两种方式。绕组一般采用星形联结，即每相绕组的首端分别与整流器的硅二极管相接，每相绕组的尾端接在一起，形成中性点N。定子如图1-26所示。

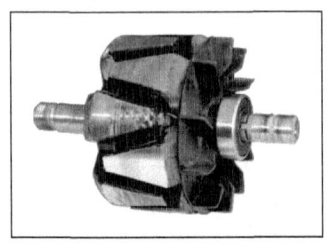

图1-25 转子

图1-26 定子

3. 电刷与电刷架

电刷与电刷架如图1-27所示，电刷总成由两只电刷、电刷弹簧和电刷架组成。

两只电刷装在电刷架的孔内，借电刷弹簧的压力与集电环保持接触，用于给发电机转子绕组提供磁场电流。电刷架由酚醛玻璃纤维塑料模压而成或用玻璃纤维增强尼龙制成，安装在发电机的后端盖上。

目前国产交流发电机的电刷架有两种结构，如图1-28所示，一种是内装式，电刷架可直接从发电机的外部拆装，因此，拆装维修方便；另一种是外装式，不能直接从发电机外部进行拆装，若更换电刷，还需将发电机拆开，故这种结构将逐渐被淘汰。

4. 整流器

交流发电机整流器如图1-29所示，它的作用是将发电机定子绕组产生的三相交流电变

图 1-27 电刷与电刷架

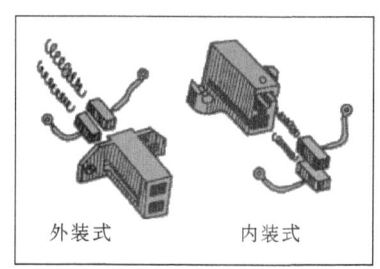

图 1-28 两种类型的电刷架

换为直流电,一般由 6 只硅整流二极管及其散热板组成。整流二极管的工作电流大,反向电压高。交流发电机整流二极管有正极管和负极管之分,引出线为二极管正极的称为正极管,引出线为二极管负极的称为负极管。

5. 前、后端盖

如图 1-30 所示,前端盖、后端盖是由非导磁材料铝合金制成的,漏磁少,并具有轻便、散热性能好等优点。后端盖上装有电刷架和电刷。

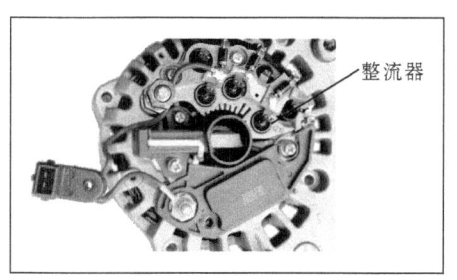

图 1-29 交流发电机整流器

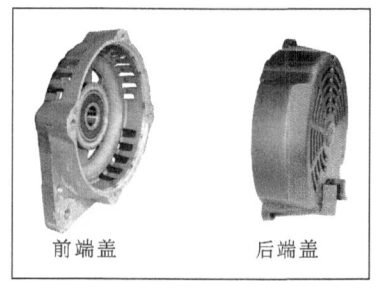

图 1-30 前、后端盖

交流发电机的搭铁形式分为内搭铁和外搭铁两种。内搭铁式的交流发电机,其励磁绕组的两端通过电刷分别引至发电机后端盖上的接线柱,分别称为"F"(或"磁场")和"E"(或"搭铁")接线柱,即励磁绕组的一端在发电机的外壳上直接搭铁。外搭铁式的交流发电机,其励磁绕组的两端引至后端盖上的接线柱,分别称为"F1"和"F2"接线柱,且两个接线柱均与发电机的后端盖绝缘,励磁绕组需经调节器搭铁。

6. 电子调节器

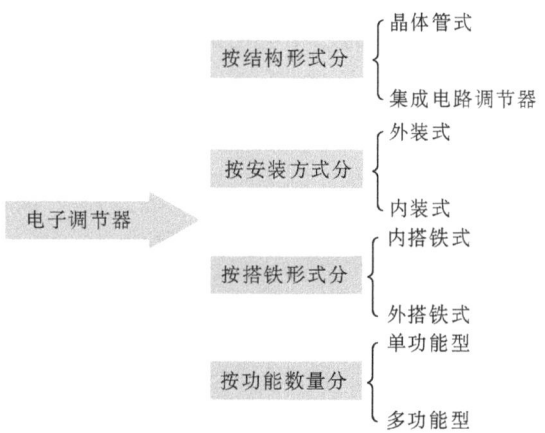

电子调节器实物如图 1-31 所示。

电子式电压调节器利用晶体管的开关特性,在发电机转速变化时,通过改变励磁绕组电路接通和断开的时间比来调节励磁电路的平均电流。各种电子式电压调节器的工作原理基本相同。

7. 风扇与带轮

风扇及带轮实物如图 1-32 所示。交流发电机的前端装有带轮,由发动机通过风扇传动带驱动发电机旋转。在带轮的后面装有叶片式风扇,前、后端盖上分别有出风口和进风口。当发动机带动发电机高速旋转时,可使空气流经发电机内部,对发电机进行冷却。

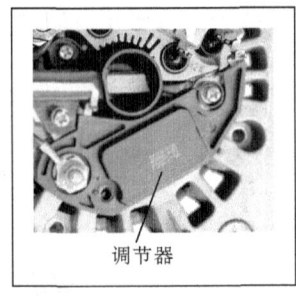

图 1-31　电子调节器实物

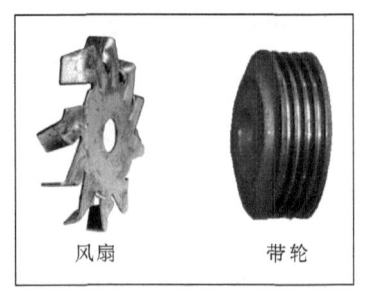

图 1-32　风扇及带轮实物

第五节　发电机的工作原理

1. 发电机原理

当外加的直流电压作用在励磁绕组两端点的接线柱之间时,励磁绕组中便有电流通过,产生轴向磁场,两块爪形磁极磁化,形成了 6 对相间排列的磁极。磁极的磁力线经过转子与定子之间的气隙、定子铁心形成闭合磁路。

当转子旋转时,磁力线和定子绕组之间产生相对运动,在三相绕组中产生交流电动势。如图 1-33 所示,由于三相绕组是对称绕制的,所以产生的三相电动势也是对称的。

每相绕组的电动势有效值的大小和转子的转速及磁极的磁通成正比。即

$$E_\Phi = C_1 n \Phi$$

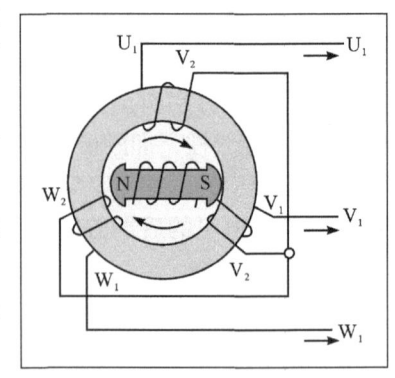

图 1-33　交流发电机的工作原理

式中　E_Φ——电动势的有效值,单位为 V;

　　　C_1——发电机常数;

　　　n——转子的转速,单位为 r/min;

　　　Φ——磁极磁通,单位为 Wb。

2. 整流原理

交流发电机定子绕组中感应产生的交流电，是靠6只二极管组成的三相桥式全波整流电路变为直流电的。

利用二极管的单向导电特性，便可把交流电变为直流电。

（1）二极管的导通原则　由于3只正极管（VD_1、VD_3、VD_5）的正极分别接在发电机三相绕组的始端（A、B、C）上，它们的负极又连接在一起，所以3只正极管的导通原则是在某一瞬间正极电位最高者导通。

由于3只负极管（VD_2、VD_4、VD_6）的负极分别接在发电机三相绕组的始端，它们的正极又连接在一起，所以3只负极管的导通原则是在某一瞬间负极电位最低者导通，三相轿车整流电路如图1-34所示，整流过程如图1-35所示。

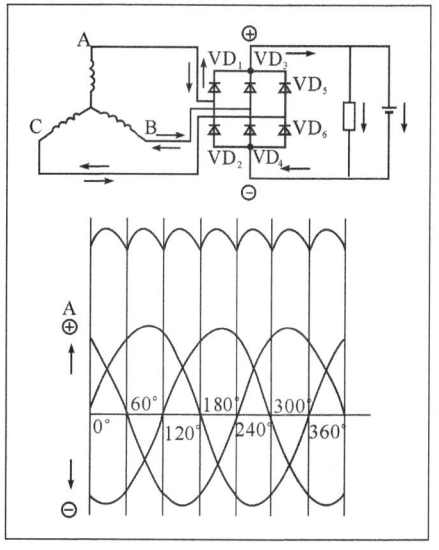

图1-34　三相轿车整流电路

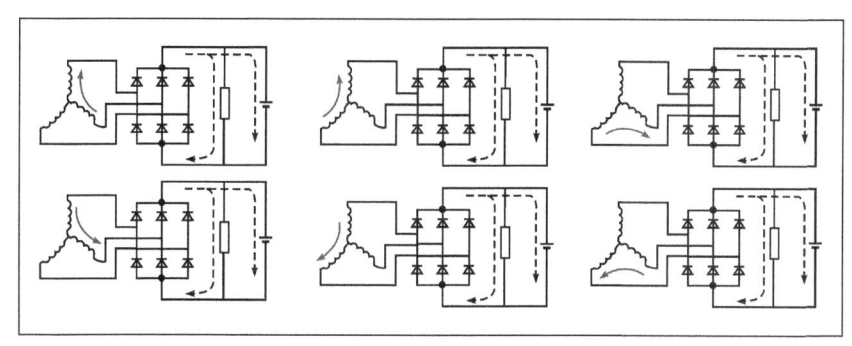

图1-35　整流过程

（2）发电机的励磁方式　交流发电机开始发电时，由于二极管死区电压的存在，需先由蓄电池供给励磁电流。当发电机电压达到蓄电池电压时，即由发电机自己供给励磁电流，也就是由他励转变为自励。

由于交流发电机转子的爪极剩磁较弱，所以发电机在低速运转时，加在硅二极管上的正向电压也很小，此时二极管的正向电阻较大，较弱的剩磁产生很小的电动势很难克服二极管的正向电阻，使发电机电压不能迅速建立起来。这样，发电机低速充电的要求就不能满足。

因此，汽车上发电机必须与蓄电池并联，开始由蓄电池向励磁绕组供电，使发电机电压很快建立起来并转变为自励状态，蓄电池被充电的机会就多一些，有利于蓄电池的使用维护。

3. 电压调节原理

硅整流发电机输出的直流电压 U 正比于交流发电机的感应电动势 E_Φ，而感应电动势 E_Φ 正比于发电机转速与每极磁通 Φ，即

$$U \propto E_\Phi \propto n\Phi \propto nI_F$$

因此，当发电机转速变化时，相应地改变每极磁通 Φ 才能达到保持电压恒定的目的，而每极磁通 Φ 的大小取决于发电机磁场电流 I_F 的大小，故在发电机转速变化时，只要自动调节发电机的磁场电流 I_F 便可使发电机输出电压保持恒定。电压调节器就是利用这一原理调节发电机电压的。

（1）电子调节器　电子调节器是利用晶体管的开关特性制成的，即将晶体管作为一只开关串联在发电机的磁场电路中，根据发电机输出电压的高低，控制晶体管的导通和截止，调节发电机的磁场电流使发电机输出电压稳定在某一规定的范围之内。

电子调节器有内搭铁和外搭铁之分，分别与内搭铁式或外搭铁式发电机匹配使用。

图 1-36 所示为内搭铁式电子调节器的基本电路，通常由功率开关晶体管、信号放大和控制电路以及电压信号的检测电路三部分电路组成。

当合上点火开关 S 后，蓄电池电压便加在 A、C 两端，R_1 上的分压 U_{AB} 通过晶体管 VT_1 的发射极加到稳压管 VS 上，由于蓄电池电压低于发电机的规定电压值，故此时加到稳压管 VS 上的电压值小于其反向击穿电压 U_{VS}，稳压管

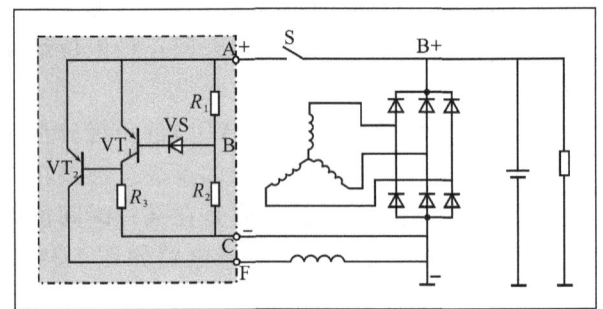

图 1-36　内搭铁式电子调节器的基本电路

VS 截止，VT_1 截止，VT_2 则由 R_3 提供偏置电流而处于饱和导通状态，蓄电池便经 VT_2 给励磁绕组提供磁场电流。当发电机电压超过规定值时，VS 导通，VT_1 导通，使 VT_2 的发射极被短路，因而 VT_2 截止，从而切断了磁场电流，使得发电机电压迅速下降。如此反复，发电机的电压便被稳定于规定值。

（2）集成电路调节器　集成电路调节器是利用集成电路（IC）组成的调节器，如果它直接在发电机上检测发电机的输出电压，称为发电机电压检测法；如果用连接导线检测蓄电池的端电压来调节发电机的输出电压，称为蓄电池电压检测法。

1）发电机电压检测法。如图 1-37 所示，加在分压器 R_1 和 R_2 上的电压是磁场二极管输出端 L 的电压 U_L。U_L 和发电机 B 端的电压 U_B 相等，检测点 P 的电压为 U_P，由于检测点 P 加在稳压管 VS 两端的反向电压与发电机的端电压成正比，所以称为发电机电压检测法。

2）蓄电池电压检测法。如图 1-38 所示，加到分压器 R_1 和 R_2 上的电压为蓄电池端电压，由于检测点 P 加在稳压管 VS 上的反向电压与蓄电池端电压成正比，所以称为蓄电池电压检测法。

采用发电机电压检测法时，发电机的引出线可以少一根，缺点是在 B 到 BAT 接线柱之间导线的电压降较大（因发电机输出电流大）时，蓄电池的充电电压将会偏低，使蓄电池充电不足。因此，一般大功率发电机宜采用蓄电池电压检测法。

但采用蓄电池电压检测法时，如 B 到 BAT 之间或 A 到 BAT 之间断线时，由于不能检测出发电机的端电压，发电机的输出电压将会失控。为了克服这一缺点，电路上应采取一定措施。

第一章 电源系统

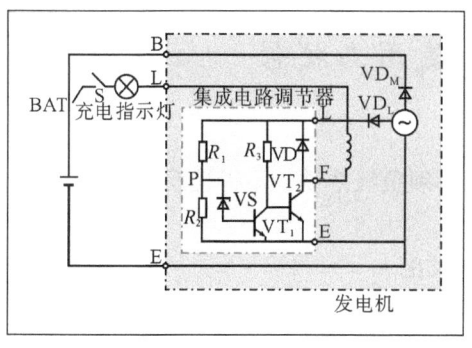

图 1-37 发电机电压检测法

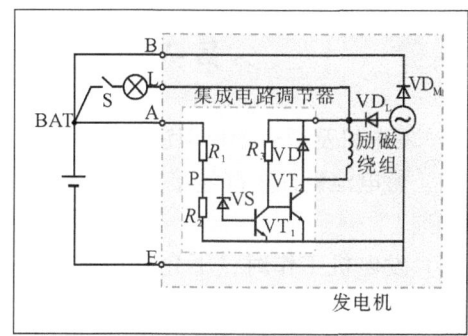

图 1-38 蓄电池电压检测法

（3）多功能集成电路调节器 多功能调节器除具有电压调节功能以外，还具有充电指示控制、发电机故障检测和指示等多种功能。

图 1-39 所示为天津夏利 TJ7100、TJ7100U 微型轿车的发电机用单片式集成电路调节器的外形。共有 6 个接线柱，其中 B、F、P、E 4 个接线柱用螺钉直接与发电机相连，接线插座内的 IG、L 两个接线柱用导线引出。该调节器具有控制发电机电压、充电指示灯、发电机故障检测功能，并在发电机输出端与蓄电池正极连线断开时，能起保护作用，不致造成电压失控。

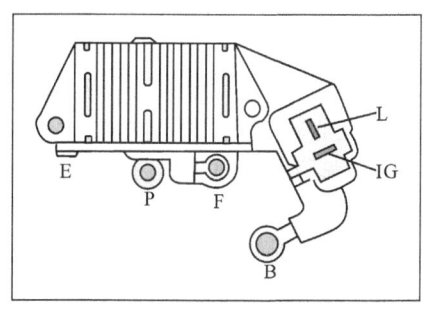

图 1-39 夏利轿车用多功能调节器外形

该调节器的电路如图 1-40 所示。调节器内有一单片集成电路，它的 IG 端经点火开关接至蓄电池，用于检测蓄电池和发电机电压，从而控制晶体管 VT_2 的导通与截止（即控制磁场电路的通断）。它的 P 端接至发电机定子绕组某一相上，该点电压为硅整流发电机直流输出电压的一半。单片集成电路调节器从 P 端检测到硅整流发电机的电压，从而控制晶体管 VT_1 的导通与截止。

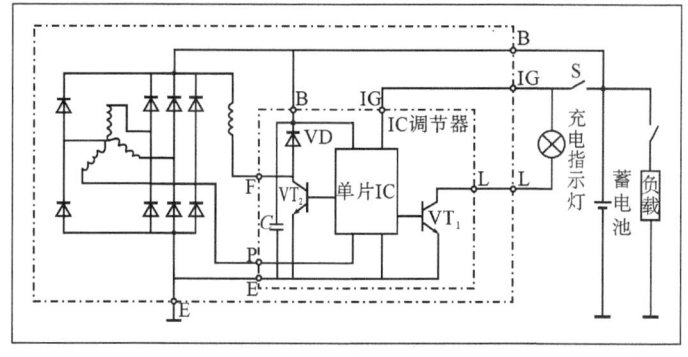

图 1-40 夏利轿车用集成电路调节器电路

第六节　发电机的使用与检修

1. 发电机及调节器使用注意事项

1）蓄电池极性正确连接方法如图 1-41 所示，必须负极搭铁，不得接反。否则，会烧坏整流管。

2）发电机工作时，不允许用试火的方法检查发电机的相线接线柱是否发电，否则将损坏发电机的整流器。

3）当发现发电机不发电或发电量小时，应及时到修理厂检修，否则易导致蓄电池充电不足。

4）发电机正常工作时，切不可任意拆动用电设备的连接线，以防止引起电路中的瞬时过电压，损坏电子元件。

5）发动机自行熄火时，应及时关闭点火开关，以防止蓄电池通过励磁绕组放电。

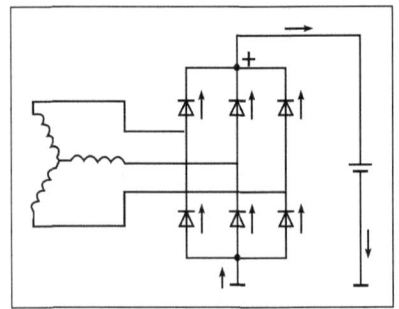

图 1-41　蓄电池极性正确连接方法

6）选用专用调节器，特殊情况临时使用代用调节器时，注意代用调节器的标称电压与搭铁极性。

7）调节器与发电机的电压等级必须一致，否则电源系统不能正常工作。

8）调节器与发电机（励磁绕组）的搭铁形式必须一致，交流发电机的磁场电流在调节器中的流动方向如图 1-42 所示。

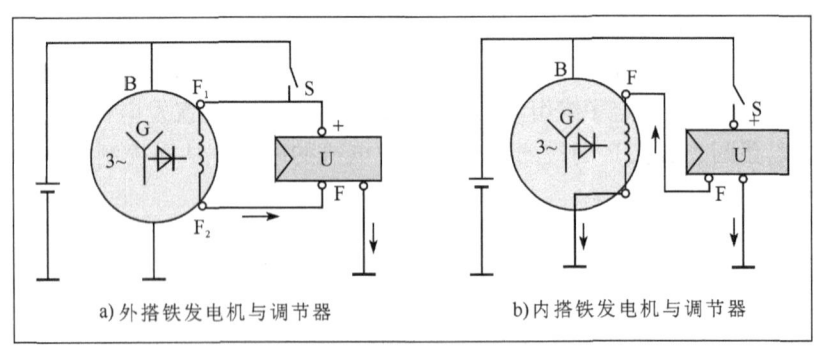

a）外搭铁发电机与调节器　　　b）内搭铁发电机与调节器

图 1-42　磁场电流的流向

2. 发电机的检测

（1）转子的检测

1）检测励磁绕组。检查励磁绕组短路和断路故障时，万用表置于"Ω"档的 $R \times 1$ 位置，表笔分别触在两集电环上，如图 1-43 所示。如果电阻比规定值小，说明励磁绕组有短路故障；如果电阻无穷大，说明励磁绕组有断路故障。

励磁绕组搭铁故障可以用交流试灯或万用表进行检查。用交流试灯检查的方法如图1-44所示，灯亮表明励磁绕组或集电环有搭铁故障。万用表置于"Ω"档的 $R \times 10k$ 位置，表笔分别触在集电环和转子轴上。如果电阻无穷大，说明励磁绕组绝缘良好，否则说明有搭铁故障。

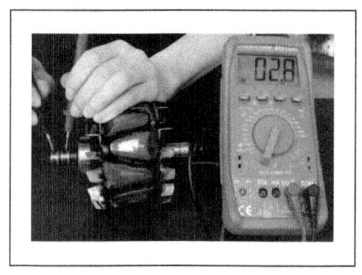

图 1-43 检测励磁绕组

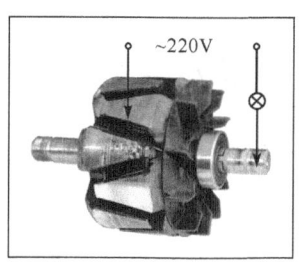

图 1-44 用交流试灯检查示意图

2）转子轴和轴承的检修。由于发电机转子转速很高，因此转子与定子之间不允许有任何接触，而转子磁极与定子铁心间的气隙又很小（一般为 0.25～0.50mm，最大不超过 1.0mm），所以要求转子磁极外圆周表面对两端轴颈公共轴线的径向圆跳动不大于 0.05mm，否则应予校正或更换。

对于封闭式轴承，不要拆开密封圈，不宜在溶剂中清洗，轴承径向不应有松旷的感觉，滚珠和轨道应无明显损伤，转动灵活，否则更换。

3）集电环的检修。集电环表面应光洁，不得有油污，两集电环之间不得有污物，否则应进行清洁。可用干布蘸汽油擦净，当集电环脏污严重并有轻微烧损时，可用细砂布磨光，如图 1-45 所示；若严重烧损或失圆，可在车床上车削修复，修复后，集电环表面粗糙度 $Ra \leqslant 1.60\mu m$，集电环厚度不小于 1.50mm。

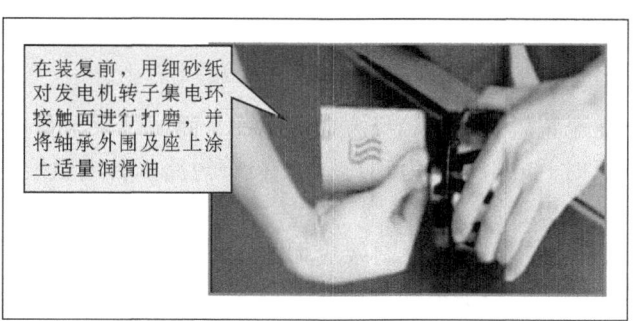

图 1-45 集电环的打磨

（2）定子的检测　定子绕组断路故障可用万用表按图 1-46 所示的方法检查。万用表置于"Ω"档的 $R \times 1$ 位置，两表笔每触及定子绕组的任何两相首端，电阻值都相等并且电阻很小，说明没有断路故障；如果电阻无穷大，说明定子绕组有断路故障。

定子绕组的绝缘情况可参照图 1-47 所示的方法检查，灯亮说明绕组有搭铁故障，灯不亮为绝缘良好。也可以用万用表检查，万用表置于"Ω"档的 $R \times 10k$ 位置，表笔分别触在定子铁心和定子绕组的端子上，如果电阻无穷大，说明绕组绝缘良好，否则说明有搭铁故障。

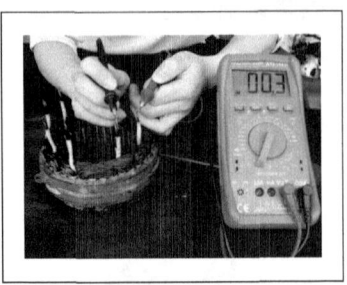

图1-46 定子绕组断路的检查

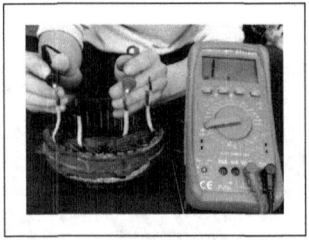

图1-47 定子绕组搭铁的检查

（3）整流器的检测　拆开定子绕组与硅二极管的连接线后，用万用表（R×1档）逐个检查硅二极管的性能。其检查方法和要求如图1-48a所示。测量压在后端盖上的二极管（负极管）时，将万用表的黑表笔接端盖，红表笔接二极管的引线，电阻值应在8~10Ω的范围内。

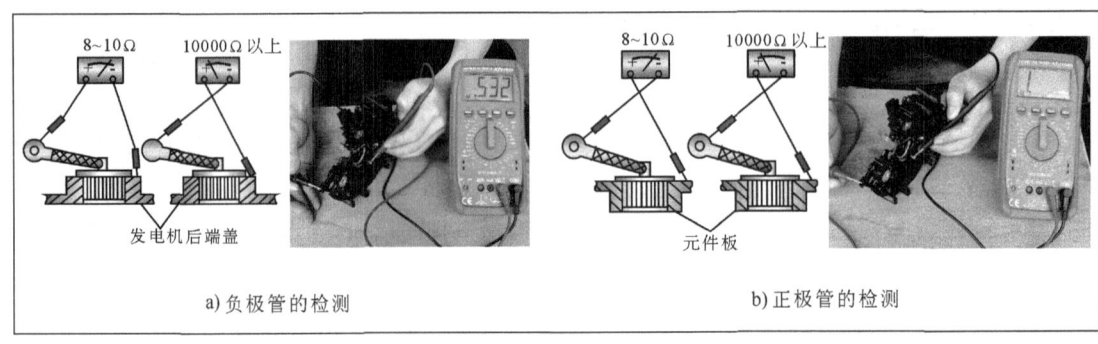

图1-48 整流器的检测

压在散热板上的3个正极管是朝相反方向导电的，测试结果与负极管相反，如图1-48b所示。若正、反向测试时，电阻值均为0Ω，则二极管短路；若电阻值均为无穷大，则二极管断路。短路和断路的二极管均应更换。

（4）电刷组件的检测　电刷及电刷架应无破损或裂纹，电刷在电刷架中应能活动自如，无卡滞现象。

电刷长度也叫电刷高度，应不低于原长的2/3，否则应更换，如图1-49所示。

电刷弹簧的弹力和长度应按照相应车型的规定进行检验，如弹簧自由高度一般在30mm左右，当压缩至14mm时，压力应为1~2N，不符合规定应更换，以免造成电刷与集电环接触不良或加速电刷与集电环的磨损。

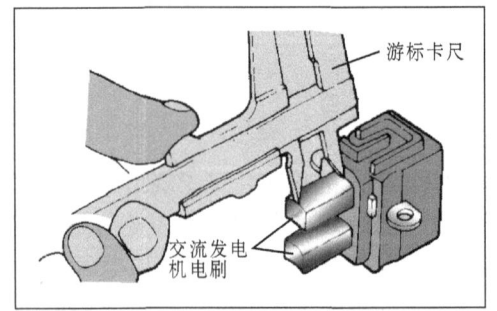

图1-49 检测交流发电机电刷

（5）调节器的检测

1）电子调节器的检查。用一个电压可调的直流稳压电源（0~30V，3A）和一只12V（或

24V)、20W 的车用小灯泡代替发电机励磁绕组,按图 1-50 所示方法接线后进行试验。调节直流稳压电源,当其输出电压从零逐渐增高时,灯泡应逐渐变亮。当电压升高到调节器的调节电压(14V±0.2V 或 28V±0.5V)时,灯泡应突然熄灭。电压超过调节电压值,灯泡仍不熄灭或一直不亮,都说明调节器有故障。

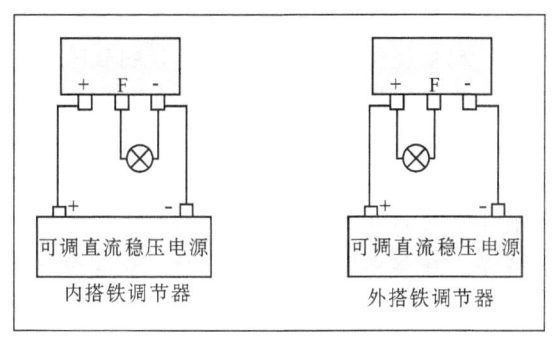

图 1-50 电子调节器检测接线图

2) 集成电路调节器的检查。首先拆下整体式发电机上所有连接导线,在蓄电池和发电机"L"接线柱之间串联一只 5A 电流表(可用 12V/20W 或 24V/25W 车用灯泡代替),再将可调直流稳压电源的"+"端接发电机的 S 插接器,"-"端与发电机外壳或 E 相接,如图 1-51 所示。调节直流稳压电源,使电压缓慢升高,直至电流表读数为零或测试灯泡熄灭,该电压值就是调节器的调节电压值。如该值符合规定,则说明调节器正常。否则,说明调节器有故障,应予更换。

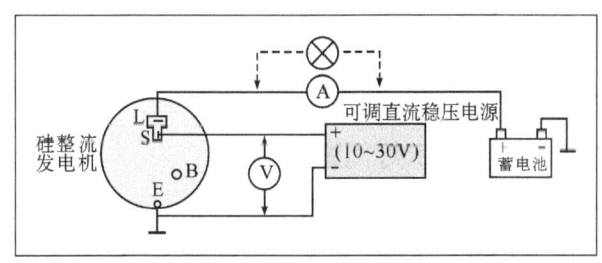

图 1-51 集成电路调节器检测接线图

3. 发电机故障维修案例

案例一:捷达车发电机不发电

☞ 故障现象

一辆捷达乘用车,当接通点火开关时,发电机警告灯(又叫充电指示灯)亮,当发动机正常运转后该警告灯仍不熄灭。

用 30~50N 的力检查发电机 V 带松紧度。该 V 带挠度为 10~15mm,说明发电机 V 带松紧度适宜。接着检查发电机固定情况和电路的连接状况,也正常。

☞ 故障诊断与排除

检查发电机调节器。捷达车的发电机调节器采用的是内装混合式晶体管发电机调节器,可在不拆卸发电机的情况下单独拆下进行检查。检查表明，它与发电机的连接情况良好，搭铁可靠。用通电法检查发电机调节器的工作情况：将蓄电池与发电机调节器、试灯接成回路，当接上12V直流电源时，试灯亮；当接上16~18 V的直流电源时，试灯熄灭。检查结果说明发电机调节器工作正常。接着检查励磁绕组：用万用表两表笔分别接触转子两集电环的方法检查励磁绕组电阻，也在规定范围内；然后用一支表笔接触集电环而另一支表笔接触发电机外壳的方法进行检查，励磁绕组无搭铁故障。这说明故障在发电机内部。

捷达乘用车采用的是内置发电机调节器式11硅管硅整流交流发电机，主要由三相同步交流发电机（由定子、转子、前后端盖、风扇及带轮等组成）、与电刷架连成一体的集成电路、发电机调节器和硅二极管整流器等组成。为提高发电机的输出功率，在发电机星形联结的三相定子绕组的中性点上加装了2只整流二极管。

该车系充电电路的特点是：硅整流发电机除8只硅二极管进行输出整流外，还增加了3只小功率硅（磁场）二极管，专门用来供给励磁电流，这样可以提高发电机的电压调节精度。由于采用磁场二极管，充电指示灯直接串入点火开关和励磁绕组的输入端，仅用简单的充电指示灯即可指示发电机发电情况，省装了一只充电指示灯继电器。该指示灯不仅能反映发电机工作情况，还能在停车时提醒驾驶人勿忘断开点火开关。

从该捷达车所出现的发电机警告灯常亮现象，并结合以上检查结果分析认为，在发电机调节器正常工作的情况下，只有当3只小功率磁场二极管断路时（不论发电机发电还是不发电），才不能提供自励电流（由蓄电池供电）。这样，由蓄电池提供的励磁电流均通过发电机警告灯，所以发电机无论是否运转，该警告灯常亮不熄。而且在这种情况下，由于蓄电池提供的他励电流经过发电机警告灯，所以励磁电流因发电机警告灯的始终串入而减小，以致发电机发电能力下降。断开发电机的D+端子导线，用万用表电阻档检测，果然发现3只磁场二极管断路。

更换整流板，发电机的充电性能和发电机警告灯恢复正常，故障排除。

案例二：奔驰S320充电指示灯间歇性点亮

☞ **故障现象**

一辆奔驰S320，发电机发电不正常，仪表上充电指示灯一会儿亮一会儿灭，造成蓄电池严重亏电。

☞ **故障诊断与排除**

修理人员拆检发电机，分解后其转子、定子线圈、组合二极管、电刷、调节器等所有的元件测试结果均完全正常。在没有找到故障的情况下，只好将其重新组装好，测试正常后安装到车上。但驾驶人使用后反映，故障依然存在，发电很不稳定，还有越来越频繁的趋势。修理工又检查了相关电路，没有发现什么问题，再次拆下发电机，还是没有发现任何故障，怀疑是发电机工作不稳定造成，准备更换发电机总成。

从修理人员处理的情况来看，尚不能够确定线路一定正常，因此，从相关资料上查到该车的充电电路如图1-52所示。

从电路图上看，其充电电路十分简单，从蓄电池来的电源充电电路没有问题，接触良好，而从仪表来的充电指示灯电路也就是一条单独的线，测量结果也正常。考虑到充电指示灯电路还兼顾作为其他指示灯的检查功能，有可能会是其他指示灯电路有故障，造成该电路不正常。依照仪表电路图，把它们一一拔掉检查，也没有发现问题。

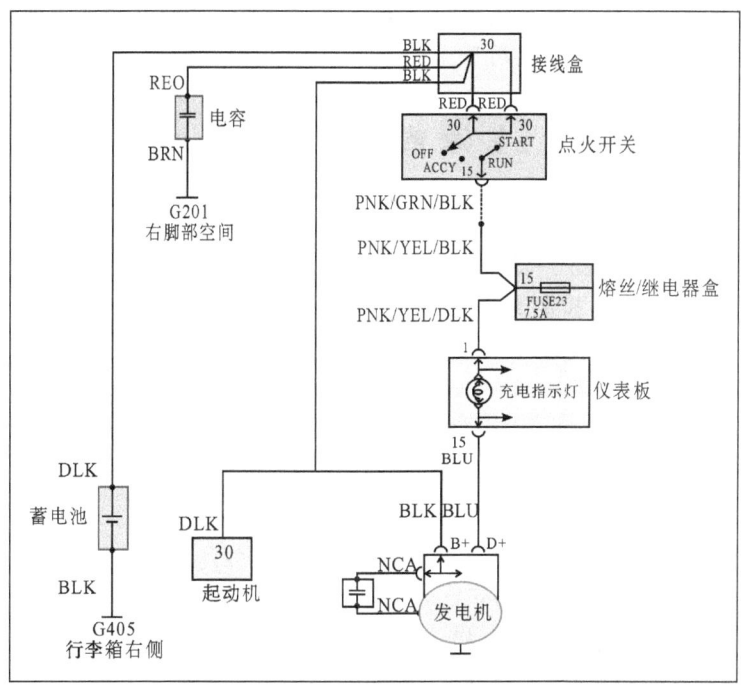

图 1-52　奔驰 S320 充电系统电路图

在检查的过程中，打开点火开关时，充电指示灯居然亮了，说明充电指示灯电路发生了对地短路，因为此时充电指示灯线已经从发电机上拆下，这是不应该出现的现象。于是拔下仪表板，断开所有插接器，再次测量充电指示灯电路，确实该线已经搭铁，因为其对地电阻只有 2Ω 左右。找到故障，下一步只要找到是什么地方短路，就应该可以解决该故障。

然而，由于奔驰车的电路相当规范，一般来说，是不会有什么地方因为被摩擦引起电路短路的，再说也不能够把线束全部拆散来检查，所以在初步目测没有发现明显的短路点后，就使用了一条跨接线，准备直接从仪表板上接在发电机充电接线柱上，来检查一下还有没有其他的故障存在。在接发电机线时，发现充电指示灯蓝色导线的塑料绝缘层有一些已经脱落，再稍稍用手一抹，上面的绝缘层就全部掉光，完全失去绝缘的功能。笔者这才恍然大悟，原来该车的线束已经到了必须更换的程度，该车发动机线束因为使用的时间较长，已经完全老化，其塑料绝缘层已经失效，在线束之间发生了间歇性局部短路。

由于该线束价格较高，并且没有现货，所以车主要求暂时不更换。于是笔者就使用了一条跨接线，直接连接在仪表板上面的充电灯与发电机之间。试起动，发动机运转正常，仪表指示灯也正常，暂时还没有发现其他的短路现象，测量蓄电池电压在 13.8V，也正常。经过使用，车主反映再没有出现充电不正常的现象。

☞ 故障总结

由于在拆装发电机的过程中，粗心的修理人员没有能够及时发现该线束的不正常现象，造成错误的判断，使得维修工作受到了延误。在奔驰汽车上，线束出现这种老化情况还是比较多的，据说是所谓的"环保线"，到一定的时间，其绝缘层就会自行退化而必须更换。这种情况正确的解决方法应该是更换线束，而不应采用本书所说的临时维修办法。因为该线束已经老化，肯定是不能够再继续使用了。

第七节　电源系统的常见电路实例

1. FT126型调节器电路

FT126型调节器电路如图1-53所示。其中，K_2为继电器常闭触点，控制充电指示灯亮、灭。HL充电指示灯亮表示不充电，灯灭表示充电，其工作过程如下：

1) 起动时接通点火开关S，充电指示灯HL亮，表示不充电。其电路为：蓄电池"+"极→电流表→点火开关S→充电指示灯HL→接线柱L→上衔铁→常闭触点K_2→搭铁→蓄电池"-"极，如虚线箭头所示。

与此同时，电流从蓄电池"+"极→电流表→点火开关S→接线柱IG→连接线→磁轭及衔铁→触点K_3→磁场接线柱F→励磁绕组→搭铁→蓄电池"-"极，构成回路，如实线箭头所示。

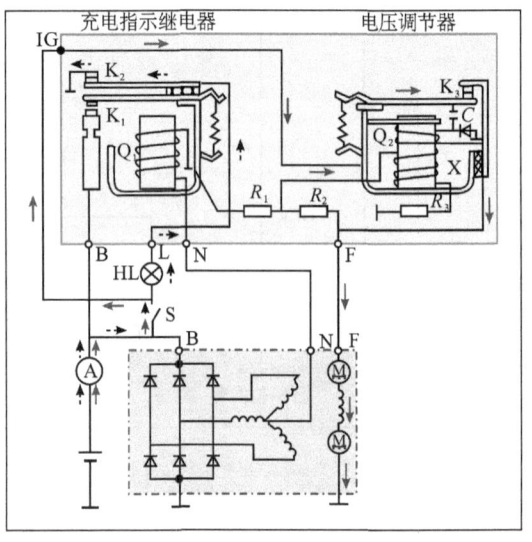

图1-53　FT126型调节器电路

2) 起动后，发电机电压升高，由他励进入自励。当电压达到充电电压时，在发电机中性点电压作用下，线圈Q_1的吸引力使继电器动作，K_1闭合，K_2打开，使充电指示灯熄灭，表示蓄电池开始充电。同时，K_1闭合，将调节器磁化线圈电路接通。调节器根据发电机端电压的高低进行工作，使其保持在一定范围。

2. JFT103型电子调压器

JFT103型电子调压器是24V电源系统调压器。本电路采用了NPN型晶体管，电路如图1-54所示。

电阻R_1、R_2、R_3、R_4、R_5组成分压网络。A点作为电压监控点。在发电机输出电压小于预定调节电压值时，A点电位小于稳压管VS的反向击穿电压，稳压管VS截止，晶体管VT_1基极电流等于零，VT_1截止。而VT_2的基极由于电阻R_7和R_8的作用，得到电流使VT_2饱和导通，接通励磁绕组，发电机正常发电。

当发电机输出电压升高，达到预定调节值时，A点的电位大于稳压管VS的反向击穿电压，稳压管VS导通，晶体管VT_1基极流过电流，VT_1饱和导通，同时VT_1使VT_2基极的电位几乎等于零，使VT_2截止，断开励磁绕组，发电机输出电压下降。

当发电机输出电压稍低于调节值时，稳压管VS又恢复到截止状态，VT_1由导通变为截止，使VT_2导通。如此反复，使发电机的输出电压维持在规定的调整值附近。

电容C_1是滤波电容。电容C_2降低开关管开关频率。VD_2是续流二极管。

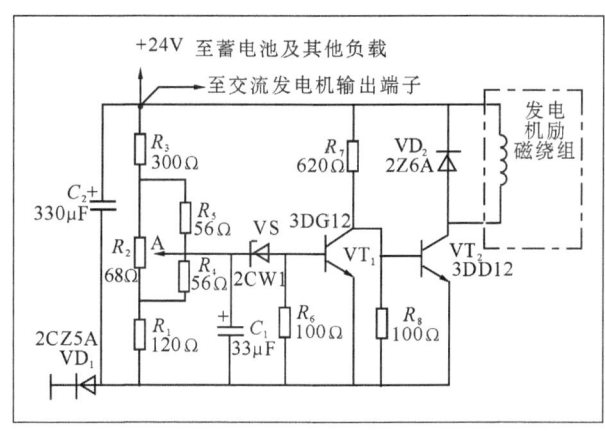

图 1-54　JFT103 型电子调压器

3. CA1091 电源电路

CA1091 电源电路如图 1-55 所示，K_2 为保护继电器常闭触点，除对起动机具有防止误起动外，还用来控制充电指示灯的亮、灭；L_2 为保护继电器磁化线圈，承受发电机中性点电压。

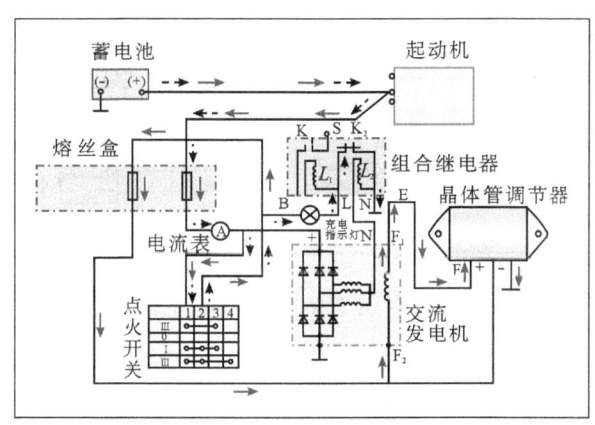

图 1-55　CA1091 电源电路

充电指示灯及电路如虚线箭头所示：蓄电池"+"极→起动机电源接线柱→30A 熔丝→电流表→点火开关→充电指示灯→组合继电器 L 接线柱→常闭触点→搭铁→K_2 蓄电池"-"极。

发电机励磁绕组电路如实线箭头所示：蓄电池"+"极→起动机电源接线柱→30A 熔丝→电流表→点火开关→5A 熔丝→发电机 F_2 接线柱→励磁绕组→发电机 F_1 接线柱→调节器 F 接线柱→搭铁→蓄电池"-"极（F_1 与 F_2 两接线柱上的导线可互换）。

4. 夏利轿车电源系统电路

夏利轿车电源系统电路如图 1-56 所示，它的 IC 端经点火开关接至蓄电池，用于检测蓄电池和发电机电压，从而控制晶体管 VT_1 的导通与截止（发电机励磁电路）。它的 P 端接至发电机定子绕组某一相上，该点电压为交流发电机直流输出电压的一半。单片集成电路调节器从 P 端检测到交流发电机的电压，从而控制晶体管 VT_2 的导通与截止(充电指示灯电路)。

当点火开关接通时，发电机未转动，蓄电池电压经点火开关加到发电机 G 端和调节器的 IG 端，调节器的电源就被接通，调节器电源电路如虚线箭头所示：蓄电池正极→易熔线(60A)→点火开关 B 端子→点火开关触点→点火开关 IG 端子→发动机熔断器(15A)→发电机线束插接器 IG 端子→IC 调节器内部电路→搭铁端子 E→蓄电池负极。

单片集成电路检测出这个电压，使 VT_1 导通，于是磁场电路接通，磁场电路如实线箭头所示：蓄电池正极→易熔线(60A)→点火开关电源端子 B→发电机输出端子 B→励磁绕组→调节器磁场端子 F→调节器功率管 VT_1→调节器搭铁端子 E→蓄电池负极。

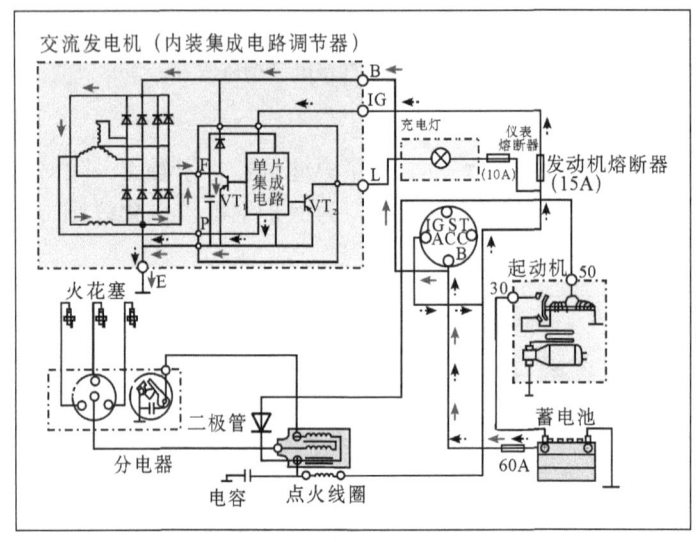

图 1-56　夏利轿车电源系统电路

此时，交流发电机未运转不发电，P 端电压为零，单片集成电路检测出该电压使 VT_2 导通，于是充电指示灯亮，指示蓄电池放电，其电路为：蓄电池正极→易熔线(60A)→点火开关端子→点火开关触点→点火开关 IG 端子→仪表熔断器(10A)→充电指示灯→发电机线束插接器 L 端子→IC 调节器功率管 VT_2→搭铁端子 E→蓄电池负极。

第八节　电源系统的常见故障与检修

1. 电源系统常见故障部位

电源系统常见故障部位如图 1-57 所示。

2. 电源系统常见故障诊断与排除

电源系统常见故障诊断方法如表 1-2 所示。

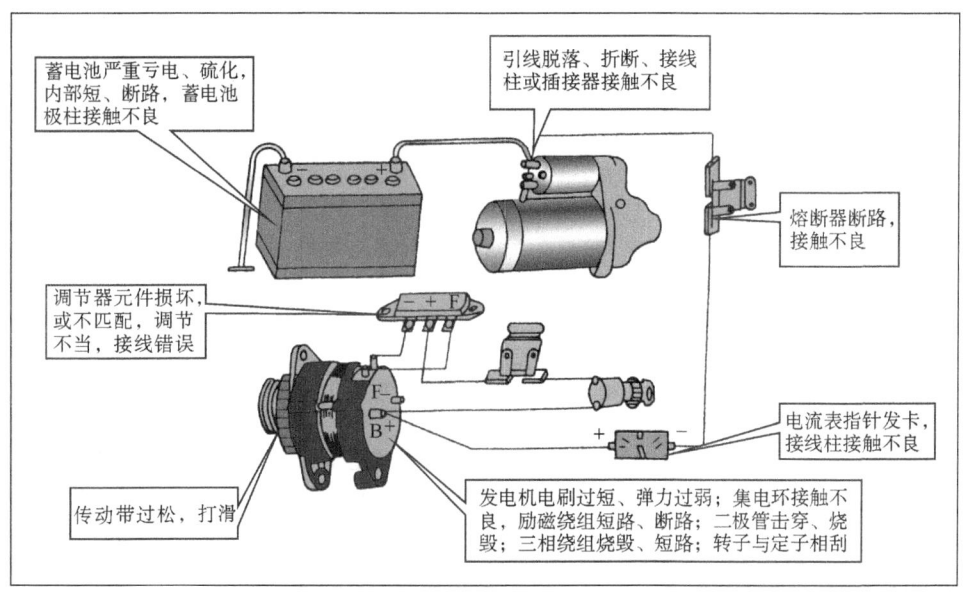

图 1-57 电源系统常见故障部位

表 1-2 电源系统常见故障诊断方法

故障	现象及原因	诊断方法
不充电	故障现象： 1）发动机中高速运转，充电指示灯不熄灭 2）开前照灯，电流表指示放电 故障原因： 1）电路的接线断开或短路 2）电流表的接线错误 3）发电机故障 4）调节器调整不当或有故障	1）检查发电机传动带的状况 2）检查发电机传动带的松紧度：用手指压下带的中部，若压下量过大，说明传动带过松，应调整 3）检查发电机传动带是否打滑 4）检查充电电路各导线和插接器有无断裂或松脱，并检查发电机的接线是否正确 5）打开点火开关，但不起动发动机，用试灯将其一端接在发电机的磁场接线柱上，另一端搭铁，观察试灯 ① 若试灯不亮，说明故障在调节器 ② 若试灯亮，则拆下发电机电枢接线柱上的导线并悬空，用试灯将其一端接在发电机电枢接线柱上，另一端搭铁，起动发动机，若试灯不亮或灯光发红，说明故障在发电机 6）若发电机有故障，可用万用表测量各接线柱之间的电阻值，粗略判断故障所在。测量前，拆下发电机各接线柱上的导线，将万用表置于 $R \times 1$ 档测量各接线柱间的电阻值，其阻值应符合规定，若不符合规定，应对发电机进行拆检 7）若调节器有故障 ① 对于晶体管调节器，应更换 ② 对于触点式调节器 a. 检查低速触点有无烧蚀或脏物，若有，应用砂纸或砂布条研磨或清洁 b. 检查高速触点能否分离，若不能分离应修复

(续)

故障	现象及原因	诊 断 方 法
充电电流过大	1）在蓄电池不亏电的情况下，充电电流仍在10A以上 2）蓄电池电解液损耗过快 3）分电器、断电器触点经常烧蚀；各种灯泡经常烧坏	充电电流过大的故障，一般都是调节器失调所致，或在调节器的线束中出现导线短路，内搭铁式为"+"线与F线短路；外搭铁式为F线与"-"线间短路。所以在检查时，应对调节器及其连线进行检查 1）对于装有晶体管调节器的充电系统，应检查发电机与调节器是否匹配，如果无匹配问题，则应更换调节器 2）对于装有触点式调节器的充电系统，应进行弹簧弹力及衔铁间隙的调整，使之符合要求
充电电流过小	1）蓄电池在亏电情况下，发动机中速以上运转时，电流表指示充电电流过小 2）蓄电池经常存电不足 3）打开前照灯，灯光暗淡；按动电喇叭，声音小	1）外观检查 ① 检查发电机传动带的松紧度，用手指按下带的中部，若压下量过大，说明传动带过松，应调整 ② 检查充电电路各导线插接器是否接触不良或锈蚀脏污 2）对于励磁绕组内搭铁的发电机，拆下发电机F接线柱的导线，用试灯的两根接线分别触及"+"和F接线柱，起动发动机，并逐渐提高转速，同时观察试灯 ① 若试灯亮度不变或变化很小，说明故障在发电机 ② 若试灯随发动机转速增加而亮度增加，说明故障在调节器 3）对于装有晶体管调节器的励磁绕组外搭铁的充电系统，可起动发动机，并使其略高于急速运转，然后连接调节器的F与"-"接线柱，逐渐提高发动机转速，观察电流表 ① 若电流表指示的充电电流增大，说明故障在调节器 ② 若电流表指示无变化，说明故障在发电机 以上检查中，由于短路掉了调节器，发动机转速不可过高，否则因电压过高会烧坏用电设备 4）若故障在发电机，直接进行解体检查 5）若故障在调节器 ① 对于晶体管调节器，应更换 ② 对于触点式调节器，应拆下调节器盖进行检查 a. 用手拉紧弹簧，起动发动机并以中速运转，若充电电流增大，说明调节器限额电压过低，应调整弹簧拉力 b. 用螺钉旋具连接低速触点，若充电电流增大，说明低速触点烧蚀或脏污，应研磨或清洁

3. 电源系统的性能检测

以天津夏利 TJ7100、TJ7100U 型轿车为例。

（1）空载性能诊断

1）将电压表的正、负极分别与蓄电池的正、负极相连，将钳形直流电流表的检测夹夹到发电机输出端子 B 上的引出导线上，如图 1-58 所示。

2）起动发动机，并将其转速升高到 2000r/min 运行，此时电压表指示的电压（即调节电压）应为 13.9~15.1V（25℃），电流表读数应小于 10A。调节电压过高或过低，应检修或更换调节器；电流过大说明蓄电池充电不足或有故障，应补充充电或更换蓄电池。

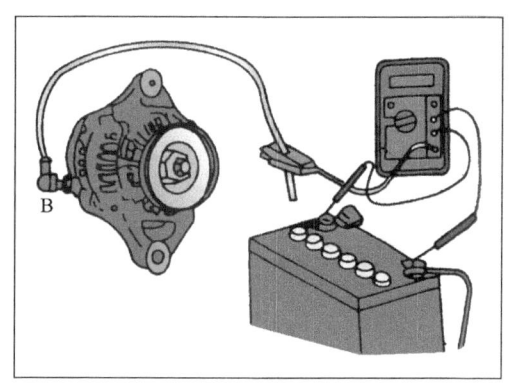

图 1-58　检测充电系统性能

（2）负载性能诊断

1）检测仪器的连接同空载性能诊断。

2）起动发动机，并使其以 2000r/min 运行。

3）接通前照灯和暖风电动机（夏季则接通空调器），此时调节器电压也应为 13.9～15.1V(25℃)，电流表读数应大于 30A。若小于 30A，则说明发电机功率不足，应拆下检修或更换发电机。

第二章

起 动 系 统

第一节 起动机的构造

起动机一般由3个部分组成：串励直流电动机、传动机构和控制装置，如图2-1所示。

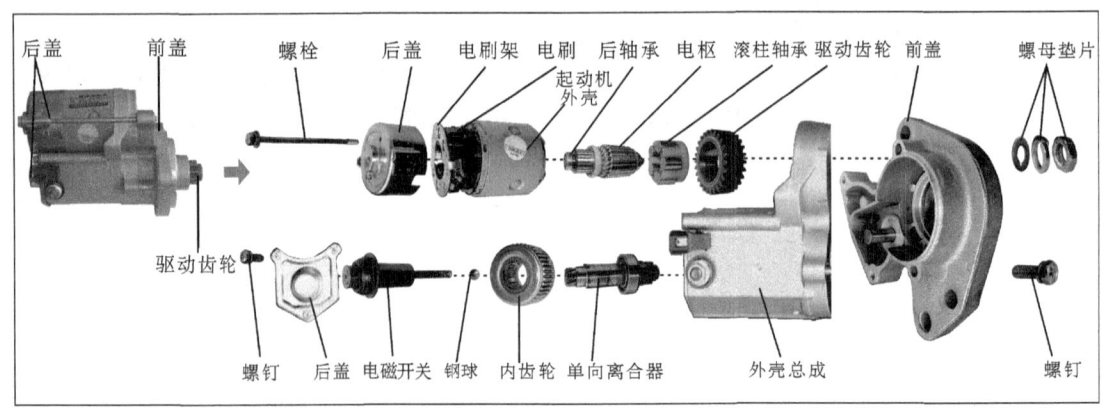

图2-1 起动机的组成

一、串励直流电动机

串励直流电动机由磁极、电枢和换向器组成。

1. 磁极(定子)

磁极的作用是产生磁场，由铁心和励磁绕组组成。 铁心用螺钉固定在壳体的内壁上，其上套有励磁绕组。磁极的数目一般为4个(2对)，励磁绕组的连接方法有两种，如图2-2所示。一种是4个相互串联，如图2-2a所示；另一种是两串两并，即先将两个串联后再并联，如图2-2b所示。

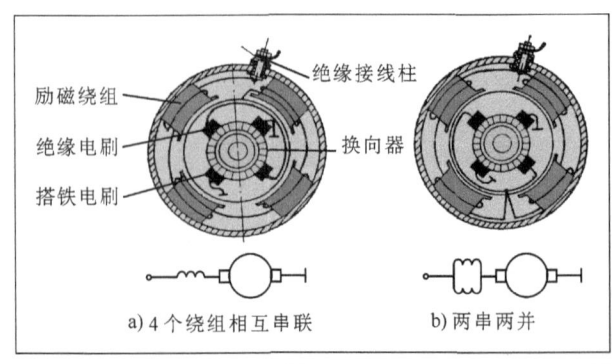

a) 4个绕组相互串联　　b) 两串两并

图2-2 励磁绕组的连接方式

2. 电枢和换向器（转子）

电枢是产生电磁转矩的核心部件，主要由电枢轴、电枢铁心、电枢绕组和换向器组成，如图 2-3 所示。铁心由许多相互绝缘的硅钢片叠装而成，其圆周表面上有槽，用来安放电枢绕组。

3. 电刷与电刷架

电刷与电刷架的作用是将电流引入电动机，如图 2-4 所示。电刷装在电刷架中，借弹簧压力将它压紧在换向器上，电刷弹簧的压力一般为 11.7~14.7N。

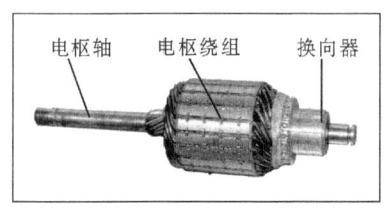

图 2-3 电枢总成

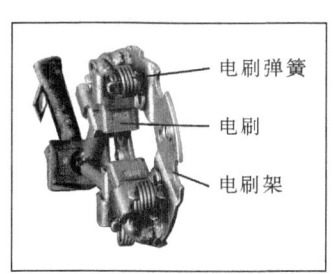

图 2-4 电刷与电刷架

4. 端盖、机壳

端盖与机壳实物如图 2-5 所示，端盖分为前、后两个。后端盖一般用钢板压制而成，其上装有 4 个电刷架，前端盖用铸铁铸造而成。它们分别装在机壳的两端，靠两个长螺栓与起动机壳紧固在一起。

机壳用钢管制成，一端开有窗口，作为观察电刷和换向器之用，平时用防尘箍盖住。机壳上只有一个电流输入接线柱（与外壳绝缘），并在内部与励磁绕组的一端相接。

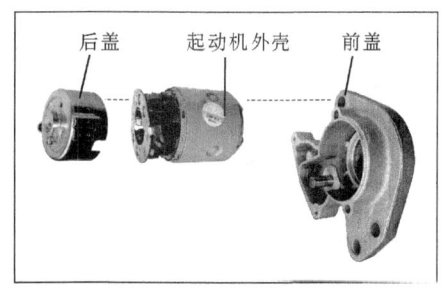

图 2-5 端盖与机壳

二、控制装置

起动系统的控制装置主要包括点火开关、起动继电器、电磁开关，有的还包括离合器开关（MT）或空档起动开关（AT）。起动机的电磁开关如图 2-6 所示。电磁开关与起动电动机组合安装在一起，开关上有 3 个接线端子，即 S、B、M 端子。S 端子是起动控制端子，连接吸引线圈和保持线圈；B 端子直接通向蓄电池，起动时向直流电动机供电；M 端子连接起动电动机，使吸引线圈和起动电动机串联在一起。

当起动电路接通后，吸引线圈、保持线圈同时通电，保持线圈的电流经起动机接线柱进入，经线圈后直接搭铁；吸引线圈的电流也经起动机接线柱进入，但通过线圈后未直接搭铁，而是进入电动机，经电动机后再搭铁。两线圈通电后产生较强的电磁力，克服弹簧弹力使活动铁心移动，一方面通过拨叉带动驱动齿轮移向飞轮齿圈并与之啮合；另一方面推动接触盘移向两个主接线柱触点，在驱动齿轮与飞轮齿圈进入啮合后，接触盘将两个主触点接通，使电动机通电运转。

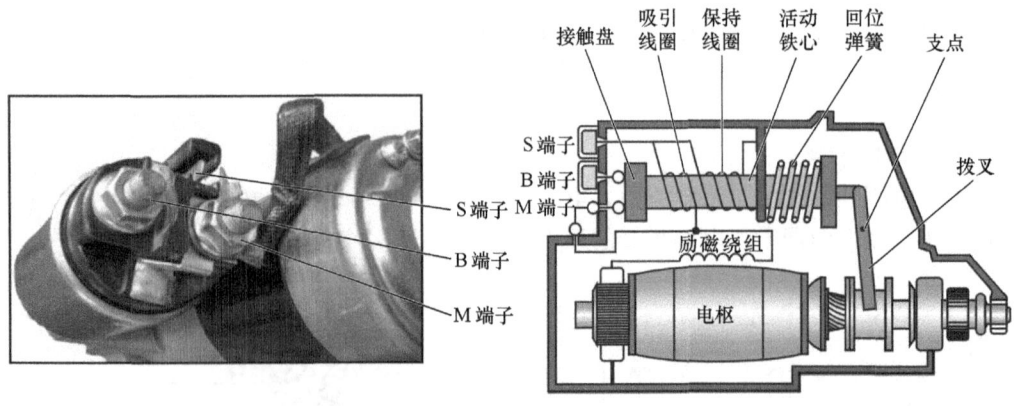

图 2-6 起动机电磁开关

三、传动机构

传动机构的作用是当起动发动机时,将电动机的驱动转矩传给发动机曲轴;当发动机起动后,切断电动机与发动机之间的动力联系。

起动机传动机构中的关键部件是单向离合器,其内部结构如图 2-7 所示,其作用是在起动时将电枢产生的电磁转矩传递给发动机飞轮;而当发动机起动后,单向离合器立刻打滑,防止发动机飞轮带动电枢高速旋转,造成电枢绕组"飞散"的事故。

传动机构的工作示意图如图 2-8 所示。图 2-8a 所示为起动机不工作时所处的位置;图 2-8b 所示为在电磁开关的作用下,驱动齿轮与飞轮齿圈正在啮合,此时起动机的主电路还没有接通;图 2-8c 所示为驱动齿轮与发动机飞轮齿圈完全啮合,主电路接通,电枢轴开始带动发动机曲轴旋转。发动机起动后,驱动齿轮与飞轮齿圈仍处于啮合状态,单向离合器打滑,驱动齿轮在飞轮的带动下空转。起动结束后,驱动齿轮在电磁开关的作用下,与发动机飞轮齿圈脱离啮合。

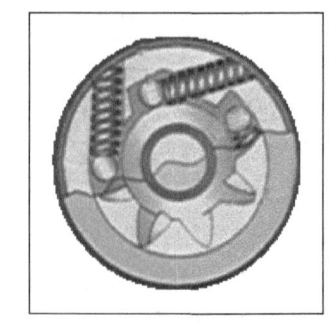

图 2-7 单向离合器内部结构图

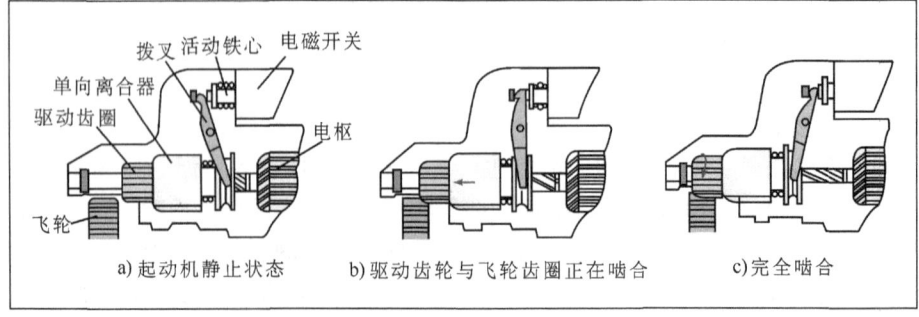

图 2-8 起动机传动机构工作示意图

第二节　起动机的结构类型

一、普通式起动机

图 2-9 所示为红旗轿车采用的起动机,电动机为串励直流电动机,采用滚柱式单向离合器。该车起动系统电路如图 2-10 所示,电磁开关上有两个接线柱:30 为主接线柱,50 为起动接线柱。红旗轿车与奥迪轿车的起动系统是完全一样的。起动系统中没有起动继电器,这是因为点火开关 ST 档容量大,允许短时间内通过起动机电磁开关线圈内的电流大于 20A。

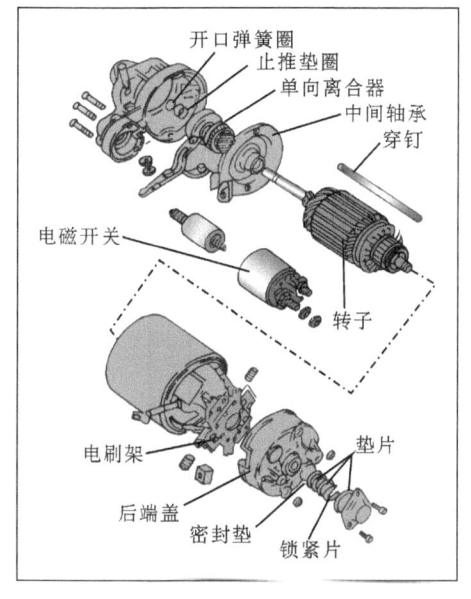

图 2-9　红旗轿车采用的起动机结构

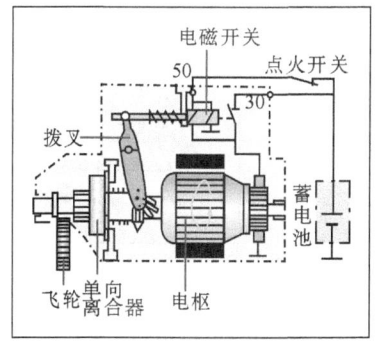

图 2-10　红旗轿车起动系统电路

工作过程：起动发动机时,将点火开关打到 ST 档,电磁开关接通,拨叉使单向离合器的驱动齿轮与飞轮齿圈啮合,接触盘使起动机的主电路接通,电枢绕组产生电磁转矩,带动发动机曲轴旋转。当发动机起动后,单向离合器打滑；松开点火开关到 ON 档,主电路断开,拨叉使驱动齿轮与飞轮齿圈脱离啮合,完成起动动作。

二、永磁式起动机

永磁式起动机以永磁材料为磁极,具有重量轻、结构简单等优点。由于永磁式电动机的机械特性较差,所以永磁式电动机必须配有减速机构,即永磁式起动机一般都是永磁式减速起动机。该种起动机一般有 2~3 对磁极,在其他方面与有励磁绕组的起动机一样。应用车型为美国通用汽车公司生产的部分轿车、国产北京切诺基等。

图 2-11 为奥迪五缸车用永磁式减速起动机分解图。该起动机采用了行星轮式减速机构、滚柱式单向离合器。

三、减速式起动机

1. 外啮合式

该起动机的传动中心距离为 30mm 左右，在电枢轴与驱动齿轮之间，利用惰轮完成中间传动，且电磁开关铁心与驱动齿轮同轴心，电磁开关直接推动驱动齿轮与飞轮齿圈啮合，无需拨叉，起动机的减速传动效率高，成本适中，广泛应用于小功率的起动机。图 2-12 所示为丰田汽车采用的外啮合式减速起动机分解图。

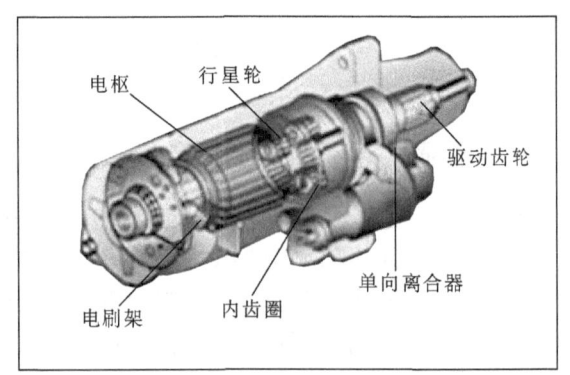

图 2-11　永磁式减速起动机

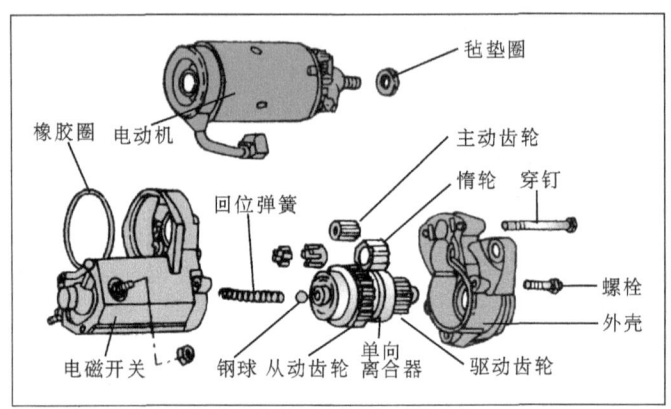

图 2-12　丰田汽车采用的外啮合式减速起动机分解图

2. 内啮合式

该种起动机的传动中心距离为 20mm 左右，减速传动效率高，但成本也高，其结构图如

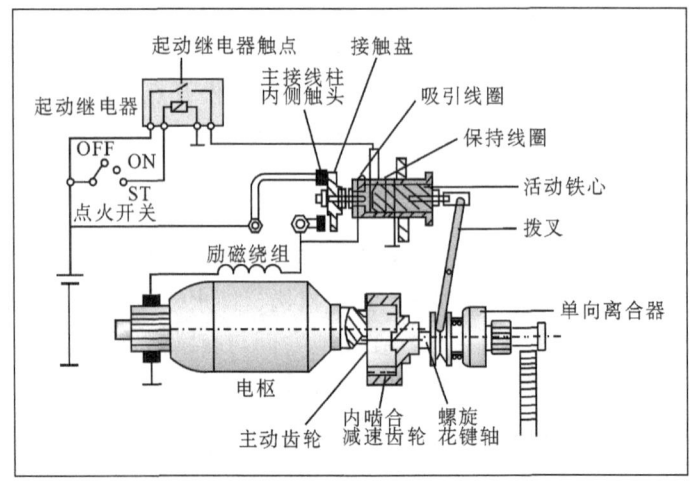

图 2-13　内啮合式减速起动机结构图

图2-13所示。

3. 行星轮式减速起动机

该种起动机的传动中心距离为零,输出轴与电枢轴同轴,可使整机尺寸减小。同时该种起动机传动比最大,可达4.5∶1,大大减小了起动机的起动电流。行星轮减速器在电枢与驱动齿轮之间传递动力。行星轮总成由太阳轮、3个行星轮、齿圈组成,如图2-14所示。太阳轮装在电枢轴上,3个行星轮装在行星架上,齿圈固定不动。当电枢旋转时,太阳轮带动3个行星轮绕齿圈的轮齿旋转,行星轮绕齿圈的运动,带动行星架旋转,行星架与输出轴连接。**动力传递路线为:电枢轴(太阳轮)→行星轮及行星架(与输出轴一体)→滚柱式单向离合器→驱动齿轮→飞轮。**

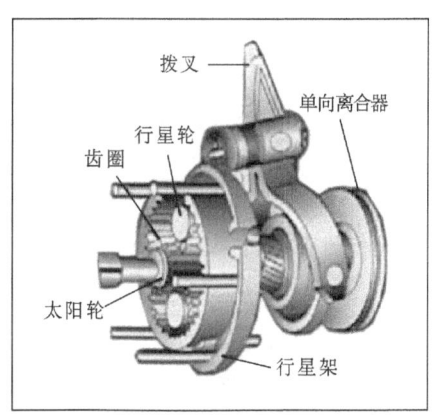

图2-14 行星轮式总成结构图

第三节 起动机的工作原理与工作过程

一、串励直流电动机的工作原理

直流电动机利用磁场的相互作用将电能转化成机械能,在磁场内通电导线受到磁场力的作用而产生移动的倾向。

直流电动机的原理如图2-15所示,在磁场中放置一个线圈,线圈的两端分别与两片换向片连接,两只电刷分别与两片换向片接触,并与蓄电池的正极或负极接通。**电流方向为:蓄电池正极→励磁绕组→正电刷→换向片→电枢绕组→负电刷→蓄电池负极。**按照电枢绕组中的电流方向,由左手定则可以确定电枢左边受向上的作用力,右边受向下的作用力,整个电枢线圈受到顺时针方向的转矩作用而转动。当电枢转过半周后,换向片与正负电刷接触位置正好换位,电枢绕组因受转矩作用仍按顺时针方向转动。这样在电源连续对电动机供电时,其线圈就不停地按同一方向转动。

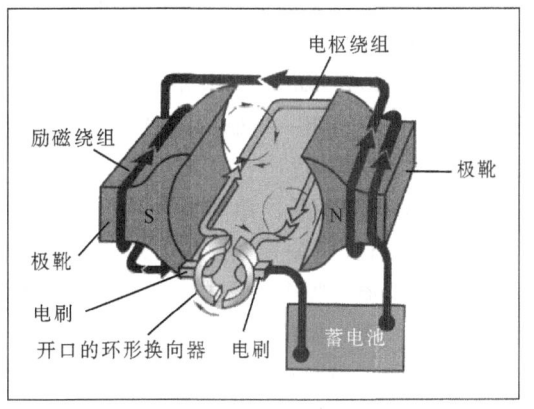

图2-15 直流电动机原理图

实际电动机的电枢采用多匝线圈,换向片的数量也随绕组匝数的增多而增多。

电动机的电磁转矩M取决于磁通Φ和电枢电流I_a的乘积,可表示为

$$M = C_m \Phi I_a$$

式中 C_m——电动机结构常数。

二、起动机的工作过程

起动机的工作过程如图 2-16 所示。

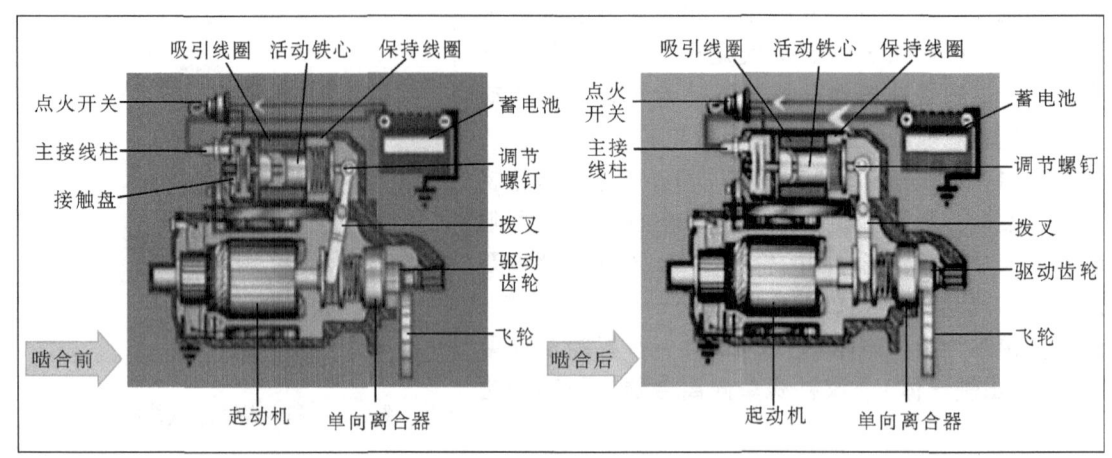

图 2-16 起动机的工作过程

1）起动时，将点火开关 S 打到 ST 档，电磁开关通电，其电路如下：

蓄电池正极→主接线柱→点火开关 S→起动接线柱 $\begin{cases}保持线圈→搭铁。\\ 吸引线圈→主接线柱→串励\\ 直流电动机→搭铁。\end{cases}$

此时，吸引线圈与保持线圈的电流绕向相同，磁场方向相同，活动铁心在两个线圈磁场力的共同作用下克服回位弹簧的作用向左移动，通过拨叉使驱动齿轮与发动机飞轮啮合。当驱动齿轮与飞轮啮合后，接触盘将主接线柱、主接线柱内侧触点接通，于是起动机的主电路接通（电流为 200~600A），电路如下：蓄电池正极→主接线柱→接触盘→主接线柱→励磁绕组→电刷→电枢绕组→电刷→搭铁。这时直流电动机产生电磁转矩，通过单向离合器带动曲轴旋转，起动发动机。

2）发动机起动后，单向离合器打滑。

3）松开点火开关 S，点火开关 S 从 ST 档回到 ON 档，这时从点火开关 S 到起动接线柱之间已没有电流，吸引线圈与保持线圈的电路变为：蓄电池正极→主接线柱→接触盘→主接线柱→吸引线圈→保持线圈→搭铁。

此时，由于吸引线圈与保持线圈的电流绕向相反，磁场方向相反，磁吸力相互抵消，因此，活动铁心在回位弹簧的作用下，迅速右移，使主电路断开，驱动齿轮与飞轮脱离啮合，起动机停止工作。

在接触盘接通主电路之前，由于电流经吸引线圈到励磁绕组与电枢绕组，所以电枢产生了一个较小的电磁转矩，使驱动齿轮在缓慢旋转状态下与飞轮平稳啮合。主电路接通后，吸引线圈被短路，活动铁心的位置由保持线圈产生的磁吸力来保持。

主电路接通的同时，接触盘将接线柱接通，使点火线圈的附加电阻短接，提高点火电压。现在附加电阻已经很少采用，所以这个接线柱或不接线，或已经取消。

第二章 起动系统

三、起动机的控制和保护电路

1. 带起动继电器的起动控制电路

带起动继电器的起动控制电路如图 2-17 所示。当点火开关打到 ST 档时,蓄电池经点火开关给起动继电器中的磁化线圈供电(电流很小),使继电器中的常开触点闭合,这样蓄电池电流经主接线柱、继电器的触点到起动机电磁开关上的起动接线柱,起动机开始正常工作。

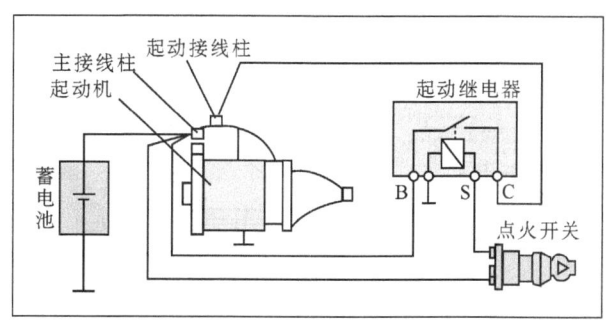

图 2-17 带起动继电器的起动控制电路

2. 装有组合继电器的起动控制电路和保护电路

图 2-18 所示为解放 CA1091 汽车起动机控制电路。解放 CA1091 汽车起动机由 JD171 型组合继电器控制,而组合继电器是由起动继电器和充电指示灯继电器组成的,其结构如图 2-19 所示。

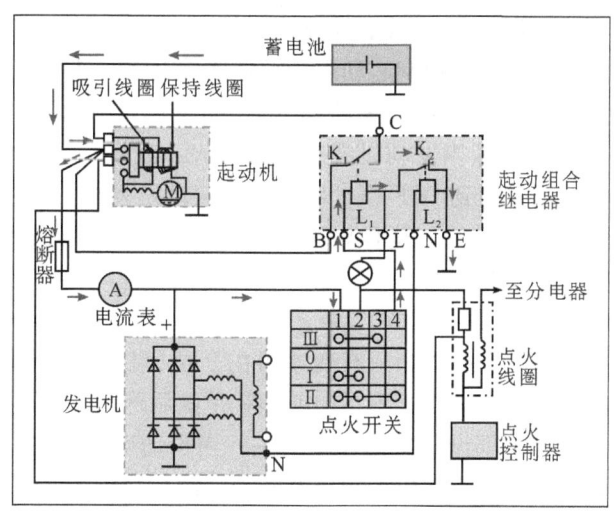

图 2-18 解放 CA1091 汽车起动机控制电路

起动继电器的触点 K_1 常开,充电指示灯继电器的触点 K_2 常闭。其工作原理如下:

1)起动时,点火开关打到Ⅱ档,复合继电器中的起动继电器磁化线圈 L_1 通电,其电路如下:
蓄电池正极→起动机主接线柱→熔断器→电流表→点火开关→复合继电器 S 接线柱→磁化线圈 L_1→触点 K_2→搭铁,如图 2-18 中箭头所示。

由于磁化线圈 L_1 通电,则 K_1 闭合,接通起动机电磁开关电路,起动机正常工作。

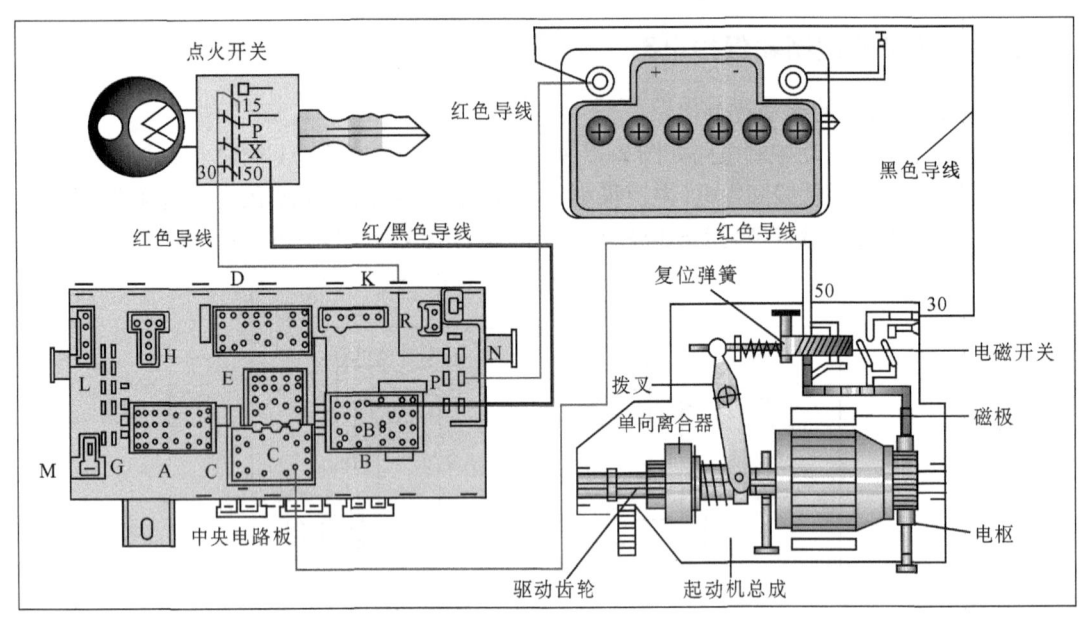

图2-19 解放 CA1091 汽车起动机结构图

2)发动机起动后,发电机开始发电,发电机中性点接线柱 N 使线圈 L_2 有电流通过,K_2 断开,磁化线圈 L_1 断电,触点 K_1 断开,使起动机电磁开关断电,起动机自动停止工作,同时充电指示灯熄灭。

3)发动机工作时,由于发电机中性点电压的作用而使触点 K_2 常开。这时,即使将点火开关误打到 ST 档,起动机也不会工作,防止误操作。

除了利用发电机的中性点电压控制起动组合继电器外,大多数汽车采用点火开关锁体控制。打到 ST 档时,点火开关是从 OFF(关断)档→ON(运行)档→ST 档,重复打起动档时,点火开关必须从 OFF 档开始。即当发动机没有起动着火,或发动机自动熄火,需要再次起动发动机时,点火开关必须先回到 OFF 档,然后才能起动发动机。当发动机运行时(在 ON 档),锁体向 ST 档方向是拧不动的。这样就可以防止起动系统的误操作,如桑塔纳、奥迪等车都是采用这种方式防止误操作的。

3. 设有空档起动开关

对于装有自动变速器的汽车,要求只有变速器在 P 位(驻车档)或 N 位(空档)时,起动机才能工作,否则起动发动机时,汽车不是向前跑就是向后跑而发生事故。为此,装备自动变速器的汽车,在起动系统中都设有空档起动开关,当自动变速器在 P 位或 N 位之外任何档时,此开关都是断开的,即将起动机控制电路断开,使起动机无法工作。

第四节 起动机的使用与检修

一、起动机的正确使用与维护

1. 起动机的正确使用

为了延长起动机的使用寿命,并保证能迅速、可靠、安全地工作,使用起动机必须注意以下几点：

1）起动机是按短时间大电流工作设计的，因此，使用起动机时，每次工作时间不得超过5s，重复起动时必须间隔15s以上。

2）在低温下起动发动机时，应先预热发动机后再起动。

3）起动机电路的导线连接要牢固，导线的截面积不应太小。

4）使用不具备自动保护功能的起动机时，应在发动机起动后迅速断开起动开关。在发动机正常运转时，切勿随便接通起动开关。

5）应尽可能使蓄电池处于充足电的状态，保证起动机正常工作时的电压和容量，减少起动机重复工作的时间。

6）应定期对起动机进行全面的保养和检修。

2. 起动机的使用注意事项

1）起动前应将变速器挂上空档，自动变速器的汽车应将变速杆置于P位或N位，起动同时踩下离合器踏板。

2）每次接通起动机的时间不得超过5s，两次之间应间歇15s以上。

3）当发动机起动后应立刻松开点火开关，切断ST档，使起动机停止工作。

4）经过三次起动，发动机仍没有起动着火，则停止起动，进行简单的检查，检查蓄电池的容量，极柱的连接，油、电路等，否则蓄电池的容量将严重下降，起动发动机变得更困难。

3. 起动机的维修注意事项

1）在车上进行起动检测之前，一定要将变速器挂上空档，并实施驻车制动。

2）在拆卸起动机之前，应先拆下蓄电池的搭铁电缆线。

3）有些起动机在起动机与法兰盘之间使用了多块薄垫片，在装配时应按原样装回。

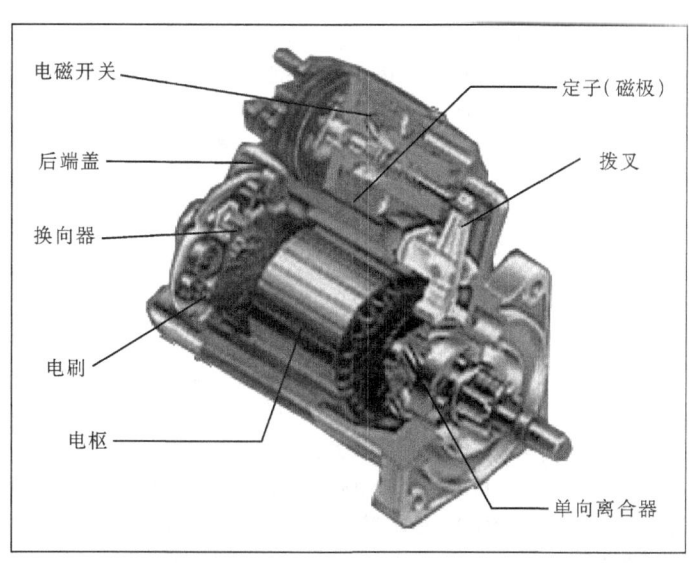

图 2-20 起动机常见故障部位

二、起动机常见故障部位

起动机常见故障部位如图 2-20 所示。

三、起动系统的常见故障诊断

起动系统的常见故障诊断如表 2-1 所示。

表 2-1　起动系统的常见故障诊断

故障	现　　象	诊断步骤与方法
起动机不转	接通起动开关，起动机不转	1）检查蓄电池的状况和电源导线连接情况 ① 按喇叭或开前照灯，若喇叭响声变小或前照灯灯光暗淡，说明蓄电池容量过低或电源导线接触不良 ② 蓄电池良好，应对蓄电池的正极线、搭铁线及各接线柱和总电源开关进行检查，若有脏污或松脱，应清洁或紧固 2）用金属条短接起动机电磁开关上的两个主接线柱。若起动机不转且无火花，说明电动机有故障，应解体检修；若起动机运转，说明电动机正常 3）用导线连接电磁开关上的蓄电池主接线柱和起动机接线柱（即吸引线圈及保持线圈流入端）。若起动机不工作，说明电磁开关有故障，应进一步检查电磁开关；若起动机工作，说明起动机电磁开关良好 通过上述检查，可以认定起动机无故障。故障应出在控制电路中 4）用导线短接起动继电器的点火开关与电池接线柱。若起动机工作，说明点火开关及其连线有故障；若起动机不工作，说明继电器及其连线有故障。电路的故障可用试电笔或试灯沿起动控制电路逐点查找，直至找到故障部位
起动机转动无力	1）起动机转动缓慢无力，带动发动机困难 2）接通起动开关后，起动机只有"咔嗒"一声并不转动	1）检查蓄电池容量和电源导线的连接情况 2）在确认蓄电池容量足够、电路连接良好的情况下，用金属条短接起动机电磁开关的两个主接线柱，如果短接后起动有力了，说明起动机电磁开关内主触点和接触盘接触不良；如果短接后起动仍然无力，则可认为电动机有故障，或其搭铁不良，需进一步拆检 3）在接通起动开关后，起动机有连续的"咔嗒"声 如果短接起动机电磁开关的两个主接线柱，起动机转动正常，说明电磁开关保持线圈断路或短路
起动机空转	接通起动开关，起动机只是空转，不能带动发动机运转	1）起动机空转时，有较轻的摩擦声音，起动机驱动齿轮不能与飞轮轮齿啮合而产生空转，即驱动齿轮还没有啮合到飞轮轮齿中，电磁开关就提前接通，说明主回路的接触盘行程过短，应拆下起动机，进行起动机接通时刻的调整，或为飞轮上的齿圈在飞轮上滑转 2）起动机空转时，有严重的碰擦轮齿的声音，说明飞轮轮齿或起动机驱动齿轮严重磨损，应拆下起动机进一步检查，根据实际情况更换驱动齿轮或飞轮轮齿 3）起动机空转时，速度较快但无碰齿声音，说明起动机单向离合器打滑，即驱动齿轮已经啮入飞轮轮齿中，但不能带动飞轮旋转，只是起动机电枢轴在空转，应更换单向离合器总成
起动机有异响	主要原因可能是单向离合器打滑，或者是飞轮齿圈有部分齿损坏	一般可根据声音判断，声音"轻、尖且连续"的是单向离合器打滑，应更换单向离合器；声音"沉重、间断"的是飞轮齿圈损坏。也可重新转动曲轴或将车挂上档，前后移动一下汽车，使起动机的驱动齿轮与发动机的飞轮齿圈重新啮合。如果能起动发动机，说明飞轮齿圈的齿轮啮合面部分损伤，飞轮齿圈损伤轻微的可将飞轮齿圈翻转过来，重新使用；飞轮齿圈损伤严重的应更换飞轮齿圈

四、起动系统的检修

1. 起动机的检修

（1）检查直流电动机

1）励磁绕组的检修。

① 励磁绕组断路的检修。用万用表测量励磁绕组两端的导通情况。若不通，则说明励磁绕组有断路现象，如图 2-21 所示。

② 励磁绕组短路的检修。如图 2-22 所示，在励磁绕组的两端加 2V 的直流电，用螺钉旋具在四个磁极片上分别感受磁吸引力的大小。若某一磁极吸力太小，则表明该磁极上的励磁绕组短路。

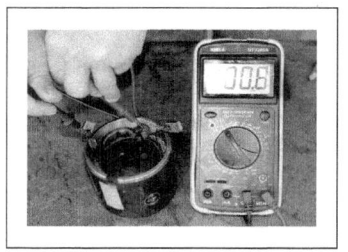

图 2-21 励磁绕组断路的检查

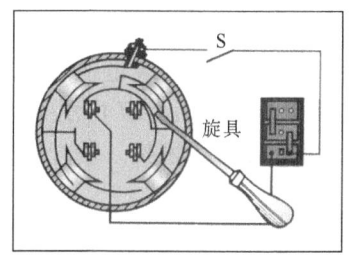

图 2-22 励磁绕组短路的检查

③ 励磁绕组搭铁的检查。如图 2-23 所示，用万用表检查电刷与起动机外壳之间的导通情况。若导通，说明励磁绕组有搭铁故障。

2）检查转子(电枢部分)。

① 使用万用表对电枢绕组搭铁的检查。用电阻 $R\times 10k$ 档检测，如图 2-24 所示，用一根表笔接触电枢，另一根表笔依次接触换向器铜片，万用表指针不应摆动即电阻为无穷大，否则说明电枢绕组与电枢轴之间绝缘不良，有搭铁之处。

图 2-23 励磁绕组搭铁的检查

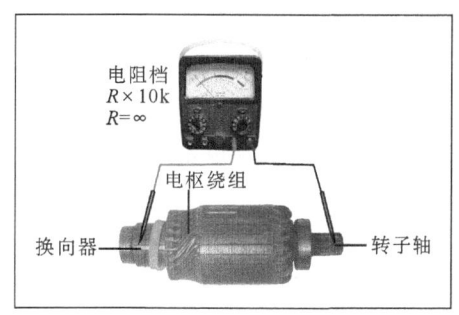

图 2-24 换向器与转子轴间的检查

② 使用万用表对电枢绕组断路的检查。用电阻 $R\times 1$ 档，将两个表笔分别接触与换向器相邻的铜片，如图 2-25 所示，测量每相邻两换向片间是否相通。如万用表指针指示"0"，说明电枢绕组无断路故障；若万用表指针在某处不摆动，即电阻值为无穷大，说明此处有断路故障，应更换电枢。

③ 使用短路测试仪对电枢绕组短路的检查。转动电枢，当铁片在某一部位产生振动时，

表明该处电枢绕组短路,如图 2-26 所示。

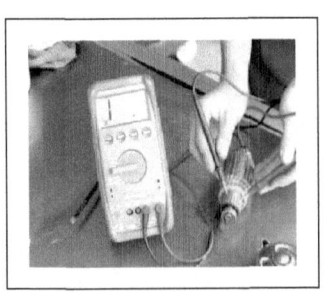

图 2-25　检查电枢绕组是否断路

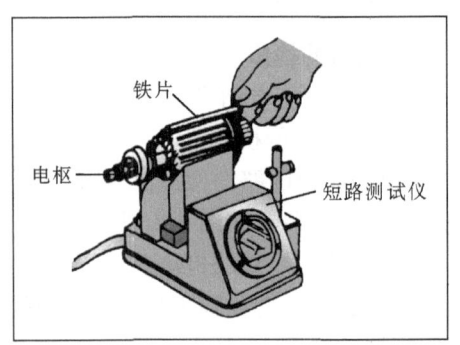

图 2-26　电枢绕组短路的检查

④ 用偏摆仪对电枢绕组跳动的检查。其径向圆跳动量不应大于 0.08mm,否则应进行校正或更换电枢,如图 2-27 所示。

3)检查电刷、电刷架。检查电刷、电刷架如图 2-28、图 2-29 所示。

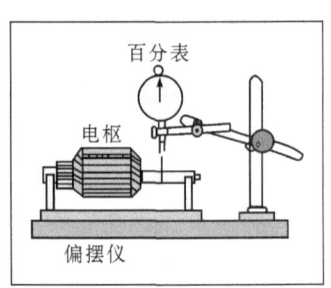

图 2-27　电枢轴跳动的检查

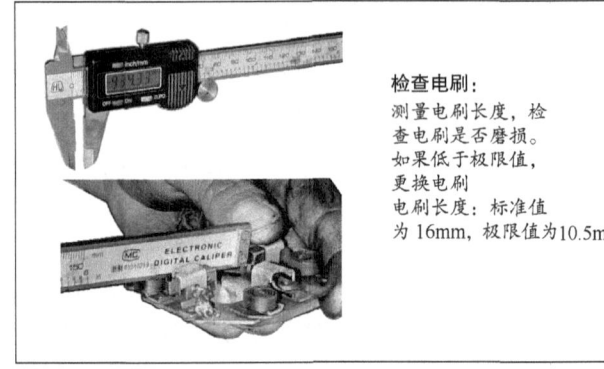

图 2-28　电刷长度的检查

(2)检查传动机构(单向离合器)　将单向离合器及驱动齿轮总成装到电枢轴上,握住电枢,当转动单向离合器外座圈时,驱动齿轮总成应能沿电枢自由滑动。如图 2-30 所示,握住外座圈,转动驱动齿轮,应能自由转动;反转时不应转动,否则就有故障,应更换单向离合器。

(3)检查电磁开关

1)接触盘表面和触点表面的检修。轻微烧蚀可用砂布打光,严重烧蚀应予更换(针对某些起动机而言)。

2)吸引线圈和保持线圈的检修。用万用表 $R\times1$ 档检查吸引线圈和保持线圈的电阻值,若线圈已断路或有严重短路,应更换。

① 吸引线圈检测。如图 2-31 所示,从励磁绕组接线柱上拆下励磁绕组正极端,检查电磁开关与励磁绕组接线柱之间的导通情况。如果不导通,线圈断路,应更换。

② 保持线圈检测。如图 2-32 所示,检查电磁开关接线柱与电磁开关壳体之间的导通情况。如果不导通,线圈断路,应更换。

第二章 起动系统

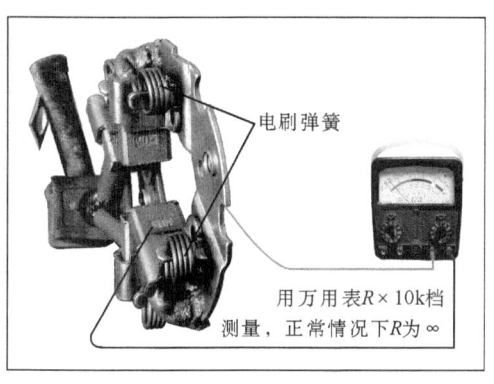

图 2-29 电刷弹簧的绝缘检查

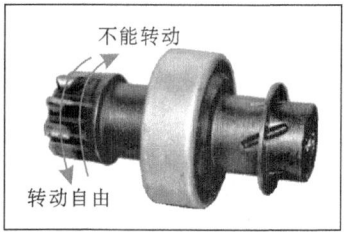

图 2-30 单向离合器的检修

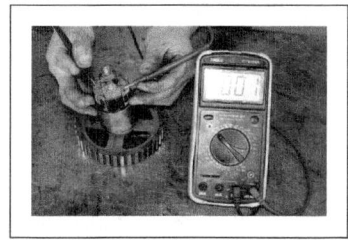

图 2-31 吸引线圈的检测

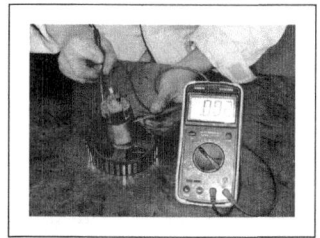

图 2-32 保持线圈的检测

（4）起动机常见故障的处理方法 起动机最常出现的故障是起动机运转无力或不转，两者检修方法相同。如接通起动开关，起动机运转无力或不转，应立即切断起动开关，开亮前照灯或按喇叭，看灯光或声音是否正常。

2. 起动继电器的检修

检查起动继电器时，主要应检查起动继电器的线圈电阻（图 2-33），正常阻值应为 10~15Ω；检查起动继电器触点间的电阻（图 2-34）；检查及调整起动继电器触点的闭合电压和张开电压，如图 2-35 所示。

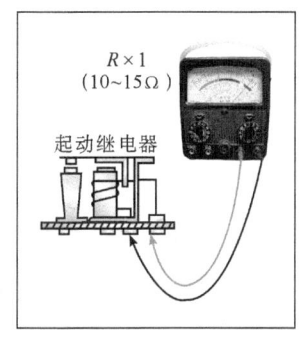

图 2-33 起动继电器线圈电阻的检查

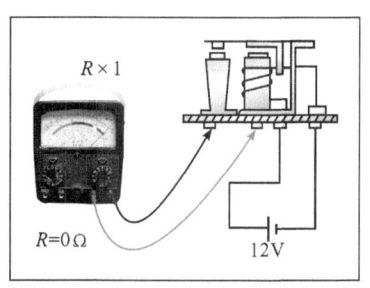

图 2-34 起动继电器触点间电阻的检查

3. 起动机的调整

（1）驱动齿轮前端面与端盖凸缘间距离的调整　驱动齿轮前端面与端盖凸缘间距离 A 的调整如图 2-36 所示。如果不符合规定，可利用锁紧螺母和调整（限位）螺钉进行调整。

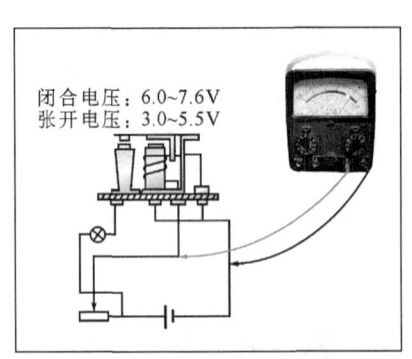

图 2-35　起动继电器触点闭合电压和张开电压的检查与调整

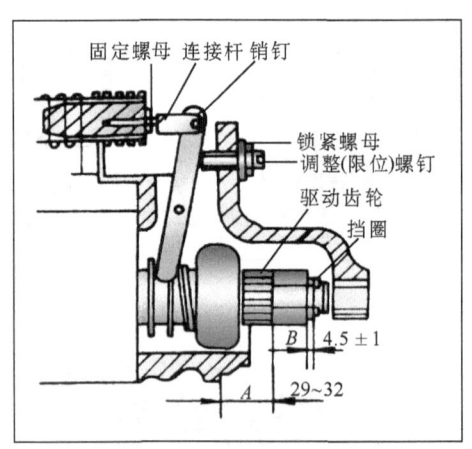

图 2-36　有关间隙的调整

（2）驱动齿轮与止推垫圈间的间隙调整　检查驱动齿轮与止推垫圈之间的间隙，一般为 1.5~2.5mm。检查接线方法如图 2-37 所示，用导线分别将蓄电池的正极与起动机的起动接线柱连接，蓄电池的负极与起动机的外壳连接起来。这样使驱动齿轮到达啮合位置，然后可以检测驱动齿轮与止推垫圈之间的间隙。若不符合规定，利用固定螺母和连接杆进行调整，直至符合要求为止。

4. 起动机的性能检测

起动机修复后，必须进行空载试验和全制动试验，如不符合要求，应重新检查和修理。

（1）空载试验　空载试验的目的是通过测量空载转速和空载电流来判断起动机有无故障，如图 2-38 所示。

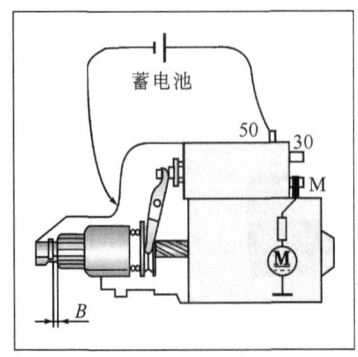

图 2-37　检查驱动齿轮与止推垫圈间间隙的接线图

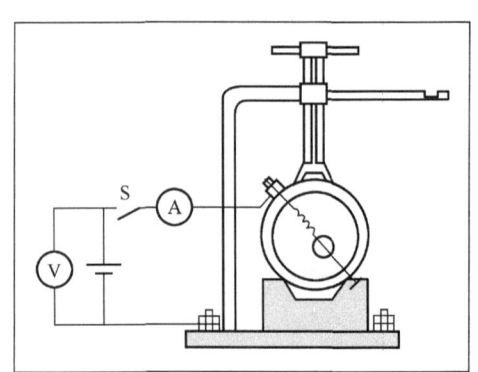

图 2-38　空载试验

在试验过程中，起动机应运转平稳，换向器不应有火花。如测量的电流和转速符合标准，说明起动机技术状况完好；如果电流大于标准值、转速小于标准值，则可能是起动机装配过紧，电枢绕组或励磁绕组有短路或搭铁故障；如果电流和转速都小于标准值，则说明内部有接触不良之处。每次试验不能超过1min，以免起动机过热。

（2）全制动试验 全制动试验的目的是通过测量全制动时的电流和转矩来判断起动机有无故障。

如果测得的电流和转矩符合标准值，说明起动机技术状况完好；如果电流大于标准值且转矩小于标准值，说明电枢绕组或励磁绕组有短路或搭铁故障；如果电流和转矩都小于标准值，说明起动机内部有接触不良的故障；如果驱动齿轮在锁定的情况下仍缓慢转动，说明单向离合器有打滑现象。每次试验不能超过5s，以免烧坏起动机，如图2-39所示。

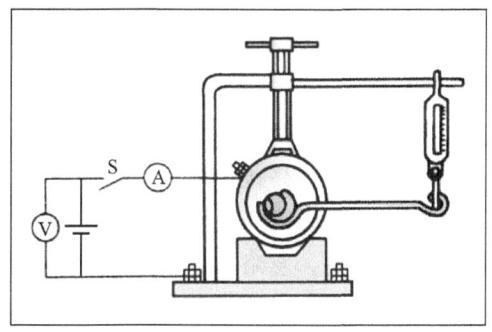

图2-39 全制动试验

5. 减速起动机的检修

检查减速装置功能时，减速装置一端与电枢轴连接，一手握住减速装置壳体，一手转动电枢，当沿顺时针方向或沿逆时针方向转动电枢时，减速装置输出轴应能灵活转动，否则应予以润滑、修理或更换新品。

行星轮应转动自如，齿圈无变形、开裂、烧毁等现象。有些型号的齿圈采用塑料制造，使用中常出现载荷过大而烧焦卡死现象。

电磁开关、电枢、电刷及电刷架、操纵机构和单向离合器的检查同常见起动机的检查一样。

第五节 起动系统的故障维修案例

案例一：大宇轿车起动机特殊故障排除方法

☞ 故障现象

车型：(ESPERO)JF19Y000 发动机 G15MF 1.5L，VIN码 KLAJF19YPB911434。

发动机大修以后出现热车起动困难。

☞ 故障诊断与排除

试车，发现冷车能起动着火，等冷却液温度上升到正常温度后，起动机出现类似起动机转子扫膛后的现象。等再试几下后，起动机每次起动只发出"哼"的一声就再也带不动发动机工作了。因为此车大修前起动机不论是热车还是冷车均能起动发动机，只是大修了发动机后才出现故障，所以本着先简后繁的原则先用扳手盘转发动机，能盘动发动机，排除了发动机装配过紧的可能。又把中央高压线拔下，再起动发动机，故障依旧，这样又把点火时刻过早的原因排除了。从发动机上拆下起动机检修，打开起动机检查。大宇的起动机比寻常的非减速起动机有一点改进：转子前后轴的定位支撑由传统的压制含油青铜套改进成滚子轴承,这样的设计既保留了铜套式支撑转子起动机的小体积,又在稍稍提高成本的同时增加了起动机的耐用程度,而且此车起动机的励磁采用磁石励磁,构造结构简单。检查结果为转子正常,前后滚子轴承间隙在允许的范围内,没有扫膛现象。电刷的长度、电刷压簧的压力都可以,唯一不太好的是换向器有些油污。当时判断是因油污产生接触电阻,电压降低,起动力矩减小,无法带转发动机。处理完换向器,保养了起动机后,在车下无负荷试验运转正常。安装上车后试验起动发动机,冷车勉强能带动发动机,热车根本不能带动。拆卸起动机后仔细分析故障的表现。根据冷车和热车的变化,以及拆检的结果和起动机的构造,疑点落在了用磁石励磁的定子上,励磁用的是普通磁石。怀疑用作励磁的磁石受热磁性减弱,产生励磁不足,起动力矩减弱,不能带转发动机。用螺钉旋具试磁石,凭经验感觉磁力不强。因定子不是常用维修备件,无法购到,更换一新的起动机后试着起动发动机,不论冷车与热车均能正常起动,修理完毕。

总结:此故障因为受大修前起动机冷车没有故障现象的蒙蔽,使修理思路没有放开。又因为是磁石励磁,忽略了磁石磁性的减弱,造成力矩减小,形成了大修前因为发动机压缩比的降低能正常起动发动机,而大修后发动机压缩比恢复正常,需用比大修前更大的力矩来起动发动机,这时因磁石的原因引起力矩减小的问题便暴露出来,产生此故障。希望同行能借鉴,多一个修理思路,少费些时间。

案例二:日产公爵王 V6 轿车起动机特殊故障排除

☞ 故障现象

一辆日产 V6 公爵王轿车在途中熄火后,起动无反应,用车拖回汽修厂。

☞ 故障诊断与排除

故障检测过程如下:

1)用电压表测量蓄电池电压,12V,正常。

2)测量起动机主电源与机体电压为 12V。

3)把点火开关旋至起动档,起动继电器有动作,测试起动开关线,也有 12V 电压。初步判断起动开关有问题。

故障排除:拆除电源负极线,把起动机从发动机上拆下。在电气试验台上测试,空转正常。短接开关与连线端,无反应。把开关拆下,用万用表 $R×1$ 档测量其电阻。

电磁开关 S 与 M 之间阻值为 3.2Ω(吸引线圈),电磁开关 S 与壳体之间阻值为 12.6Ω(保持线圈),在标准范围内。

检查开关,晃动铁心及传动机构,也很正常。

放在电气试验台上,不带负荷测试起动开关,正常工作。

给起动机进行例行保养,加油后把电磁开关装回,在装连接线螺母时,却发现磁场连接线与铜夹头上有一层锈迹,同样,固定螺母垫片上也有锈迹,用砂布擦干净,拧紧螺母,在电气试验台测试,一切正常。装回车上,车辆顺利起动。

第三章

点 火 系 统

第一节 点火系统的种类与工作原理

点火系统按照一次电路的控制方式可分为：传统点火系统、电子点火系统和微机控制点火系统三种。

一、传统点火系统

传统点火系统也称蓄电池点火系统，由电源、点火线圈、分电器和点火开关等组成，如图 3-1 所示。

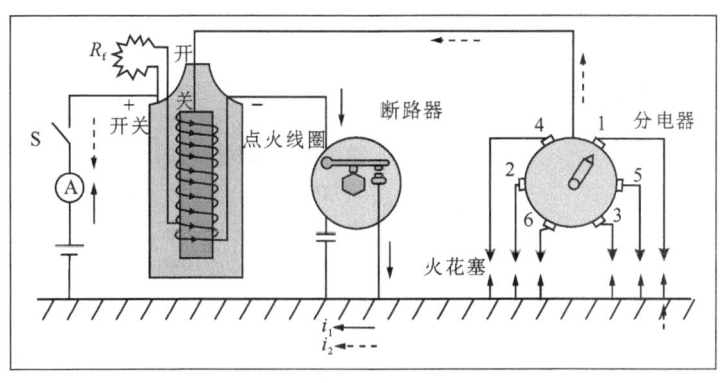

图 3-1 传统点火系统的组成和工作原理

分电器主要包括断路器、配电器、电容器和点火提前机构等部分。

断路器由触点和凸轮组成（凸轮的凸角数与气缸数相等），其作用是接通和断开一次电路。

配电器（分电器）由分电器盖和分火头组成。分电器盖上有与发动机气缸数相同的旁电极。当分火头旋转时，它上面的导电片依次和旁电极接通，将点火线圈产生的高压电按发动机的工作顺序分别传给各缸火花塞。

断路器凸轮和分火头装在同一轴上，一般由发动机配气机构凸轮轴上的斜齿轮驱动，四冲程发动机转速与分电器转速比为 2∶1，即曲轴每转两圈分电器转一圈。

电容器与断路器触点并联，用来减小触点间的火花，延长触点的使用寿命，提高二次电压。

点火提前机构由离心点火提前机构和真空点火提前机构组成，用来随发动机转速和负荷变化，自动调节点火提前角。

传统点火系统的工作原理：发动机工作时，断路器凸轮在发动机凸轮轴的驱动下旋转，凸轮旋转时使断路器触点交替地闭合和打开。在点火开关 S 接通的情况下，当触点闭合时，点火线圈一次绕组中有电流流过。流过一次绕组的电流称为一次电流 i_1，其电路称为一次电路或低压电路。一次电流 i_1 的路径（图 3-1 中实线箭头表示）为：蓄电池正极→电流表→点火开关 S→点火线圈"开关+"接线柱→附加电阻 R_f→"开关"接线柱→点火线圈一次绕组→"-"接线柱→断路器触点→搭铁→蓄电池负极。一次电流在点火线圈的铁心中形成磁场，电能转变为磁能。

当断路器凸轮将触点打开时，一次电路被切断，一次电流消失，它所形成的磁场也随之迅速变化，在两个绕组中都感应出电动势，磁能转变为电能。由于点火线圈二次绕组的匝数多，因而在二次绕组内就感应出 15~20kV 的电动势，它足以击穿火花塞的电极间隙，产生电火花点燃混合气。二次电流 i_2 的路径（图 3-1 中虚线箭头表示）为：二次绕组→"开关"接线柱→附加电阻 R_f→"开关+"接线柱→点火开关 S→电流表→蓄电池→搭铁→火花塞旁电极→火花塞中心电极→高压导线→分电器→高压导线→二次绕组。

流过火花塞的二次电流方向为旁电极到中心电极，如前所述，这样击穿电压低。二次电流的方向与二次绕组和一次绕组二者的绕向有关。对负极搭铁的蓄电池，二次绕组和一次绕组绕向相同时，即可产生击穿电压低的二次电流。

分电器轴每转一圈，各缸按点火顺序轮流点火一次。

二、电子点火系统

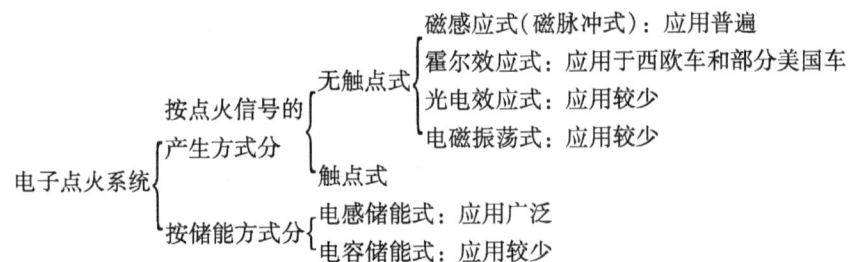

1. 电磁感应式电子点火系统

电磁感应式电子点火系统主要由磁感应式信号发生器、点火电子组件、分电器、火花塞和点火线圈等组成，电路原理如图 3-2 所示。

工作原理：磁感应式点火信号发生器由信号转子、传感线圈、铁心和永久磁铁等组成，如图 3-3 所示。整个信号发生器装在分电器内，永久磁铁和铁心固定在分电器内，传感线圈绕在铁心上。信号转子由分电器轴带动，随着分电器的旋转，信号转子转动，它的凸起与信号线圈之间的间隙不断变化，随之通过信号线圈的磁通量发生变化，凸起接近信号线圈时磁通迅速增加，在线圈两端产生电压信号；当凸起与信号线圈正对时，磁通变化量最小，线圈两端电压为零；当凸起离开信号线圈时磁通迅速减小，线圈两端电压急剧地改变极性，产生负的电压信号，信号线圈输出交流电信号，电压从正变为负就是点火时刻，如图 3-4 所示。

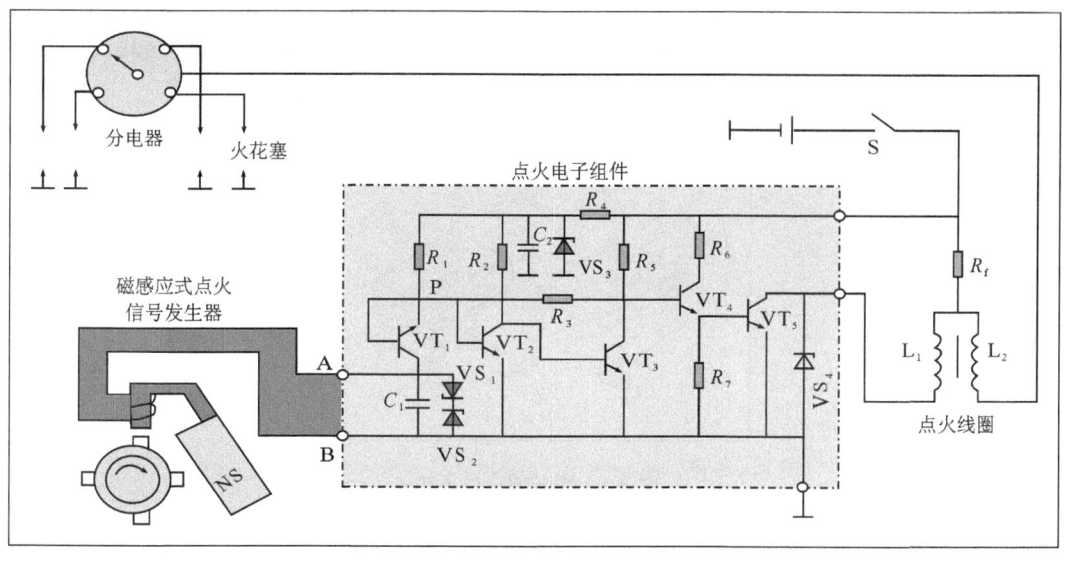

图 3-2 电磁感应式电子点火系统电路原理图

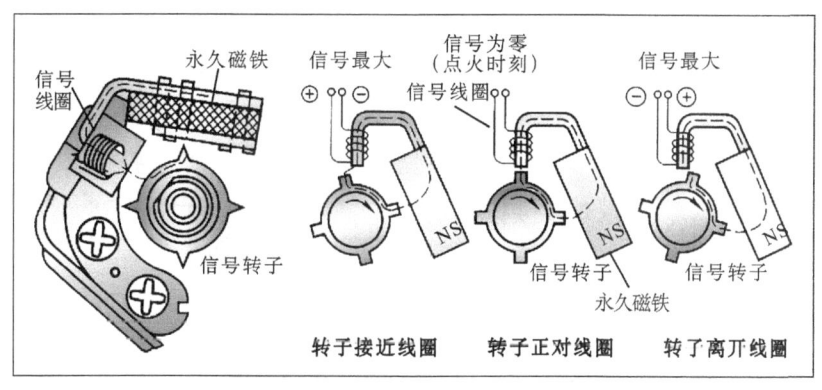

图 3-3 磁感应式信号发生器

2. 霍尔效应式电子点火系统

（1）霍尔效应 霍尔效应由美国物理学家霍尔发现，其原理如图 3-5 所示。当电流通过放在磁场中的半导体基片（即霍尔元件），且电流方向与磁场方向垂直时，在同时垂直于电流与磁场的方向上，半导体基片内产生一个与电流大小和磁感应强度成正比的电压，这个电压就称为霍尔电压 U_H。

（2）霍尔信号发生器 图 3-6 所示为带有霍尔式点火信号发生器的分电器，霍尔信号发生器位于分电器内。霍尔信号发生器的结构如图 3-7 所示，主要由触发叶轮和信号触发开关组

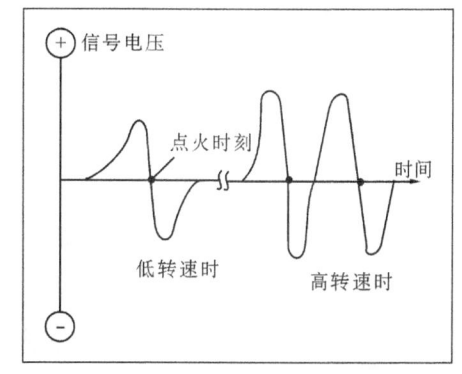

图 3-4 磁感应点火信号发生器信号波形

成。触发叶轮与分火头制成一体由分电器轴带动,其叶片数与气缸数相等。信号触发开关由霍尔集成电路和带导磁板的永久磁铁组成。霍尔集成电路的外层为霍尔元件,同一基板的其他部分制成放大电路。触发叶轮的叶片在霍尔集成电路和永久磁铁之间转动。

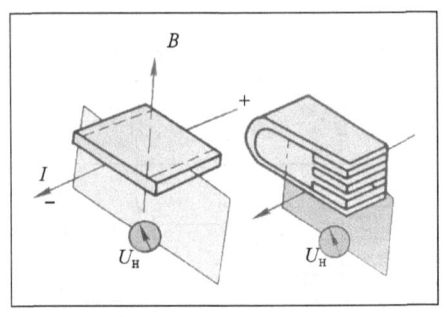

图 3-5 霍尔效应的原理

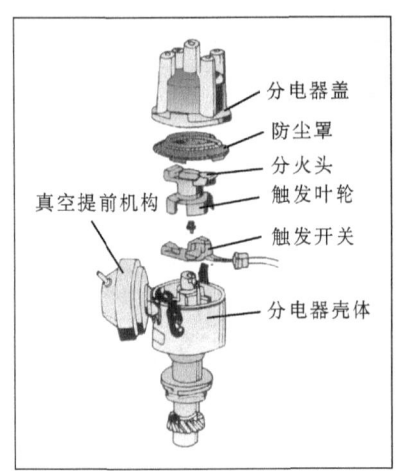

图 3-6 霍尔式分电器结构

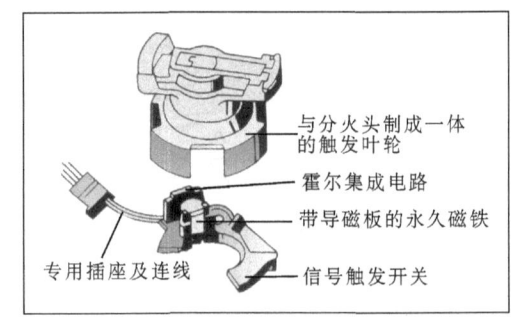

图 3-7 霍尔信号发生器的结构

霍尔信号发生器的工作原理如图 3-8 所示。当发动机工作时,分电器轴带动触发叶轮转动,每当触发叶轮的叶片进入永久磁铁和霍尔元件之间的空气隙时,原来垂直进入霍尔元件的磁力线被叶片遮住,霍尔元件的磁路被触发叶轮的叶片旁路,因此霍尔元件不产生霍尔电压,霍尔集成电路输出级的晶体管处于截止状态,其集电极电位为高电位 11~12V,即此时

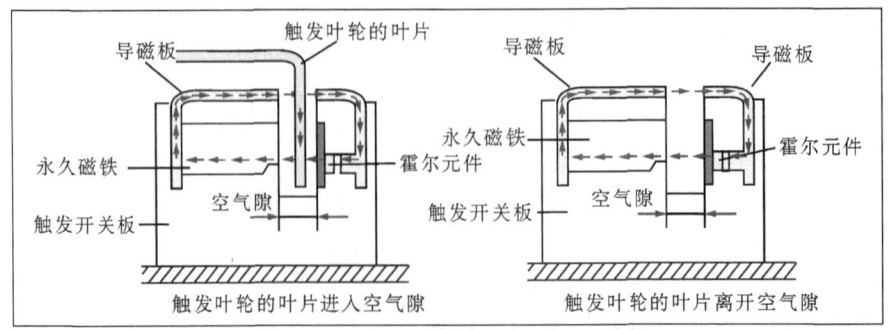

图 3-8 霍尔信号发生器的工作原理

信号发生器的输出信号为 11~12V(图 3-9)。当触发叶轮的叶片离开此气隙时,永久磁铁的磁力线则可垂直进入霍尔元件,于是在霍尔元件中便会产生霍尔电压,霍尔集成电路输出级的晶体管处于导通状态,其集电极电位为低电位 0.3~0.4V,这时霍尔信号发生器输出信号为 0.3~0.4V。故触发叶轮每转一周,霍尔信号发生器便可产生四个脉冲信号,将此信号输送给点火控制器便可实现对点火系统的控制。

(3) 点火电子组件 目前,汽车上多采用混合集成电路组成的电子点火组件。图 3-10 所示为意大利 SGS 公司生产的 L497 专用点火集成电路。我国生产的桑塔纳、奥迪 100、高尔夫、捷达等轿车均采用以 L497 为核心组成的点火电子组件。

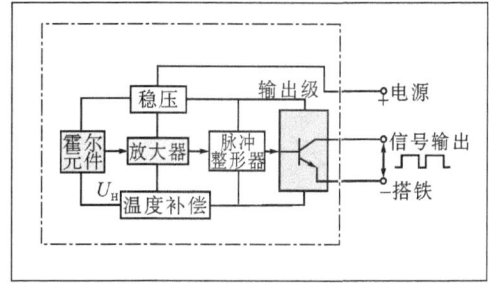

图 3-9 霍尔信号发生器的内部集成电路原理

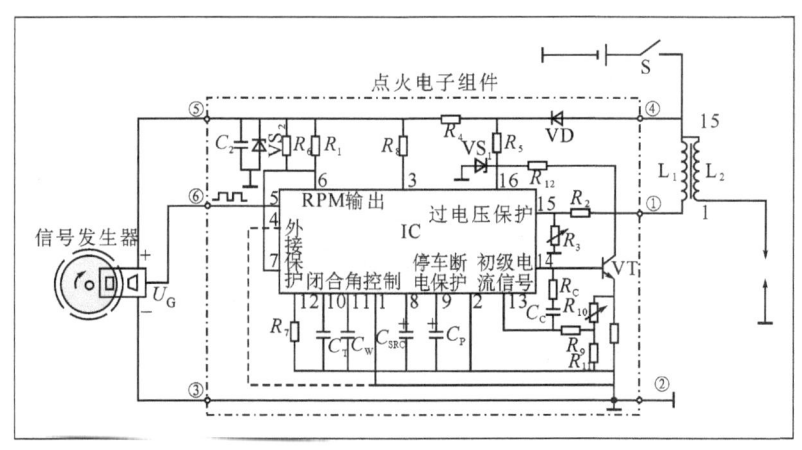

图 3-10 以 L497 为核心组成的点火电子组件电路

桑塔纳轿车点火系统的工作原理如下:

1) 发动机工作时,分电器轴带动霍尔信号发生器的触发叶轮旋转。当触发叶轮的叶片进入空气隙时,霍尔信号发生器输出高电压信号为 11~12V,高电压信号使点火控制器集成电路中的末级大功率晶体管 VT 导通,点火系统的一次电路导通:电源"+"→点火线圈 L_1→点火控制器 VT→搭铁。

2) 当触发叶轮的叶片离开霍尔元件的气隙时,霍尔信号发生器输出 0.3~0.4V 的低电压信号,低电压信号使点火控制器末级大功率晶体管 VT 截止,一次电路截止,一次电流消失,二次电路产生高压电。

3) 高压电由分电器分配到各缸火花塞,点燃混合气。

3. 光电式电子点火系统

光电式信号发生器的主要组成部分是发光元件、光敏元件和遮光转子,如图 3-11 所示。工作原理如图 3-12 所示,遮光转子上有与气缸数相对应的缺口,转子转动时,发光元件所发出的光线通过遮光转子的缺口可以照射到光敏元件上,当转子挡住光线时,光敏元件得不到光线的照射，这样，光线的时通时断就使光敏元件产生了点火信号脉冲电压。

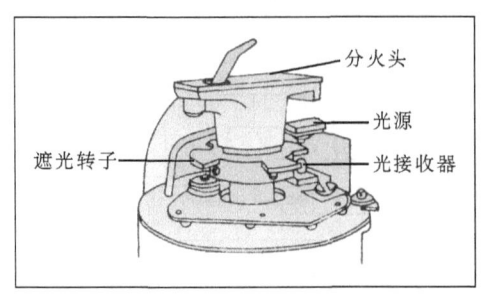

图3-11 光电式信号发生器

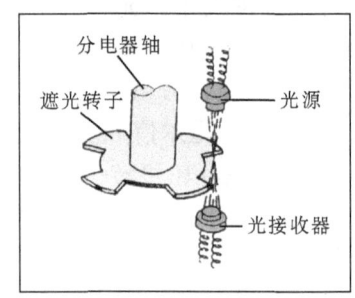

图3-12 光电式信号发生器的工作原理

发动机工作时，转子由分电器轴驱动在发光二极管与光敏晶体管之间转动。当发光二极管的光线穿过狭缝射向光敏晶体管时，光敏晶体管导通，信号电路便输出信号。分电器每转一周，信号发生器便产生四个交变信号，输送给点火控制器，控制着点火系统的正常工作。

4. 电容储能式电子点火系统

电容储能式电子点火系统主要由蓄电池、直流升压器、储能电容器、晶闸管、触发器、点火线圈、分电器和火花塞等组成，点火系统电火花的能量以磁场的形式储存在点火线圈中，电路原理如图3-13所示。

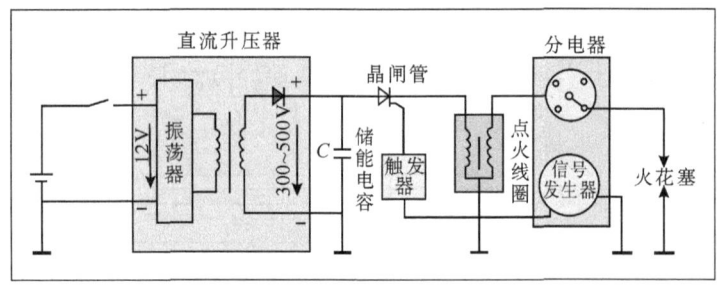

图3-13 电容储能式电子点火系统的电路原理图

直流升压器：由振荡器、变压器和整流器三部分组成，其作用是将电源的12V低压直流电转变成300~500V的高压直流电。

储能电容器：通过充电，把点火能量以电场的形式储存起来。

晶闸管：在触发器输出信号的作用下，导通储能电容器和一次绕组的放电回路。

触发器：产生触发信号，导通晶闸管。

基本工作原理：电容储能电子点火系统在点火开关接通时，振荡电路便开始工作，将电源的低压直流电变成通过变压器一次绕组的低压交流电。通过变压器变压后，二次绕组便输出300~500V的交流电，此交流电经整流器整流后变为400V左右的直流电，此直流电便可向储能电容充电。电容器的充电过程便是点火系统储存点火能量的过程。当点火信号发生器向触发器输出点火信号时，触发器便向晶闸管发出一个触发脉冲，使晶闸管导通，电容器便向点火线圈的一次绕组放电，一次绕组的电流迅速变大，与此同时，点火线圈的二次绕组便感应出很高的感应电动势，通过分电器送到火花塞，产生火花放电。

第三章 点火系统

5. 电感储能式电子点火系统

基本工作原理：通过一次侧的通断使点火线圈一次绕组的电流发生变化，同时使二次绕组感应出点火所需的高压电。

当发动机工作时，信号发生器不断地发出正负或高低的点火电压信号，正或高电压信号可使晶体管导通，负或低电压信号可使晶体管截止。晶体管导通时，接通一次电路，产生一次电流；晶体管截止时，切断一次电路，使二次侧产生高电压，如图3-14所示。

三、微机控制点火系统

微机控制点火系统广泛应用于电控发动机，主要有两种形式：带分电器的计算机点火系统和不带分电器的直接点火系统（DLI点火系统）。

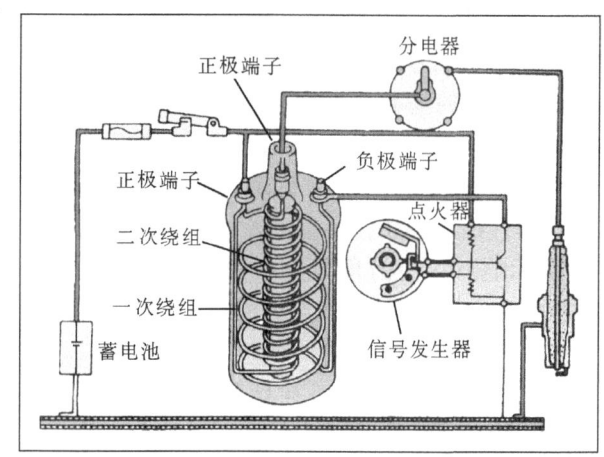

图3-14 电感储能式电子点火系统

1. 有分电器式（机械配电）

（1）组成 微机控制电子点火系统主要包括与点火有关的各种传感器、电子控制单元（ECU）、点火器、点火线圈和火花塞等，如图3-15所示。

（2）微机控制点火系统的控制内容

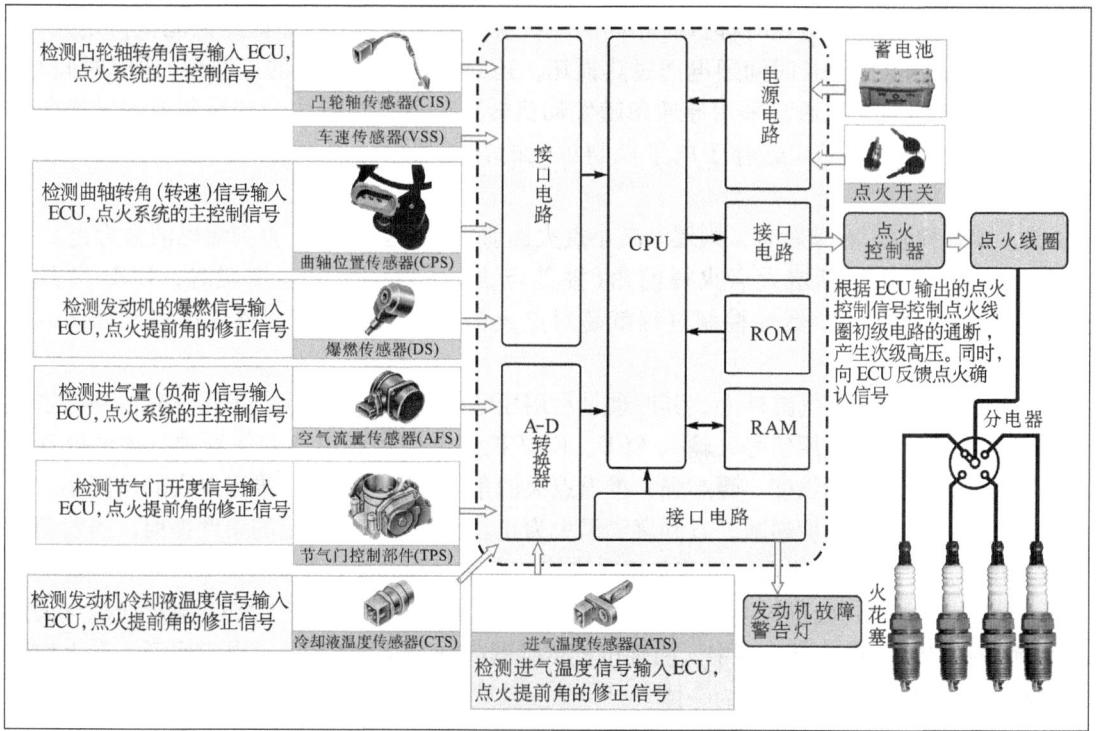

图3-15 微机控制有分电器式点火系统的组成

1) 点火提前角的控制。

① 发动机起动时，由于转速与负荷信号都不稳定，点火时刻是在固定的曲轴转角点火，即点火提前角固定，与发动机的其他信号无关。

② 发动机正常工作时，ECU 根据发动机的转速和负荷信号，在 ECU 存储器中查到这一工况下对应的基本点火提前角，即先确定基本点火提前角；然后 ECU 根据得到的修正信号对点火提前角进行修正，确定实际的最佳点火提前角，如图 3-16 所示。

实际的点火提前角即为：**实际点火提前角＝初始点火提前角+基本点火提前角+修正点火提前角**。

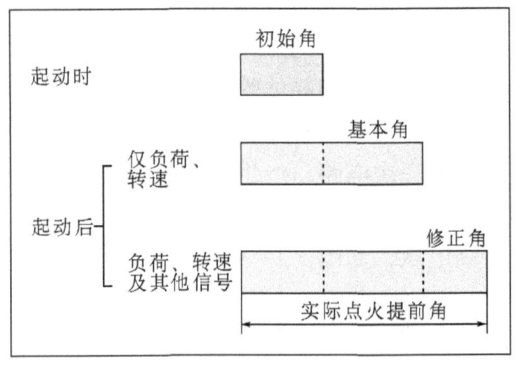

图 3-16　实际的点火提前角

2) 通电时间的控制。在计算机控制点火系统中，为了减小转速对二次电压的影响，提高点火能量，采用了一次绕组电阻很小的高能点火线圈，其饱和电流可达 30A 以上。为了防止一次电流过大烧坏点火线圈，在点火控制电路中，必须控制一个最佳通电时间，保证在任何转速下一次电流都能达到规定值 7A。这样既能改善点火性能，又能防止一次电流过大而烧坏点火线圈。

导通角即前述的闭合角，它主要影响点火线圈一次绕组的通电时间和点火线圈储存能量，而点火线圈通电时间和储存能量取决于发动机转速和蓄电池的供电电压。为了保证在不同的转速和蓄电池供电电压时都具有相同的一次绕组断电电流（以保证点火能量恒定），并避免点火线圈因大电流长时间通电而过热损坏，还必须对点火线圈的导通角（通电时间）加以控制。电控点火系统通常采用导通角随发动机转速、蓄电池电压为变量制成的导通角特性，并将其以数据的形式储存于电子控制单元的存储器中，以便随时读取。控制原理如图 3-17 所示。

3) 爆燃控制。有爆燃时，则逐渐减小点火提前角（推迟点火），直到爆燃消失为止。

无爆燃时，则逐渐增大点火提前角（提前点火），当再次出现爆燃时，ECU 又开始逐渐减小点火提前角。爆燃控制过程就是对点火提前角进行反复调整的过程，如图 3-18 所示。

爆燃传感器安装在气缸体上，其原理是利用压电晶体的压电效应，把爆燃时传到气缸体上的机械振动转换成电压信号，输入 ECU，ECU 把爆燃传感器输出的信号进行滤波处理并判断有无爆燃及爆燃的强度。爆燃强，推迟点火的角度大；爆燃弱，推迟点火的角度小。每次调整都以一固定的角度递减，直到爆燃消失为止。而后又以一固定的角度提前，当发动机再次出现爆燃时 ECU 又使点火提前角再次推迟，调整过程如此反复。

(3) 有分电器式微机控制点火系统运用实例　以本田雅阁汽车 F22B1 型发动机点火系统为例（图 3-19），在该点火系中，曲轴位置传感器（TDC/CKP/CYP）、点火线圈、点火控制器都在分电器下，与分电器合为一体。

第三章 点 火 系 统

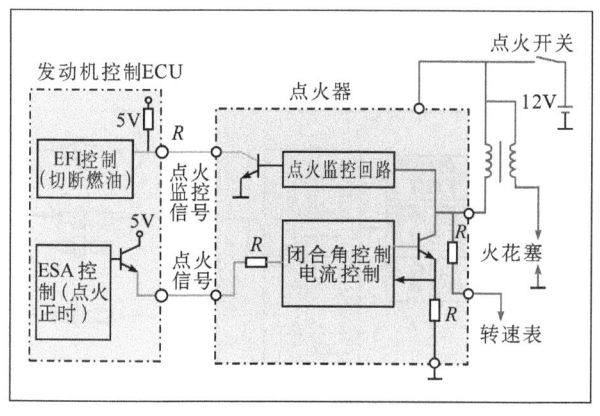

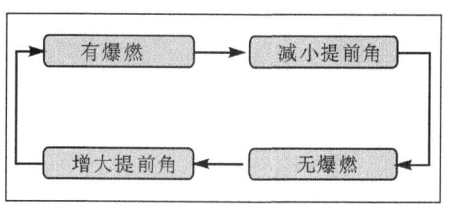

图3-17 通电时间控制原理图　　　图3-18 爆燃控制过程

基本控制原理：点火系统的一次电路为，蓄电池正极→点火开关→点火线圈一次绕组→点火控制器→搭铁。点火系统由发动机ECU控制，发动机ECU根据发动机转速传感器、进气歧管压力传感器、曲轴位置传感器、节气门位置传感器、发动机冷却液温度传感器、进气温度传感器等输入信号，计算最佳点火时刻，然后输出10V触发信号（点火信号IGT）到点火控制器，点火控制器使点火线圈的一次电路迅速截止，从而使二次绕组产生高压电，点燃混合气。

2. 无分电器式（电子配电）

无分电器式点火系统的配电方式主要有3种：单独点火方式、双缸同时点火方式和二极管配电点火方式。

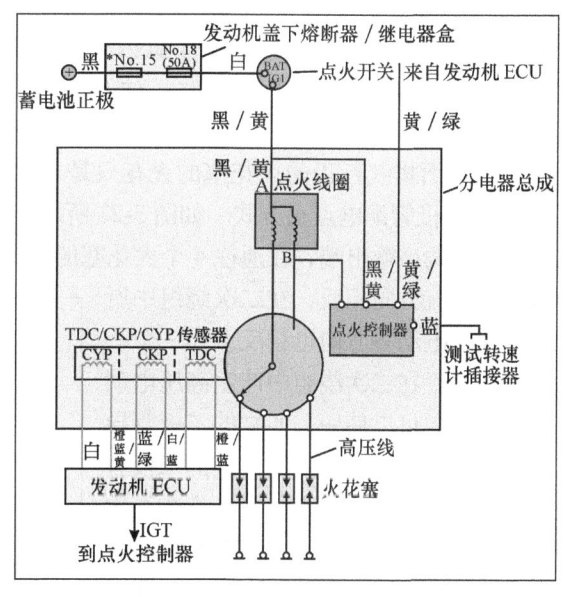

图3-19 本田雅阁汽车F22B1型发动机点火系统电路图

（1）单独点火方式　单独点火是指一个火花塞配一个点火线圈，如图3-20所示，并且可将点火线圈直接安装在火花塞顶上，这样不仅取消了分电器，而且也不用高压线，因此，彻底消除了分电器和高压线所带来的缺陷，点火性能最好，但结构和点火控制系统复杂。

（2）双缸同时点火方式　双缸同时点火是指一个点火线圈同时为两个气缸点火，如图3-21所示。这种方式要求一个点火线圈同时为两个火花塞点火，同时点火的两个气缸工作相位相差360°曲轴转角，这样当一缸接近压缩行程上止点时，另一缸必然在接近排气行程上止点，若此时点火，两个气缸的火花塞将同时跳火。处于排气行程的气缸由于缸内气体压力很低，并且这时混合气处于后燃末期，气体中有导电离子存在，使得这一缸内的火花塞很容易跳火，能量损失很少。

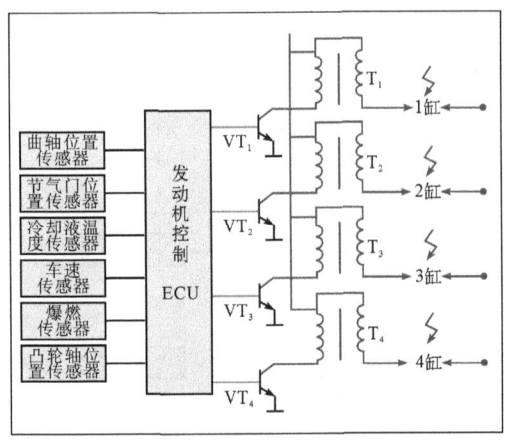

图 3-20 单独点火系统原理图

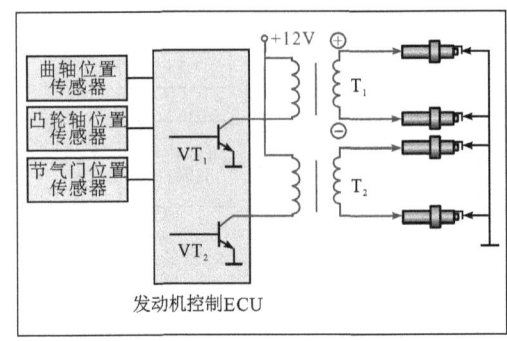

图 3-21 双缸同时点火系统原理图

而对于处在压缩行程的气缸，由于缸内压力很高，气体分子密度很大，要使该缸火花塞跳火，必须有足够的点火电压。因此，对于双缸同时点火方式，实际加在压缩行程气缸火花塞的点火电压要远高于排气行程气缸火花塞上的点火电压，从而保证了压缩行程气缸火花塞的正常跳火，而排气行程的火花塞的火花只是一次无效火花，不会造成大的能量损失。

（3）二极管配电点火方式　如图 3-22 所示，其点火线圈有两个一次绕组和一个二次绕组，二次绕组有两个输出端，在通往 4 个火花塞的高压电路中串联 4 个高压二极管。两个一次绕组通电时的电流方向相反，在二次绕组中所产生的高压电动势方向也相反，当一个一次绕组断电、在二次绕组中产生高压电动势时，其方向可以使一、四缸的二极管导通，使火花塞跳火，而二、三缸的二极管截止，其火花塞不能跳火；当另一个一次绕组断电，在二次绕组产生高压电动势时，其方向可以使二、三缸的二极管导通，使火花塞放电，一、四缸的二极管截止，其火花塞不能点火。

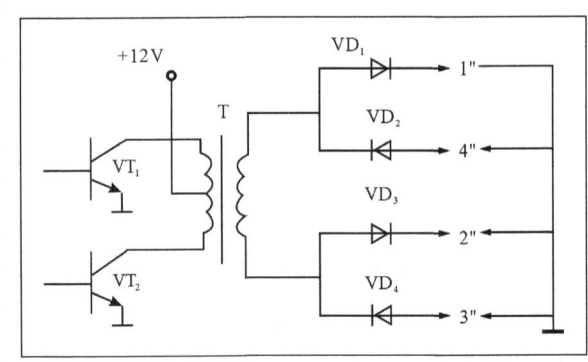

图 3-22 二极管配电点火方式

3. 两种微机控制点火系统的比较

无分电器点火系统的工作原理与前述点火系统的工作原理基本相同，都是利用各种传感器产生的各类信号，通过微机的运算对点火线圈的一次绕组进行控制，使点火线圈的二次绕组产生高压电动势。所不同的是，前述的电子点火系统用一个点火线圈，而无分电器点火系统则采用多个点火线圈，因此无分电器点火系统就要对需要进行点火的气缸进行识别，控制需要点火气缸的点火线圈通断，产生高压电。为此，无分电器的点火系统除了需要前述点火系统所需的发动机转速、负荷、冷却液温度、进气温度、起动、怠速等信号外，还需要有气缸的识别信号。

气缸识别信号可采用曲轴位置传感器或凸轮轴位置传感器信号，通过微机运算后得出，再将气缸识别信号送到点火器，点火器中的气缸判断电路收到气缸识别信号后，确定哪一个气缸的点火线圈需要点火。

第二节　点火系统的组成及构件

一、电子点火系统的组成

电子点火系统主要由电源、点火线圈、分电器、点火控制器、火花塞、高压线和点火开关等组成，如图 3-23 所示。

1. 电源

点火系统的电源为蓄电池或发电机，其作用是给点火系统提供低压直流电源，电压一般为 12V。

2. 点火线圈

点火线圈的作用是将 12V 低压电转变成 30kV 的高压电，其结构与自耦变压器相似，所以也称变压器。

3. 分电器

分电器由配电器、信号发生器和机械式点火提前角调节机构等组成。配电器的作用是将点火线圈产生的高压电，按照发动机的工作顺序送至各缸火花塞；信号发生器的作用是产生脉冲信号，送给点火控制器，由点火控制器控制一次电路的通断；机械式点火提前角调节机构的作用是随发动机转速和负荷的变化而改变点火提前角。

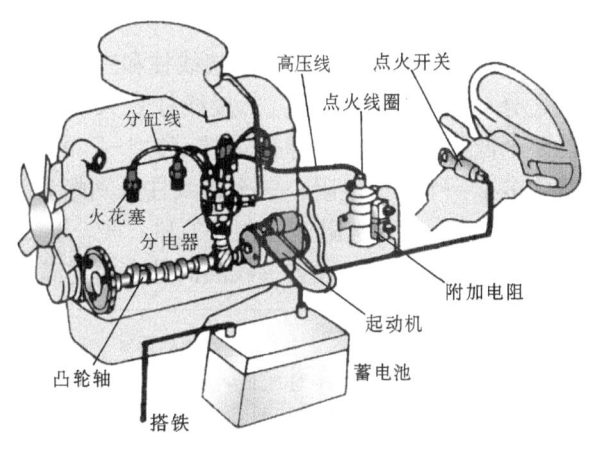

图 3-23　电子点火系统的组成

4. 点火控制器

点火控制也称为点火模块，集成电路主要由整形电路、放大电路和开关电路组成，其主要起开关作用，用来控制点火系统一次电路的导通与截止。

5. 火花塞

火花塞的作用是将高压电引入气缸燃烧室，产生电火花点燃混合气。

6. 高压线

高压线的作用是用来连接点火线圈、分电器及各个火花塞。

7. 点火开关

点火开关的作用是用来控制点火系统的一次电路，同时也控制充电系统的励磁电路、起动电路及由点火开关控制(15 号相线供电)的所有用电设备。

二、电子点火系统的主要构件

1. 点火线圈

点火线圈主要由一次绕组、二次绕组和铁心等组成。按磁路的结构形式不同，可分为开磁路点火线圈和闭磁路点火线圈。

（1）开磁路点火线圈　开磁路点火线圈的结构如图 3-24 所示，点火线圈的中心部分是一个软铁心，由硅钢片叠成，包在硬纸板套内。在纸板套外先绕制二次绕组，用直径为 0.06~

0.10mm 的漆包线绕 11000~26000 匝；再在二次绕组外面用 0.5~1.0mm 的漆包线绕制一次绕组，匝数为 230~370 匝。在绕组与外壳之间装有导磁钢套，用来加强磁通。外壳的底部有绝缘瓷杯，用来防止高压电击穿二次绕组的绝缘而向铁心和外壳放电。点火线圈的上部是胶木盖，中央突出的部分是高压线插口，高压线插口两侧的接线柱是低压接线柱。

点火线圈的低压接线柱有二接线柱和三接线柱之分，如图 3-25 所示。二接线柱点火线

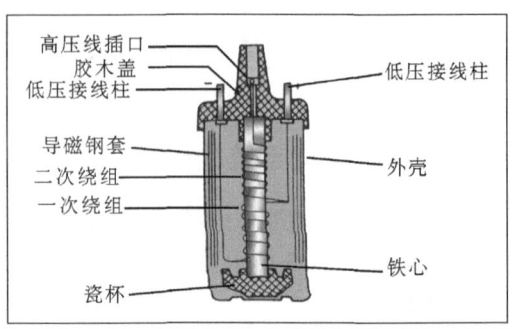

图 3-24　开磁路点火线圈的结构

圈的两个低压接线柱分别标有"+"和"-"的标记。三接线柱的点火线圈比二接线柱的点火线圈多了一个附加电阻，三个接线柱分别标记为开关或起动开关、"+"开关或点火开关和"-"开关，附加电阻连接在开关和"+"开关两个接线柱之间。为了加强绝缘和防止潮气进入点火线圈内部，在点火线圈的外壳内充满了沥青或变压器油。

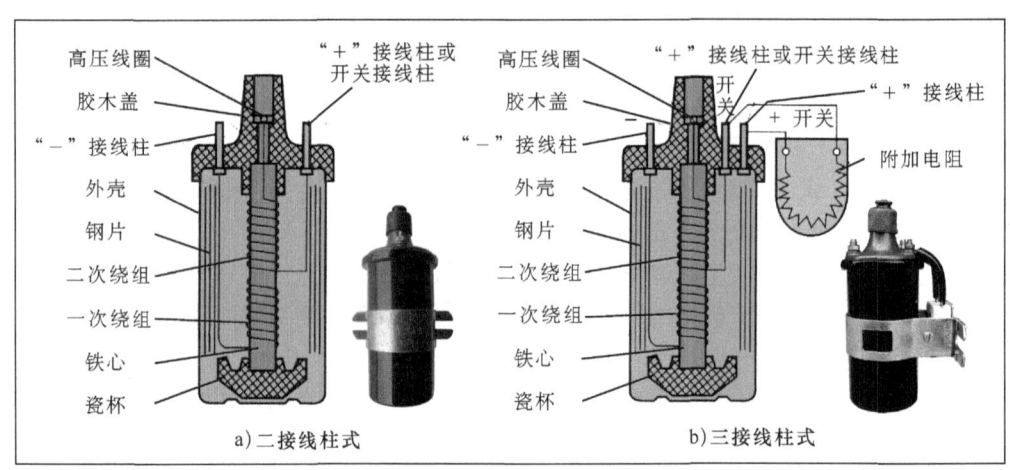

图 3-25　二接线柱和三接线柱点火线圈

（2）闭磁路点火线圈　闭磁路点火线圈的结构如图 3-26 所示，这种点火线圈的铁心加工成"日"字形，铁心的内部先绕一次绕组，一次绕组的外面绕二次绕组。采用热固性树脂作为绝缘充填物，外壳以热熔性塑料注塑成型，其绝缘性、密封性均优于开磁路点火线圈。闭磁路点火线圈的磁路如图 3-27 所示，从图中可以看出，这种点火线圈的磁力线可由

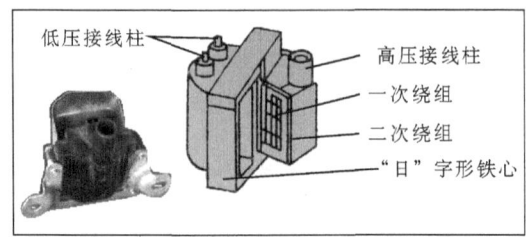

图 3-26　闭磁路点火线圈

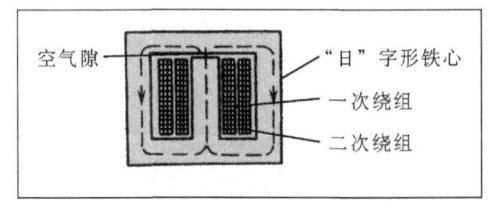

图 3-27　闭磁路点火线圈的磁路

铁心构成闭合磁路,因而漏磁少,能量损失小,能量转换效率高。另外,闭磁路点火线圈的结构紧凑,体积小,可以直接安装在分电器中,省去了点火线圈到分电器的高压线。

2. 分电器

分电器由配电器、信号发生器和机械式点火提前角调节机构等组成,图3-28所示为霍尔式分电器结构。

(1) 配电器　配电器由分电器盖和分火头组成,其作用是按发动机点火顺序,将高压电分配到各缸火花塞上。分火头插装在分电器轴的顶端,和信号发生器转子一起旋转,其上有金属导电片。分电器盖的中间有高压线插孔,其内装有带弹簧的炭柱,炭柱压在分火头的导电片上。分电器盖的外围有与发动机气缸数相等的旁电极插孔,以安装分高压线。

分火头上的导电片距离旁电极有0.2～0.8mm间隙。当一次电路截止、二次电路产生高压电时,分火头正好对准某一旁电极,于是高压电由分火头上的导电片跳至与其相对的旁电极,再经分高压线送至相应的火花塞。

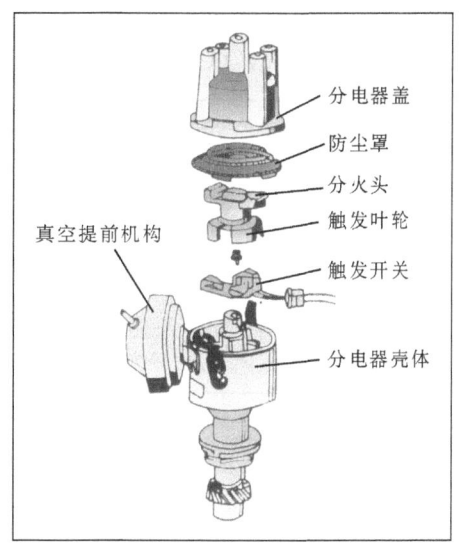

图3-28　霍尔式分电器结构

(2) 信号发生器　常用的信号发生器有3种类型,分别是电磁感应式、霍尔式及光电式。

(3) 机械式点火提前角调节机构　为了保证发动机在任何工况下都能实现在最佳点火时刻点燃混合气,在分电器内设置了机械式点火提前角调节机构,即离心式调节器和真空式调节器。

1) 离心式调节器。离心式调节器的作用是在发动机转速升高时,自动增大点火提前角,其结构如图3-29所示。

在分电器轴上固定有托板,托板上面有两个重块,每个重块的一端套在托板的柱销上,另一端由弹簧拉住。信号发生器的转子和拨板为一体,套在分电器轴的上端,而拨板两端的孔插在重块的销钉上。

当发动机转速升高,重块的离心力增大时,离心力使重块克服弹簧拉力绕柱销转动一个角度,重块上的销钉推动

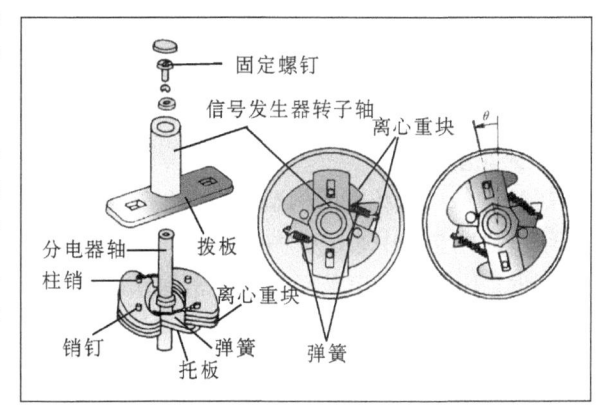

图3-29　离心式调节器结构

拨板,使信号发生器的转子沿旋转方向相对于分电器轴转过一个角度,实现提前点火,即转速升高时,点火提前角增大。

2) 真空式调节器。真空式调节器的作用是在发动机负荷增大时,自动减小点火提前

角,其结构如图3-30所示。

发动机负荷小时,节气门开度也小,节气门下方及管道的真空度增大,真空吸力吸引膜片向右弯曲,通过拉杆拉动活动板(信号发生器的信号线圈位于活动板上)逆着分电器轴旋转的方向相对转子转动一个角度,实现提前点火,即点火提前角增大,如图3-30a所示。反之,当负荷增大时,点火提前角减小,如图3-30b所示。

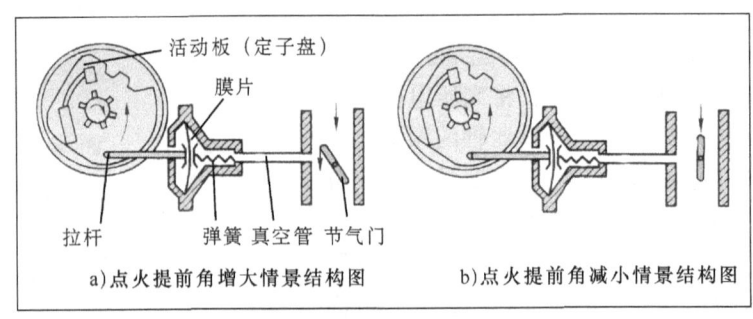

图3-30 真空式调节器结构

3. 点火控制器

点火控制器的作用是控制点火系统一次电路的导通与截止,内部为集成电路,全密封结构。图3-31所示为桑塔纳轿车点火控制器。

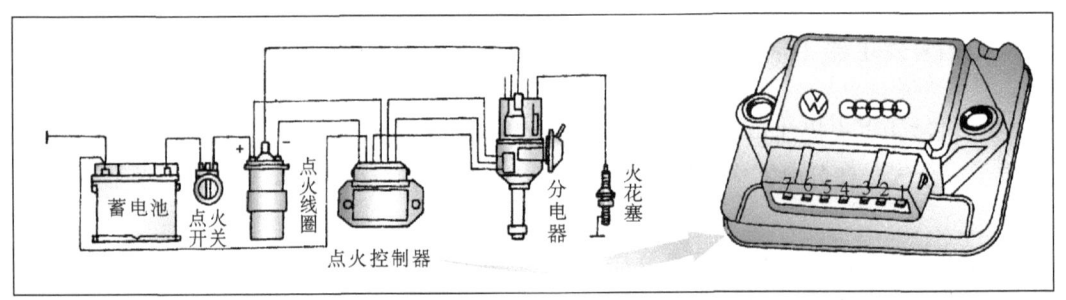

图3-31 桑塔纳轿车点火控制器

4. 火花塞

(1) 构造 火花塞的构造如图3-32所示。中心电极用镍铬合金制成,具有良好的耐高温、耐腐蚀性能,中心电极做成两段,中间加有导电玻璃,由于导电玻璃和瓷绝缘体的膨胀系数相近,因此,导电玻璃主要起密封作用。火花塞间隙多为1.0~1.2mm。

(2) 热特性 火花塞的热特性主要决定于绝缘体裙部的长度。绝缘体裙部长的火花塞,其受热面积大,传热距离长,散热困难,裙部温度高,称为热型火花塞;反之,裙部短的火花塞,吸热面积小,传热距离短,散热容易,裙部温度低,称为冷型火花塞。热型火花塞用于低压缩比、低转速、小功率的发动机中;冷型火花塞用于高压缩比、高转速、大功率的发动机中,如图3-33所示。

(3) 类型 常见的火花塞结构类型如表3-1所示。

第三章 点火系统

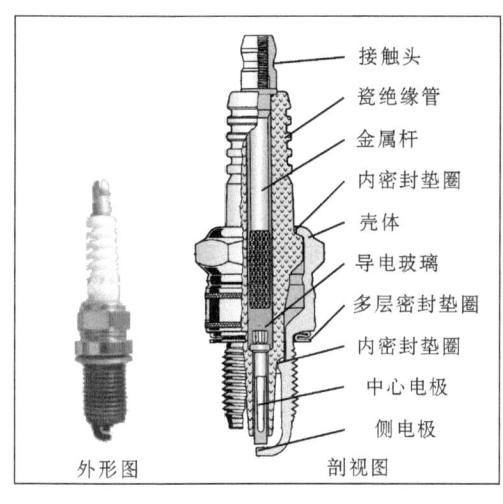

图 3-32 火花塞构造

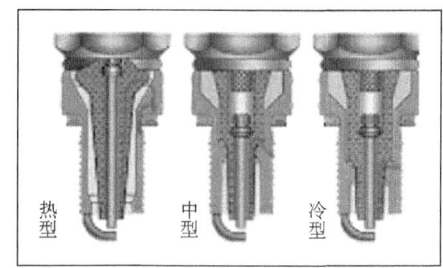

图 3-33 火花塞热特性

表 3-1 常见的火花塞结构类型

火花塞类型	特 点	结 构 图
标准型火花塞	绝缘体裙部略缩入壳体端面，侧电极在壳体端面以外，是使用最广泛的一种	
白金尖型火花塞	结构基本与前述的火花塞相同，只是中心电极和侧电极都覆盖一层很薄的断电触点薄膜。白金薄膜非常耐蚀，大大延长了火花塞的使用寿命（从普通火花塞的 10000km 延长到 100000km）。另外，为了改善火花塞的放电性能，这种火花塞的中心电极的直径减小，电极间隙增大，在使用过程中也不必调整火花塞间隙 为了区别普通火花塞和白金尖型火花塞，白金尖型火花塞的陶瓷绝缘体的上部有 5 条深蓝色的条纹	
绝缘体突出型火花塞	其绝缘体裙部较长，突出于壳体端面以外。它具有吸收热量大，抗污能力好的优点，且能直接受到进气的冷却而降低温度，因而也不易引起炽热点火，故热适应范围宽	
细电极型火花塞	其电极很细，火花强烈，点火能力好，在严寒季节也能保证发动机迅速可靠地起动。热适应范围较宽，能满足多种用途	
锥座型火花塞	其壳体和旋入螺纹制成锥形，因此不用垫圈也可保证良好密封，从而缩小了火花塞体积，对发动机的设计更为有利	

(续)

火花塞类型	特　点	结　构　图
多电极型火花塞	侧电极一般为两个或两个以上，优点是点火可靠，间隙不需经常调整，故在电极容易烧蚀和火花间隙不能经常调整的一些汽油机上常常被使用到	
沿面跳火型火花塞	即沿面间隙型火花塞，是一种最冷型火花塞，其中心电极与壳体端面之间的间隙是同心的。它必须与点火能量大、电压上升率快的电容储能式电子点火系统配合使用，可完全避免火花塞"炽热点火"和电极"跨连"现象，即使在油污情况下也能正常点火。其缺点是可燃气体不易接近电极，故在稀混合气情况下，不能充分发挥汽油机的功能。另外，由于点火能量增大，中心电极容易烧蚀	

三、微机控制电子点火系统的主要构件

在微机控制电子点火系统中，点火线圈、火花塞与电子点火系统中的组件相同，在此不再介绍，下面主要对传感器、电子控制器及点火器进行介绍。

1. 传感器

（1）曲轴转角和转速传感器　该传感器可将发动机曲轴转过的角度变换为电信号输入微机，微机通过这个信号计算出曲轴转过的角度，也可以通过此信号计算出曲轴的转速，实物如图 3-34 所示。

（2）进气压力传感器　对于 D 型电控燃油喷射系统的发动机，此传感器用来检测发动机的负荷，并将其转换为电信号输入微机，微机以此作为确定点火提前角的基本信号，实物如图 3-35 所示。

（3）空气流量传感器　在 L 型电控燃油喷射系统中，空气流量传感器用来测量进入气缸的空气量，作为发动机的负荷信号，同时也作为点火提前角的基本信号，实物如图 3-36 所示。

图 3-34　曲轴转角和转速传感器

图 3-35　进气压力传感器

图 3-36　空气流量传感器

（4）进气温度传感器　此传感器用来测量发动机的进气温度，微机可根据此信号对点火提前角进行修正，实物如图 3-37 所示。

第三章 点火系统

(5) 冷却液温度传感器　该传感器将冷却液温度信号送入微机，微机根据此信号对点火提前角进行修正，并控制起动和暖机期间的点火提前角，实物如图3-38所示。进气温度传感器和冷却液温度传感器常采用热敏电阻式传感器。

图3-37　进气温度传感器

(6) 节气门位置传感器　此传感器将节气门的位置转变为电信号，微机通过这个信号来判定节气门所处的位置及发动机的工况，依此修正点火提前角，实物如图3-39所示。

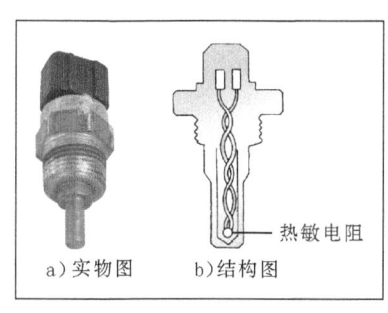

图3-38　冷却液温度传感器

图3-39　节气门位置传感器

(7) 爆燃传感器　爆燃传感器用来检测发动机是否发生爆燃，如果发动机发生爆燃，微机将自动减小点火提前角。常见的爆燃传感器有两种，一种是磁致伸缩式爆燃传感器，另一种是压电式爆燃传感器。磁致伸缩式爆燃传感器的外形与结构如图3-40所示，分解图如图3-41所示。压电式爆燃传感器的结构如图3-42所示。

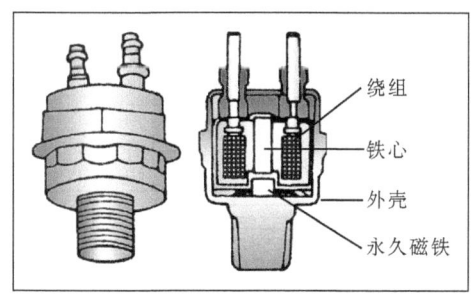

图3-40　磁致伸缩式爆燃传感器

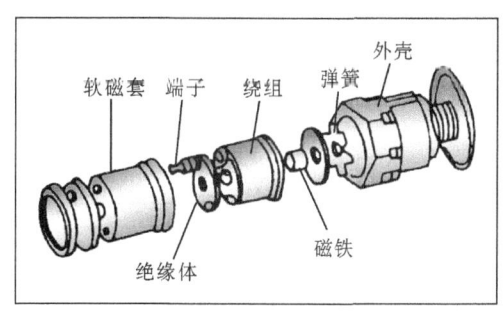

图3-41　磁致伸缩式爆燃传感器的分解

2. 电子控制单元(ECU)

电子控制单元本身就是一台微机，它是微机点火系统的核心，在点火系统工作时，接收前述各种传感器传来的信号，按照特定的程序进行判断、运算后，给点火器输出最佳点火提前角和点火一次电路导通时间的控制信号，实物如图3-43所示。

3. 点火器

点火器是微机点火控制系统的功率输出级，它按电子控制器输出的指令工作，并对点火

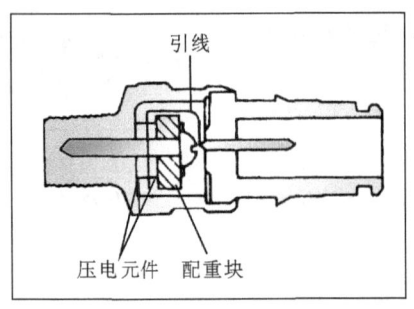

图3-42 压电式爆燃传感器的结构

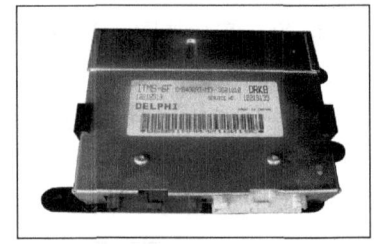

图3-43 电子控制单元(ECU)

信号进行放大,驱动点火线圈工作。各种发动机的点火器的内部结构也不一样,有的只有大功率晶体管,单纯起开关作用。有的除起开关作用外,还有电流控制、闭合角控制、判别缸位、点火监视等功能。有的发动机不单设点火器,将大功率晶体管组合在电子控制器中,由电子控制器直接控制点火线圈中的一次电流的通断。

第三节 点火系统电路实例

一、神龙富康轿车电子点火系统

神龙富康轿车 K2D 发动机采用磁感应式电子点火系统,其电路原理图如图 3-44 所示,接线图如图 3-45 所示,主要包括点火开关、点火线圈、装有磁感应式信号发生器的分电器、点火器、点火电容和火花塞等。

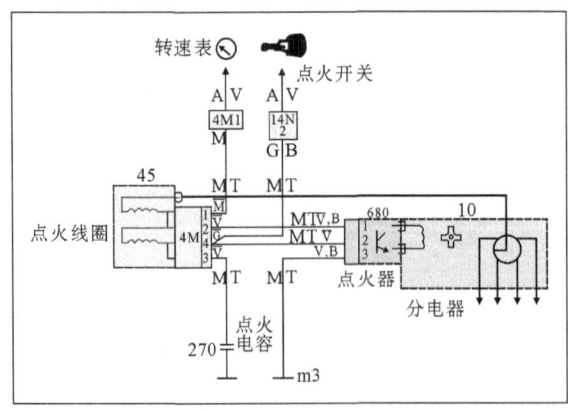

图3-44 K2D发动机电子点火系统原理图

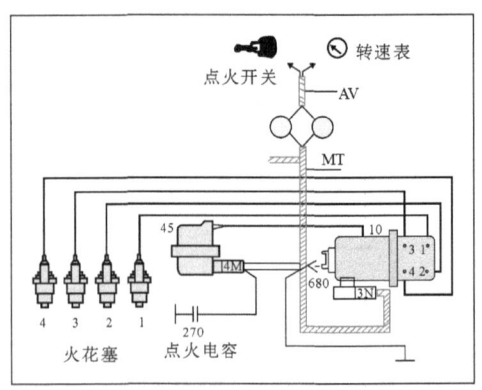

图3-45 K2D发动机电子点火系统接线图

K2D 发动机所采用的点火线圈为闭磁路点火线圈,其型号为 BTR05 型,牌号为 YALEO,一次绕组的电阻为 0.8Ω,二次绕组的电阻为 $6.5k\Omega$;分电器为 Ducellier 525275 型或 BOSCH C068—D047 型,分电器内装有磁感应式信号发生器;点火器的型号为 MTR02 型,牌号为 BOSCH-MAGNETIM-AREIJJ,点火器固定在分电器上。当点火信号发生器发出正脉冲时,点火器中的晶体管导通,接通点火一次电路;当点火信号发生器发出负脉冲时,点火器中的晶体管截止，切断一次电路，使二次电路感应出高压，完成点火。

二、奥迪200型轿车五缸涡轮增压发动机点火系统

奥迪200型轿车的点火系统为微机控制点火系统，系统采用闭环控制，其系统构成如图3-46所示。点火器与电子控制单元（ECU）集成在一起，通过传感器传来的信号，控制点火提前角、闭合角的点火参数。

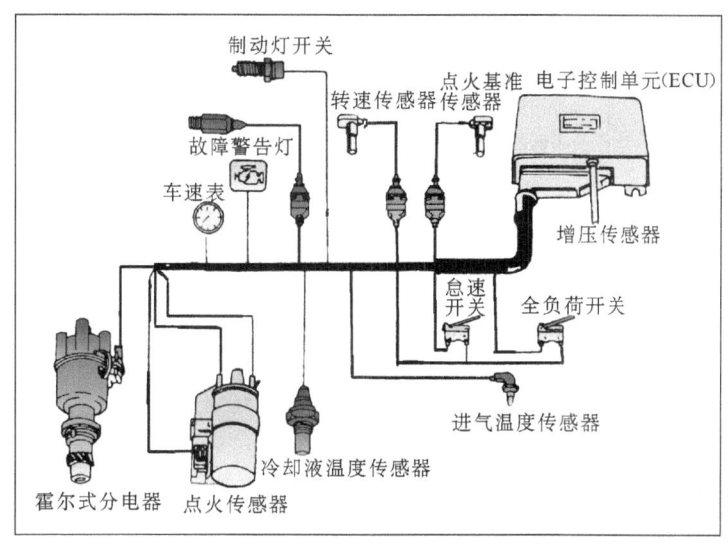

图3-46 奥迪200型轿车五缸涡轮增压发动机点火系统的组成

三、丰田IG-GZEU型发动机无分电器点火系统

日本丰田汽车公司的IG-GZEU型发动机采用无分电器的点火系统，采用双缸同时点火方式，其组成和电路原理如图3-47所示。

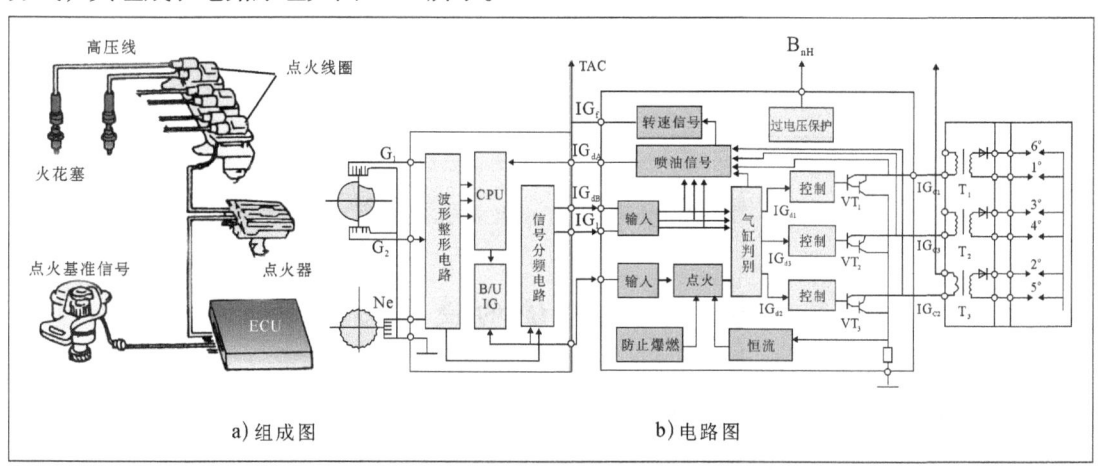

图3-47 丰田IG-GZEU型发动机无分电器点火系统

四、切诺基吉普车电子点火系统

切诺基吉普车采用磁感应式电子点火系统,其基本组成如图3-48所示,主要包括装有磁感应信号发生器的分电器、点火线圈、点火器、火花塞、点火开关和起动继电器等,其电路如图3-49所示。

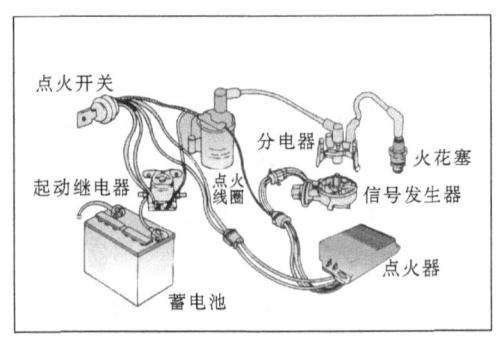

图3-48 切诺基吉普车电子点火系统的组成图

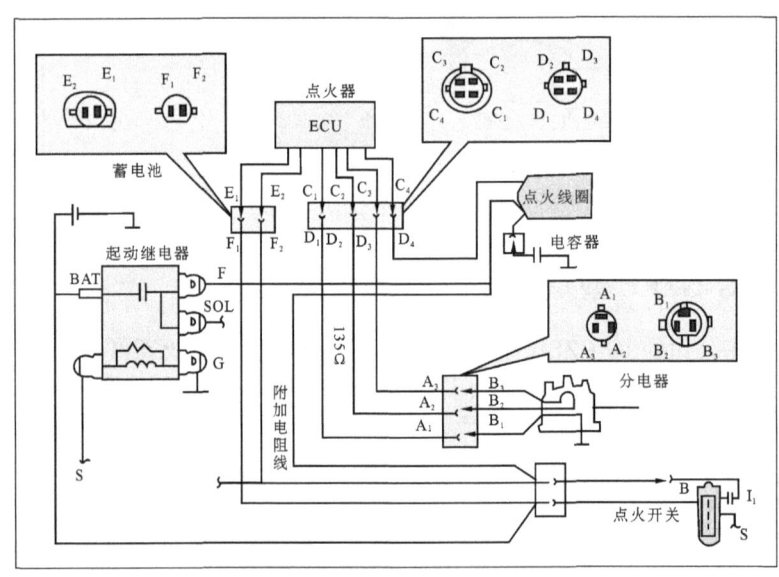

图3-49 切诺基电子点火系统的电路图

第四节 点火系统的使用与检修

一、电子点火系统点火正时的确定

当发动机大修(或分电器重新安装)时,必须确定点火正时。下面以桑塔纳轿车为例来说明点火正时的步骤。

1)转动曲轴,将发动机第一缸活塞置于上止点位置。图3-50所示为离合器壳体上的观

第三章 点火系统

察孔，此时，飞轮上的刻度线与壳体上的指针对齐。

2）转动凸轮轴，使凸轮轴上正时齿轮的标记与气门室罩底面平齐，如图3-51所示。

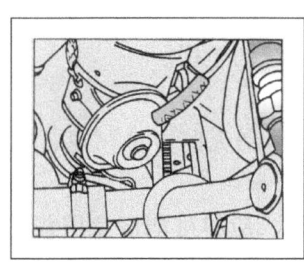

图3-50 第一缸上止点正时记号

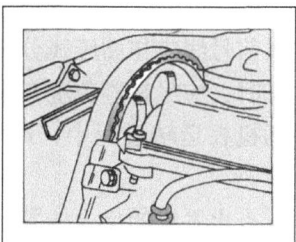

图3-51 凸轮轴正时齿轮的正时记号

3）使机油泵轴驱动端部凸起的矩形块长边与曲轴的方向一致，如图3-52所示；令分电器上的分火头指向分电器壳体上的第一缸标记，如图3-53所示；然后将分电器总成插入安装孔，使其轴端凹槽与机油泵轴端的矩形凸起相配，将分电器壳体逆时针转动3°（桑塔纳车的初始点火提前角为曲轴转角，其值为6°），然后用压紧板固定分电器。

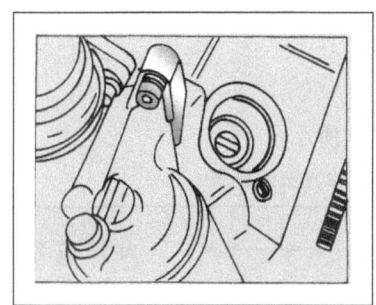

图3-52 机油泵轴端凸起的矩形块方向

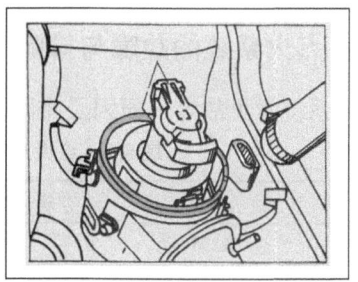

图3-53 分火头指向分电器壳体上的第一缸标记

4）盖上分电器盖，以分火头所指的旁电极为第一缸，顺时针方向按1→3→4→2插好分缸线，并把中央高压线与点火线圈、霍尔信号发生器与点火控制器等元件连接好。

5）装好正时带，起动发动机，检查点火正时。检查前先将分电器真空软管断开，并在点火测试仪上设定发动机的转速为850r/min±50r/min，如图3-54所示。在发动机冷却液温度正常、转速为850r/min±50r/min时，检测点火提前角应为6°。如不符合要求，松开压紧板螺钉，可转动分电器外壳，进行调整，调整好后，紧固压紧板螺钉，固定好分电器，安装好分电器真空管。

二、电子点火系统的使用注意事项

1）安装时，接线必须正确、牢固，电源的极性务必不能接

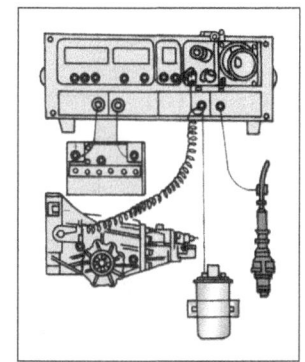

图3-54 点火正时测试仪接线示意图

错，否则极易损坏点火器。

2）点火器必须搭铁良好，使用中应尽可能减少搭铁处接触电阻，确保电路稳定可靠地工作。

3）点火信号线应与高压线分开，避免高压线对点火系统的干扰。

4）洗车时，应尽量避免洗车水溅到点火器和分电器内。

5）发动机在运转过程中，严禁拆卸蓄电池，也不可用刮火的方法试电，以免损坏点火器。

6）电子点火系统的点火线圈一般都使用高能点火线圈，应尽可能避免用普通点火线圈代用。

7）高压线必须连接牢靠，如果连接不牢，容易使得系统电压过高而损坏高压系统的绝缘。

8）在判断点火系统的故障时，不要使高压电路处于开路状态，否则极易使点火器中的大功率晶体管损坏。

9）当需要拆卸点火系统的连接导线或安装测试仪器时，应先关断点火开关或拆下蓄电池的负极导线。

10）点火器应安装在干燥、通风良好的部位，使用中应保持其表面清洁，以利散热。

三、点火系统的故障与排除

点火系统常见故障、原因及排除方法速查表如表3-2所示。

表3-2 点火系统常见故障、原因及排除方法速查表

常见故障	故障分析			排除方法
	故障部位		故障原因	
发动机不能起动	一次电路	电路	从点火开关至分电器间电路有断路或接触不良处	紧固接点，必要时更换导线
		电流表或点火开关	电流表或点火开关损坏，使一次电路断路	更换电流表或点火开关
		点火线圈	一次侧断路或附加电阻损坏	更换点火线圈或附加电阻
		传统点火系统 断电器	断电器触点氧化	清洁或更换触点
			固定触点搭铁不良	修复或重新固定
			接线柱或活动触点搭铁	
		电容器	电容器损坏	更换
		半导体点火系统 传感器	传感器线圈短路、断路或搭铁	修理或更换
			转子凸齿与铁心的间隙不当	调整
		点火控制器	控制器损坏，使一次电路断路或短路	更换
	二次电路	分电器盖或分火头	有裂纹或漏电	更换
		高压导线	损坏	更换
		火花塞	积炭严重或绝缘损坏	更换
		分电器	分电器安装角度不正确	调整
		配线	火花塞的高压线配线错乱	

第三章 点火系统

(续)

常见故障	故障分析		排除方法
	故障部位	故障原因	
发动机运转不平稳	点火正时	点火正时调整不当	进行点火正时调整
		点火提前调节机构故障	修理或更换分电器
		分电器轴松旷，凸轮磨损不均匀	更换
	高压导线	损坏或脱落	更换或调整
	火花塞	个别缸火花塞绝缘损坏或积炭严重而漏电	更换
发动机功率下降，油耗增加，加速性能变坏	点火正时	点火正时调整不当，点火提前角过大或过小	调整点火正时
		点火提前调节机构失效	修理或更换
	继电器	触点间隙过大	调整
起动时发动机运行，起动后熄火	附加电阻	点火线圈附加电阻或附加电阻线损坏	更换

四、电子点火系统的故障诊断流程

1. 半导体点火系统引起的发动机不能起动故障检修流程

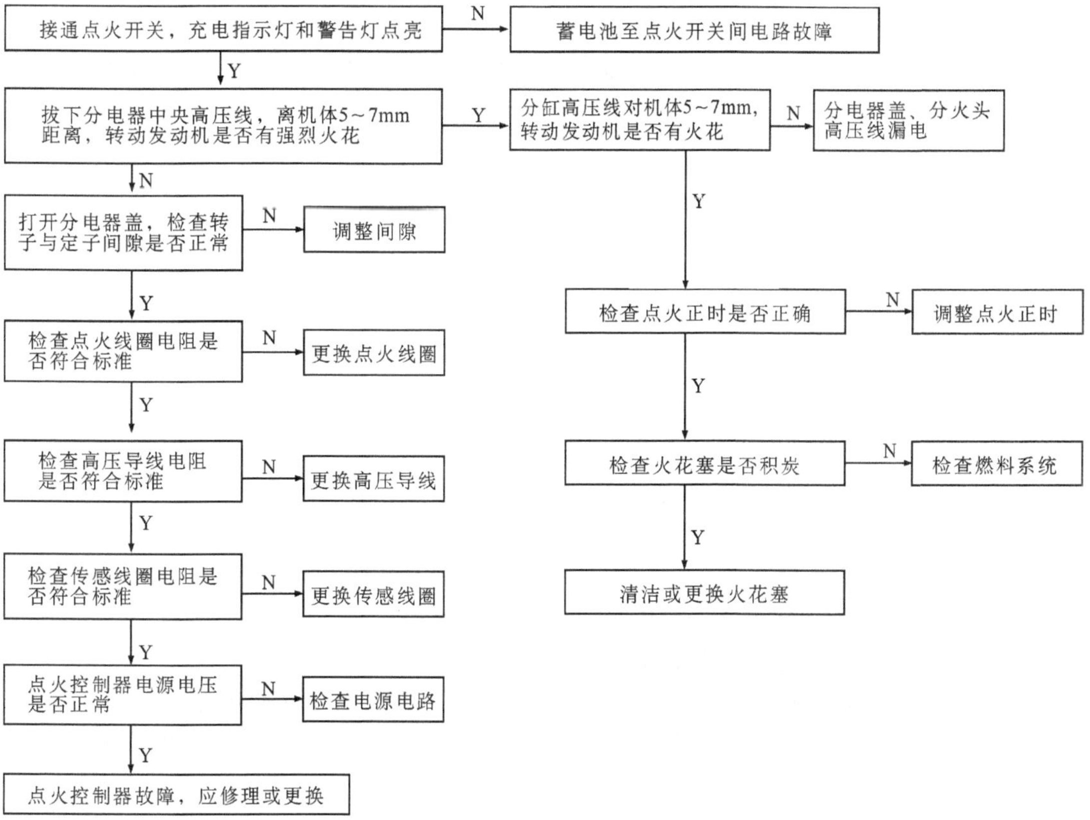

2. 霍尔效应式点火系统故障检修流程

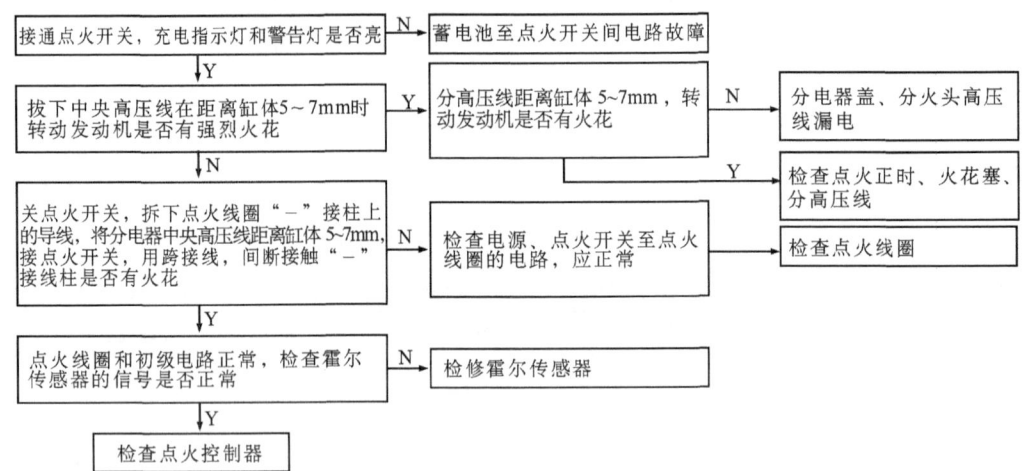

3. 磁电式点火系统故障检修流程

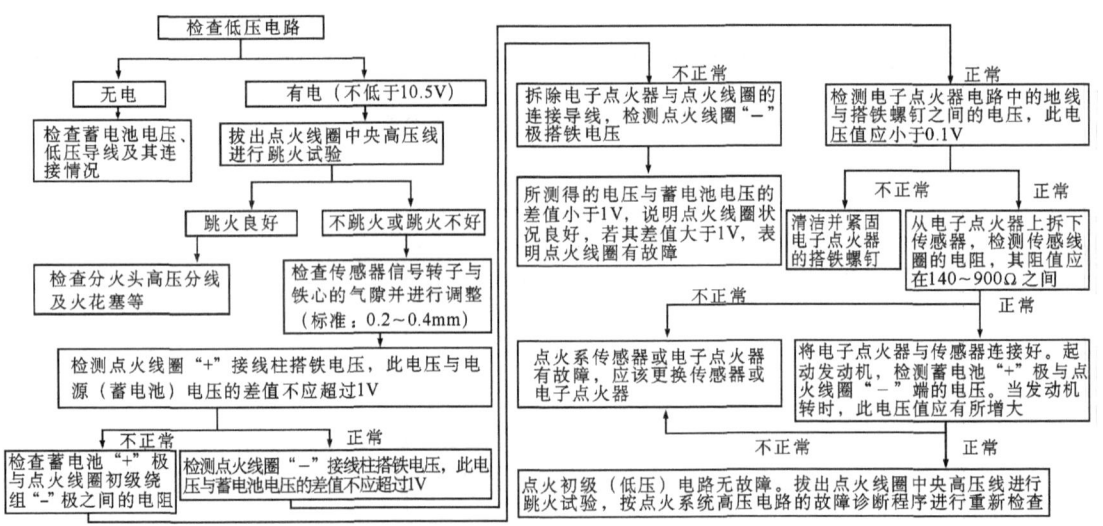

五、微机控制点火系统故障诊断流程

1. 利用自诊断系统进行故障检查程序

利用自诊断系统进行故障诊断的步骤如下：

1）接通点火开关，起动发动机，使发动机预热到冷却液温度达到50℃以上，发动机转速达到3000r/min以上，增压值达到0.1MPa以上。

2）用手将节气门全负荷开关接通约3s。

3）当转速表指示7000r/min时，开始调出故障码（故障灯处于接通状态）。

4）按诊断结果排除故障，经路试证明故障全部排除后，关断点火开关清除故障码，自诊断结束。

2. 利用自诊断系统进行故障检修流程

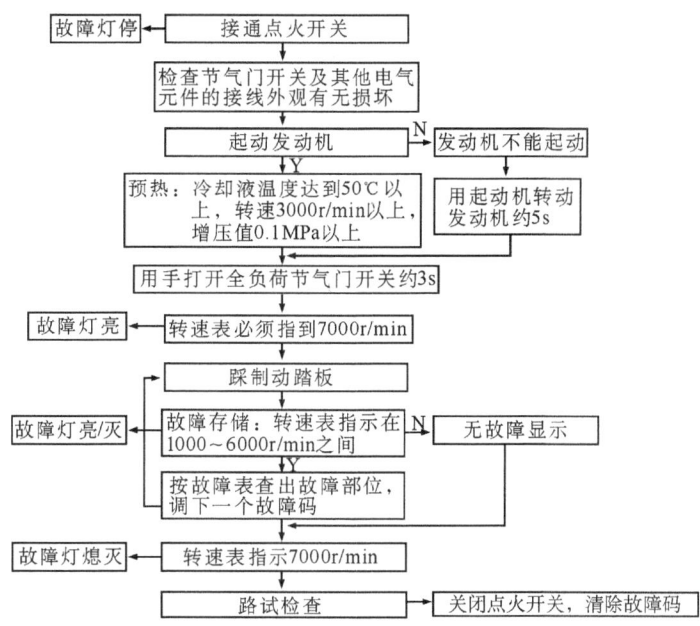

3. 诊断案例

图 3-55 所示是丰田 LS400 型轿车使用的 IUZ-FE 型发动机点火系统电路，以该电路为例，采用常规方法检查微电脑点火故障的流程如下。

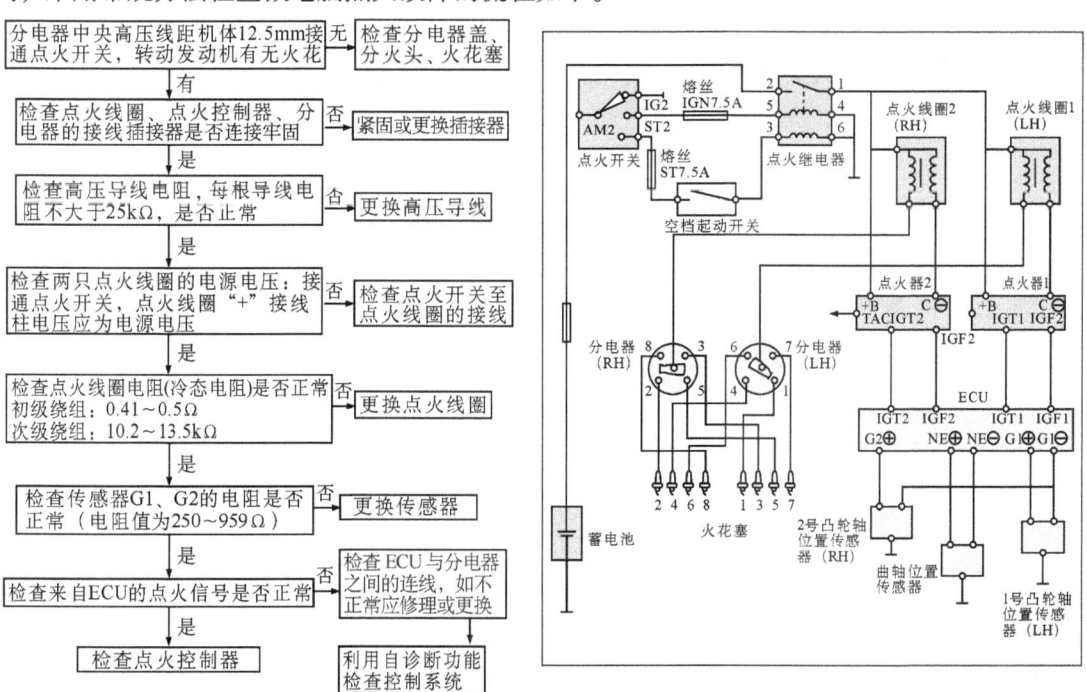

图 3-55 LS400 型轿车 IUZ-FE 型发动机点火系统电路

六、点火系统主要构件的检修

1. 分火头的检查

用高压电按图 3-56 所示的方法进行绝缘检查，如有跳火，说明分火头绝缘不良，应予以更换。按图 3-57 所示的方法测量分火头的电阻。分火头中央导电片与尖端电极之间设有一个电阻，阻值为 $(1±0.41)kΩ$。如不符合要求，应更换分火头。

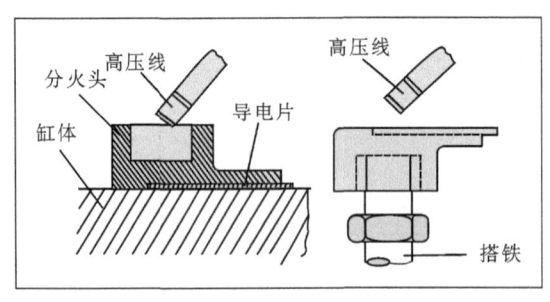

图 3-56 分火头的绝缘性能检查

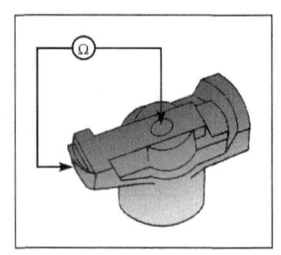

图 3-57 分火头电阻的检测

2. 真空调节器的检查

如图 3-58 所示，用嘴吸吮真空调节器上真空管的插接器时，调节器的拉杆应能移动；否则，说明调节器已失效，应更换。

3. 离心调节器的检查

离心调节器的检查方法如图 3-59 所示，一只手握住分电器轴，另一只手先按分火头的正常转向向前转动分火头然后放松，此时分火头应能迅速复位。如果分火头不能迅速复位，说明离心调节器失效，应更换。

图 3-58 真空调节器的检查

图 3-59 离心调节器的检查

4. 信号发生器的检查

（1）磁感应式　检查、调整信号转子凸齿与线圈铁心之间的间隙值：可用塞尺规进行测量，如图 3-60a 所示。该间隙的标准值一般为 0.2~0.4mm。如不符合，调整方法如图 3-60b 所示。

用万用表测量信号发生器线圈的电阻。几种车型信号发生器线圈的标准电阻如表 3-3 所示，如果电阻不符合要求，说明信号发生器已经损坏。

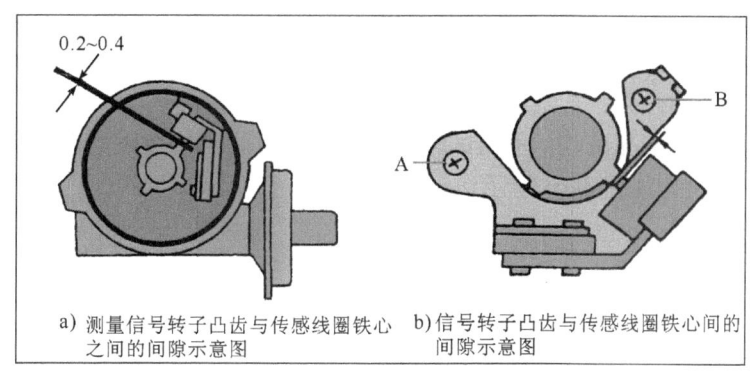

图 3-60 信号转子凸齿与线圈铁心间隙的检查与调整

表 3-3 几种常见车型信号线圈的电阻

车型或分电器型号	JFD667 型分电器	解放 CA1092 型汽车	北京切诺基	富康轿车	丰田汽车	三菱汽车
传感器线圈电阻/Ω	500~600	600~800	400~800	300 左右	140~180	500~700

（2）霍尔式 检测接线电路如图 3-61 所示。

检测时，分别测"+"与"-"之间的电压和端子 S 与"-"之间的电压，然后与维修手册中的标准值比较，进而判断是否有故障。以桑塔纳轿车为例，霍尔信号发生器位于分电器内，引出的三根导线分别为：霍尔信号发生器的"+"极，红/黑色，接点火控制器 5 号端子；霍尔信号发生器的输出信号端子 S，绿/白色，接点火控制器 6 号端子；霍尔信号发生器的"-"极，棕/白色，接点火控制器 3 号端子。

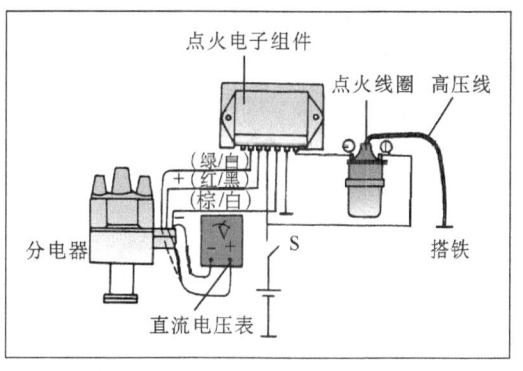

图 3-61 霍尔信号发生器的检查

用万用表测量霍尔信号发生器的"+"与"-"之间的电压应为 11~12V；测量端子 S 与"-"之间的电压，当转子缺口对正霍尔元件的气隙时，应为 0.3~0.4V，反之应为 11~12V。

（3）光电式 先检查其输入的电源是否正常。在输入电源正常的情况下，检查信号的输出电压。如果信号输出电压能在 0~1V 之间摆动（不同类型的信号发生器，输出电压的幅度可能有所不同），说明信号发生器良好，否则信号发生器损坏。光电式信号发生器由于对灰尘比较敏感，所以在检查时要看看发光光源和受光器上是否受到灰尘的污染。如果有灰尘等污物，应使用酒精擦洗干净后再进行上述检查。

5. 点火线圈的检查

点火线圈电路如图 3-62 所示。点火线圈检查方法如下。

1）察看点火线圈外壳，若绝缘盖或外壳破裂，应予更换。

2）点火线圈绝缘情况试验：可用试验台上点火线圈输出的高压电进行跳火试验。绝缘不合格的，应予更换，如图 3-63 所示。

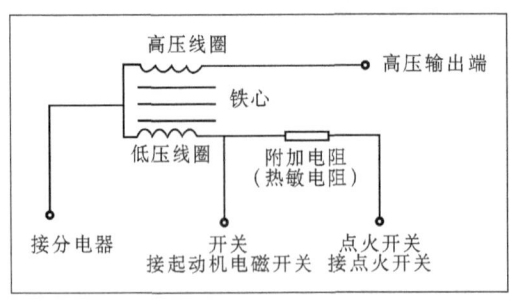

图 3-62　点火线圈电路图

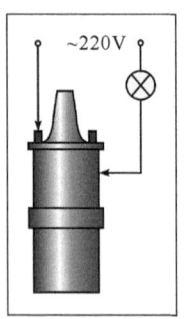

图 3-63　用交流试灯检查点火线圈搭铁

3）用万用表测量点火线圈一次绕组和二次绕组以及附加电阻的阻值，如图 3-64 所示。

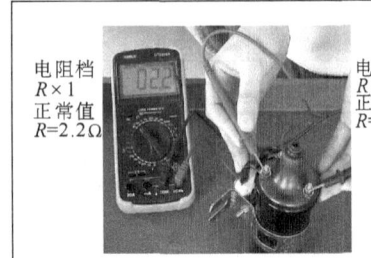 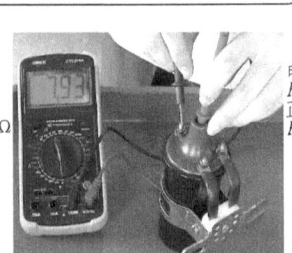 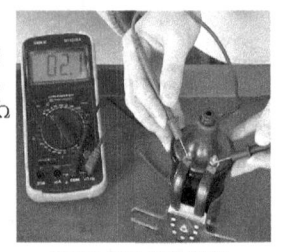

a) 一次绕组电阻值的测量　　b) 二次绕组电阻值的测量　　c) 附加电阻值的测量

图 3-64　用万用表检测点火线圈

4）点火线圈发火强度试验：一般使用汽车电气试验台上的三针放电器测试，试验方法参考试验台说明书。通常要求分电器转速为 1000r/min 时，火花能跳过 9mm 的间隙；转速为 1500r/min 时，火花能跳过 7mm 的间隙，同时要求火花连续不间断。

6. 火花塞的检查与维修

（1）**火花塞的清洗**　从发动机上拆下的火花塞先用铜丝刷清洗或用专用清洁仪清洗，如图 3-65 所示。

（2）**检查火花塞外观**　着重检查以下几个地方，如图 3-66 所示。

1）绝缘体是否有裂纹、破损，中心电极、侧电极是否烧损。如有损耗应更换。

2）螺纹部分损坏超过 2 牙者，应更换。

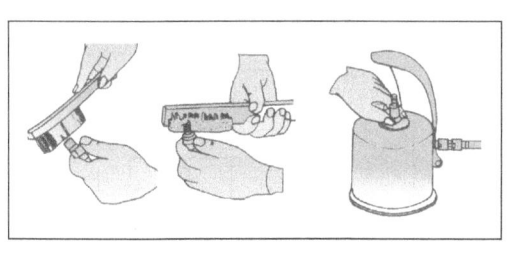 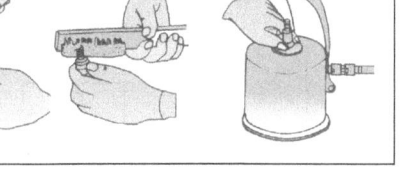

图 3-65 火花塞的清洗　　　　图 3-66 检查火花塞外观

（3）火花塞电极间的检查与电极间隙的调整

1）火花塞电极间的检查。首先用火花塞专用量规测量火花塞的电极间隙。其间隙一般为 0.6~0.8mm，采用电子点火的火花塞的电极间隔可达 1~1.2mm。如果不符合要求，应调整到标准值。

2）火花塞电极间隙的调整。用钢丝式专用火花塞塞尺，小心地弯曲侧电极来调整间隙。注意，不可通过敲击电极来调整，如图 3-67 所示。

（4）测量火花塞绝缘电阻　如图 3-68 所示，用绝缘电阻表测量火花塞电极间的绝缘电阻值，正常应为 10MΩ 以上。

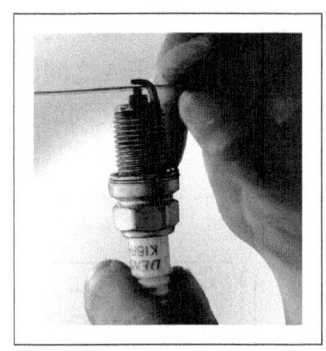 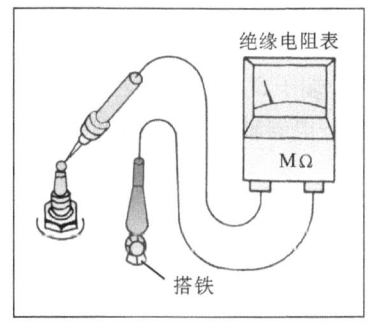

图 3-67 火花塞电极间的调整　　　　图 3-68 测量火花塞绝缘电阻

7. 高压线的检查

为了减少对外界的无线电干扰，现代汽车的高压线一般都有一定的阻尼电阻。检查时应用万用表检查其电阻，并与标准值比较，若符合要求，则说明高压线正常；若阻值不在正常范围之内，应更换高压线，如图 3-69 所示。

8. 点火器（点火控制器、点火模块）的检查

（1）检测电磁感应式电子点火系统中的点火控制器

1）干电检查法。用一只 1.5V 的干电池代替信号发生器，接到点火控制器信号输入端子上，正接时，点火线圈的一次绕组导通，用万用表测量点火线圈的"-"接线柱与搭铁之间的电压，应为 1~2V（图 3-70）。将电池的极性颠倒后，再进行测量，其值应为 12V。若与上述不符，说明点火控制器有故障，应更换。

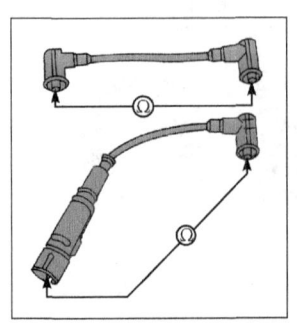

图3-69 点火高压线的检测

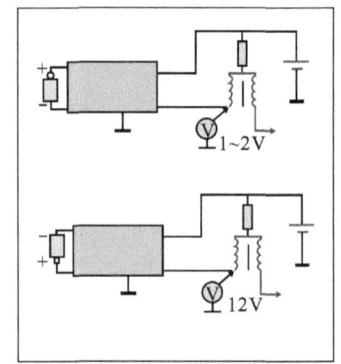

图3-70 电磁感应式电子点火系统中的点火控制器的检测

2）跳火试验法。在确认除点火器以外的低压电路都是完好的情况下，可用跳火法来检查点火器的好坏。检查时，将分电器盖上的中央高压线拔下，使其端部距缸体5~10mm的距离。打开点火开关后，对于磁感应式的信号发生器，按图3-71所示的方法，用螺钉旋具快速碰刮信号发生器的定子极爪，改变信号发生器线圈的磁通，使其产生信号脉冲，控制点火器的通断，产生点火电压。如果每次碰刮都能产生高压火花，说明点火器完好，否则应予以更换。

（2）检测霍尔式电子点火系统中的点火控制器　如图3-72所示，接通点火开关，用万用表测量端子1与端子4之间的电阻为0.52~0.76Ω；测量端子2与端子4之间的电压应为12V；测量端子3与端子5之间的电压应为11~12V；测量端子3与端子6之间的电压时，应慢慢转动分电器轴，其电压应在0.3~0.4V与11~12V之间变化。

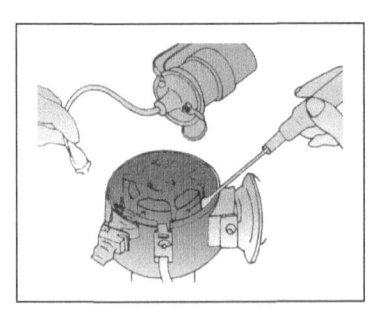

图3-71 电磁感应式电子点火系统的跳火试验

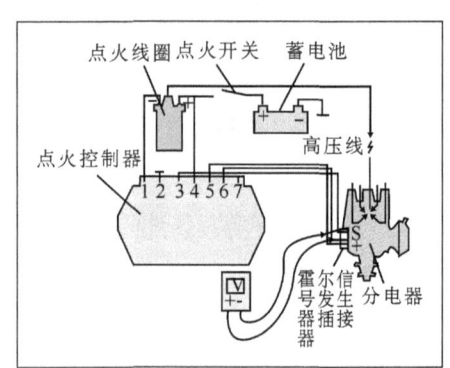

图3-72 用万用表检测桑塔纳轿车点火控制器

用电压表接在点火线圈的"+"与"-"接线柱上，接通点火开关，观察电压表读数应大于2V，1~2s后，电压降到0V。若上述检测结果不正常，说明点火控制器有故障，应更换。

对于霍尔式电子点火系统来说，可将分电器盖和分火头拆下，使中央高压线端部距缸体5~10mm接通点火开关，用一锯条插入传感器的气隙并迅速拔出，看拔出时是否有高压火出现。在反复插入拔出时，均出现高压火，则说明点火器良好，否则应更换点火器。

第三章 点火系统

对桑塔纳轿车的电子点火器来说,也可以将分电器上信号发生器的插接器拔下,用一根电线与插接器中的绿/白线相连,接通点火开关进行跳火试验,如图3-73所示。

七、点火正时的检测与调整

使用正时灯检查点火正时的步骤:

1) 起动发动机,预热至正常工作温度。
2) 预热后,检查怠速是否在规定的范围内。
3) 将正时灯的红色线和黑色线分别连接在蓄电池正极和负极上,信号线连接在第一缸分高压线上,如图3-74所示。

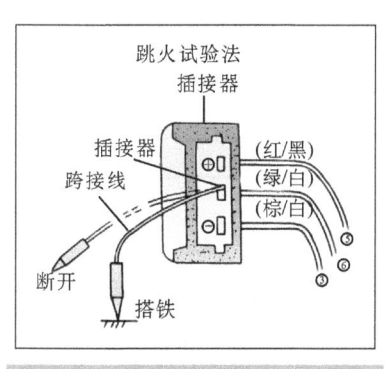

图3-73 用信号线搭铁的方法进行跳火试验

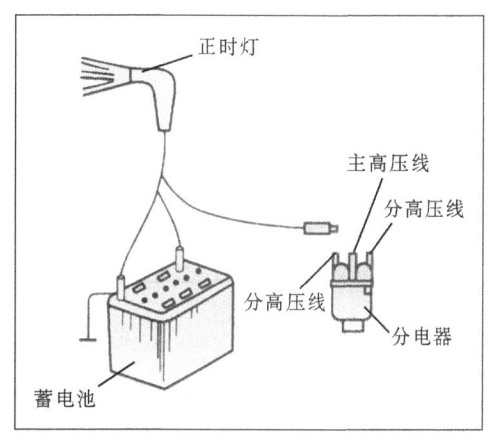

图3-74 正时灯的连接方法

4) 使发动机在规定的转速运转,将正时灯对准规定的正时记号(如桑塔纳、奥迪等轿车对准飞轮)。若指针出现在正时记号的前方,表明点火过早;若出现在正时记号之后,则表明点火过迟。
5) 点火正时不正确时,应转动分电器的外壳进行调整。

第五节 点火系统的故障维修案例

案例一:皇冠3.0轿车发动机不点火造成无法起动

☞ 故障现象

一辆皇冠3.0轿车的发动机不能起动,进行火花塞跳火试验时发现无高压火。

☞ 故障诊断与排除

该款皇冠3.0轿车的发动机采用无触点式电子点火系统,控制电路如图3-75所示。发动机ECU根据曲轴位置传感器和凸轮轴位置传感器等信号确定点火时刻,然后输出点火信号(IGT信号)到相应的点火器,点火器内的功率晶体管根据IGT信号切断点火线圈中一次绕组的电流,使二次绕组感应出点火高压,然后经分电器分配使相应缸数的火花塞产生电火花,同时,点火器向发动机ECU发送一个点火确认信号(IGF信号)。

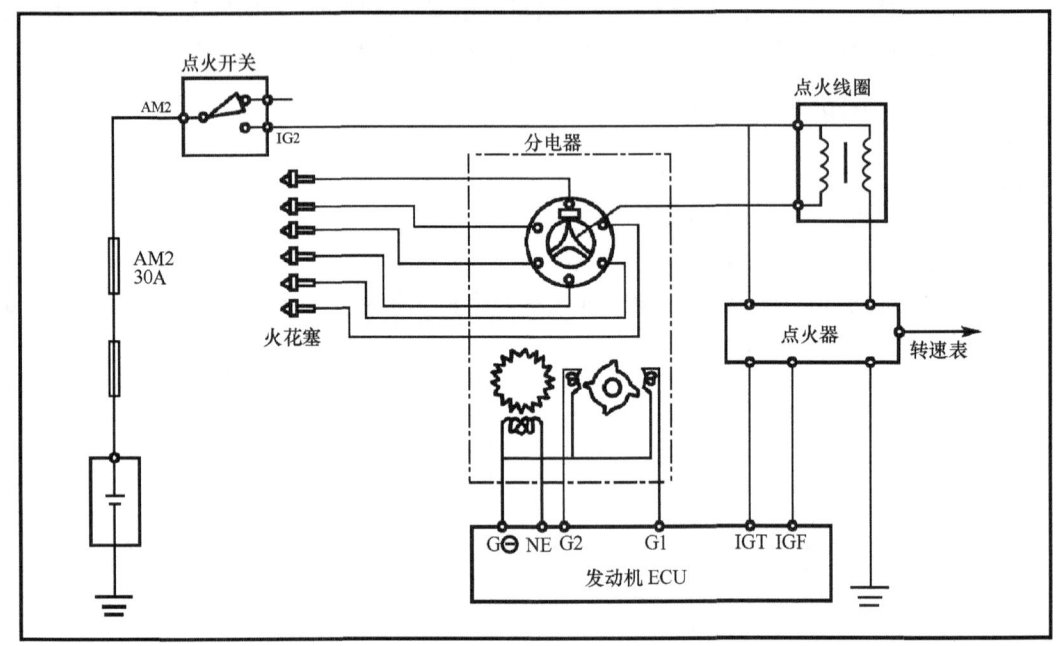

图3-75 皇冠3.0轿车点火系统电路

用示波器检测点火器到点火线圈控制线上的电压波形时发现，起动发动机时控制线（IGT）上只有一个12V左右的电压，而没有变化的电压波形。由此判定故障在点火系统的低压线路部分，即点火线圈、分电器内的凸轮轴转角传感器和曲轴转角传感器、点火器和发动机ECU等部件或线路有故障。

检测分电器内凸轮轴位置传感器G1及G2线圈和曲轴转角传感器NE线圈的电阻分别为158Ω和155Ω，均在正常范围内。然后起动发动机，用示波器检测发动机ECU和点火器之间的IGT和IGF信号波形时发现无任何信号波形。起动发动机时用示波器观察凸轮轴位置传感器和曲轴位置传感器的输出波形，为类似正弦波的波形，正常。用万用表检测发动机ECU电源端子的电压和搭铁端子的搭铁状况，也正常。根据上述检测结果判定发动机ECU损坏。

更换发动机ECU后，故障消失，发动机起动正常。

☞ 故障总结

发动机ECU根据曲轴位置传感器和凸轮轴位置传感器的信号，向点火器提供点火正时信号。没有这个信号的可能原因如下：

1) 发动机ECU没有接收到曲轴位置传感器和凸轮轴位置传感器的信号。
2) 发动机ECU的电源电压或搭铁不正常。
3) 发动机ECU损坏。

在首先确认前两个原因不存在的情况下，才可以肯定发动机ECU损坏。

案例二：宝来1.8T轿车烧点火线圈

☞ 故障现象

一辆2003年款宝来1.8T轿车发动机出现故障，总是烧四缸点火线圈。

第三章 点火系统

☞ 故障诊断与排除

起动发动机,不能着车。经检查,发现四缸点火线圈烧坏。询问车主得知,之前发动机抖动严重,无法正常行驶,同时发现排气管烧红。更换四缸的点火线圈和火花塞,故障依旧。经检查,发现四缸点火线圈又烧坏。烧点火线圈可能的原因有:

1) 点火线圈搭铁不良。
2) 点火线圈供电不良。
3) 点火线圈控制线短路。
4) 发动机ECU故障。

宝来1.8T轿车装备BAE型涡轮增压发动机,点火系统电路如图3-76所示。点火线圈插脚1是J271由多点喷射继电器428供电,插脚2、4搭铁,插脚3是发动机ECU的点火控制线。

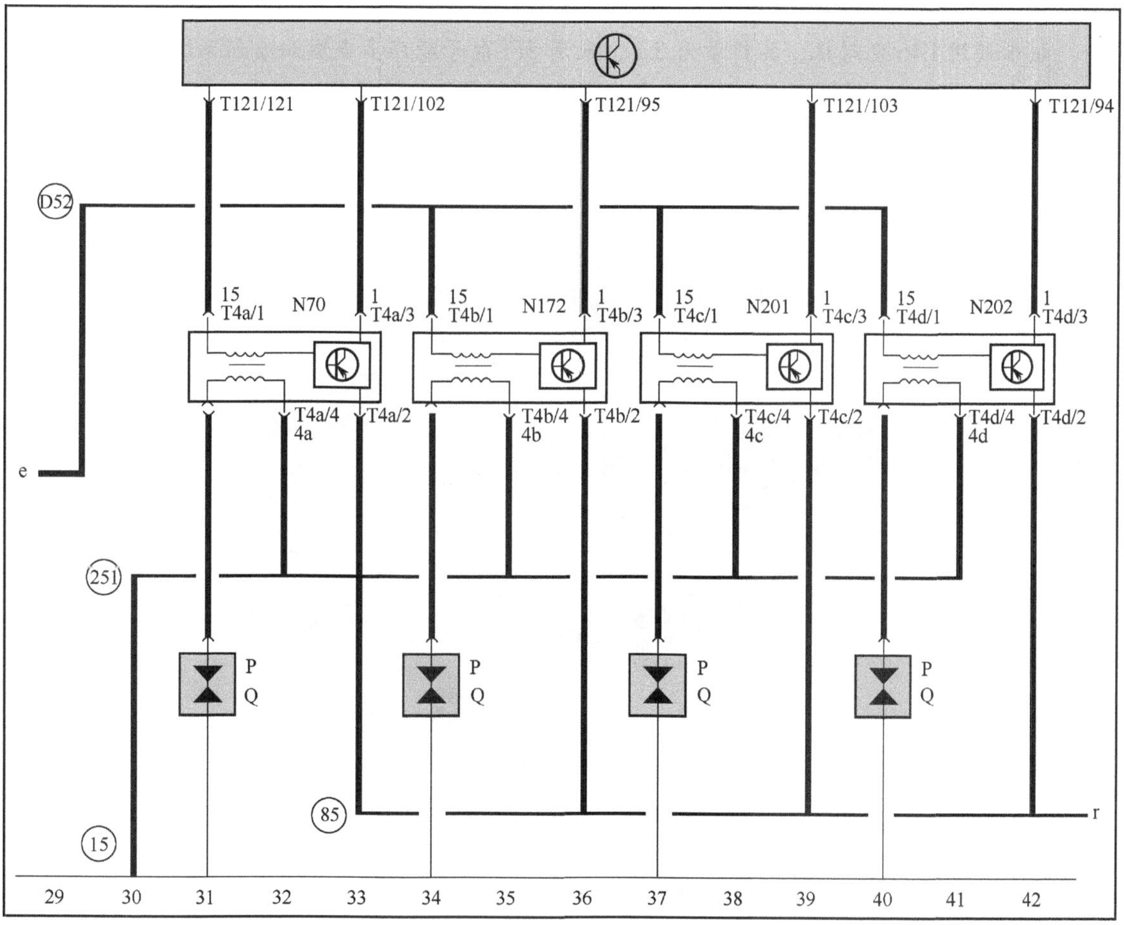

图3-76 宝来BAE发动机点火系统电路

检查点火线圈搭铁线。用万用表一端接蓄电池正极,另一端接点火线圈插脚2或4。测得的电压为12.5V,说明搭铁正常。检查点火线圈供电线。用万用表一端接点火线圈插脚1,一端接蓄电池负极,打开点火开关,测得电压为12.5V,说明点火线圈供电正常。检查点火线圈插脚3。检查四缸点火线圈插脚3与发动机控制单元T121/94间的导线,电阻为0.5Ω,正常,且无短路、断路现象。初步判定发动机ECU存在故障。利用万用表的二极管检查功能,将红表笔连接发动机 ECU 的接脚 T121/94(点火控制),黑表笔连接发动机 ECU 的搭铁脚 T121/2,测得电压为 0.6V。而红表笔分别连接发动机 ECU 的点火输出脚 T121/95、T121/102、T121/103,无电压显示。这说明四缸点火线圈的内部电路被击穿,使点火线圈始终处于通电状态,将点火线圈烧毁。

更换发动机 ECU,故障排除。为了避免发动机 ECU 再次损坏,着重清理并紧固了发动机 ECU 的搭铁点。

案例三:上海别克世纪轿车怠速发抖,加速无力

☞ 故障现象

一辆上海别克世纪轿车,发动机出现了怠速发抖,行驶时加油无力的症状。

☞ 故障检修

该车采用 L46 发动机,其排量为 3 L,采用 SFI 电子顺序多点燃油喷射系统。

检查燃油系统,油压正常(规定压力为 338~380kPa)。根据故障现象,怀疑有个别气缸工作不良,检查点火高压线,发现两缸高压线漏电。更换了火花塞及一组美国产的别克高压线,试车时怠速加速正常,认为故障已经排除。行驶一段时间后故障灯亮,读出故障码为P0300,含义为"发动机间歇性熄火",更换原车(上海别克)的高压线并清除故障码后故障灯不再点亮。别克世纪轿车的高压点火系统如图 3-77 所示。

图 3-77 别克世纪轿车的高压点火系统

☞ 故障分析

经检查,该车发动机怠速发抖及加速无力的原因是点火高压线漏电引起的,在维修时因为一时没有上海别克的配件更换,只好用库存的原版美国别克车的高压线代替,以为故障排除,结果行驶几天后发动机动力控制模块(PCM)却储存了 P0300 的故障码。P0300 故障码的含义为"间歇性熄火",引起这个故障码的原因很多,点火系统、供油系统以及气缸机械故障都有可能。上海别克等其他采用 OBD-Ⅱ系统的车型在发动机故障灯点亮时经常会读到这一类的故障码,在本例中,检修时因时间关系,没有进一步判断 P0300 故障码是因更换不同规格的点火高压线引起,还是有其他偶发性故障。

第四章

照明及信号装置系统

第一节 照明与信号系统的组成

一、汽车灯具

1. 照明灯

汽车照明灯按其安装位置和用途不同,可分为外部照明灯和内部照明灯。图 4-1 所示为各种外部照明灯,图 4-2 为各种内部照明灯。

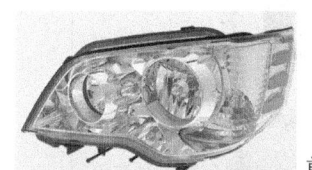
前照灯

雾灯

尾灯

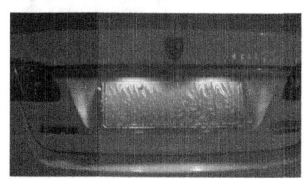
牌照灯

图 4-1 外部照明灯

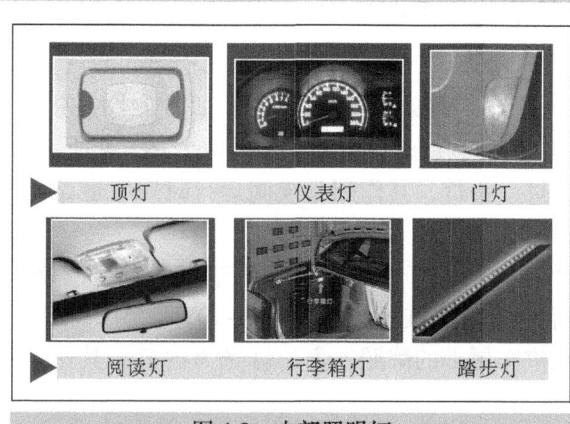

图 4-2 内部照明灯

2. 信号灯

信号灯主要包括前/后转向灯、倒车灯、制动灯、尾灯、组合式前信号灯和组合式后信号灯等。图 4-3 所示为各种常见的信号灯，图 4-4 所示为仪表上的警告灯。

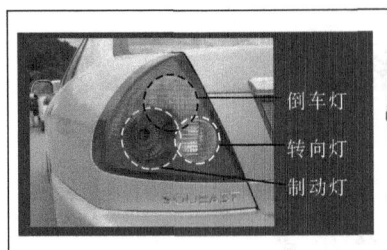

图 4-3　信号灯　　　　　　　　图 4-4　仪表上的警告灯

图 4-5 所示为桑塔纳汽车组合灯，它把制动灯、倒车灯、后转向灯、尾灯等组合在一起。

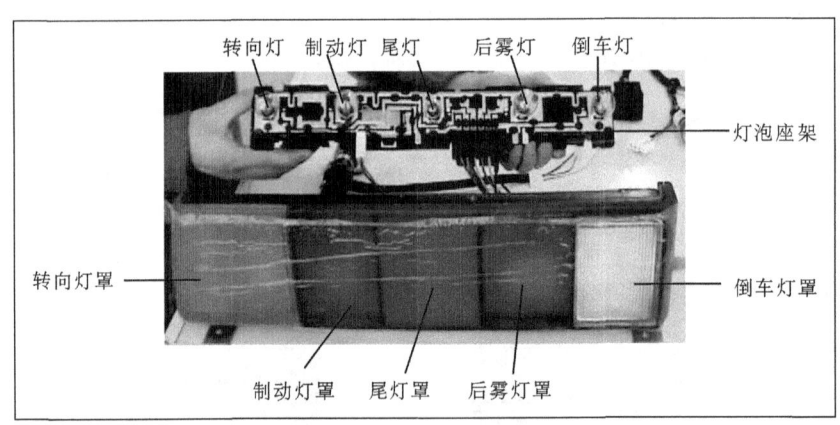

图 4-5　组合后灯

二、灯具的作用及其在车上的位置

1. 外部照明灯

外部照明灯又称为外照灯，主要有前照灯、尾灯、前侧灯、雾灯、牌照灯、组合式前照灯和驻车灯等，各种外部照明灯在车上的位置如图 4-6、图 4-7 所示。

1) 前照灯：俗称大灯、头灯，其作用是夜间运行时照明道路，功率为 40～60W。灯光为白色，包括远光灯和近光灯两种。

2) 驻车灯：俗称小灯、示廓灯，其作用是汽车夜间行车或停车时，标示其轮廓或存在，前驻车灯为白色，后驻车灯为红色，功率为 5～10W。

3) 牌照灯：安装在汽车尾部的牌照上方，灯光为白色，其作用是夜间照亮汽车牌照，功率为 5～15W。

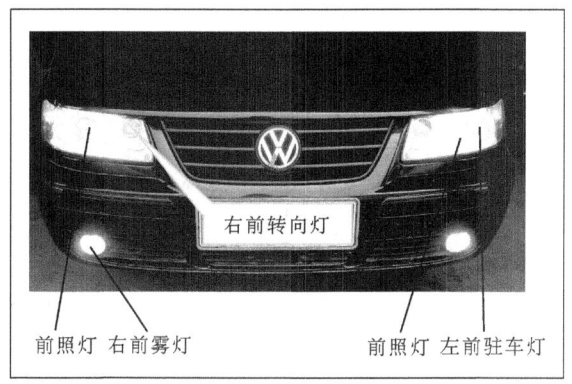

图 4-6 车身前部的外部照明灯

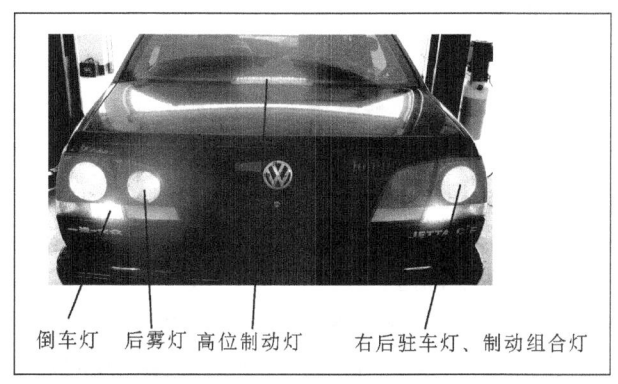

图 4-7 车身后部的外部照明灯

4）雾灯：其作用是雨、雾天气用来照明，灯光为黄色，因为黄色有良好的透雾性，功率为 35~55W。

5）转向灯：其作用是表示汽车的运行方向。左右转向灯同时闪亮时，表示有紧急情况，灯光为黄色，功率为 20W 以上。

6）制动灯：俗称刹车灯，安装于汽车后面，其作用是在汽车制动停车或制动减速行驶时，向后车发出灯光信号，以警告尾随的车辆，防止追尾，灯光为红色，功率为 20W 以上。

7）倒车灯：其作用有两个，一个是向其他的车辆和行人发出倒车信号，另一个是夜间倒车照明，灯光为白色，功率为 20W。

2. 内部照明灯

内部照明灯包括顶灯、仪表灯、工作灯、指示灯、车厢灯和门灯等。部分内部照明灯如图 4-8 所示。

1）顶灯：安装在驾驶室的顶部，其作用是驾驶室内部照明，灯光为白色，功率为 5~8W。

2）指示灯：指示某一系统是否处于工作状态，灯光为红色，功率为 2W。如远近光指示灯、转向指示灯、雾灯工作指示灯、空调工作指示灯、驻车制动指示灯、收放机工作指示灯和自动变速器档位指示灯等。

3）警告灯：安装在仪表板上，其作用是用来监测汽车各系统的技术状况，当某一系统

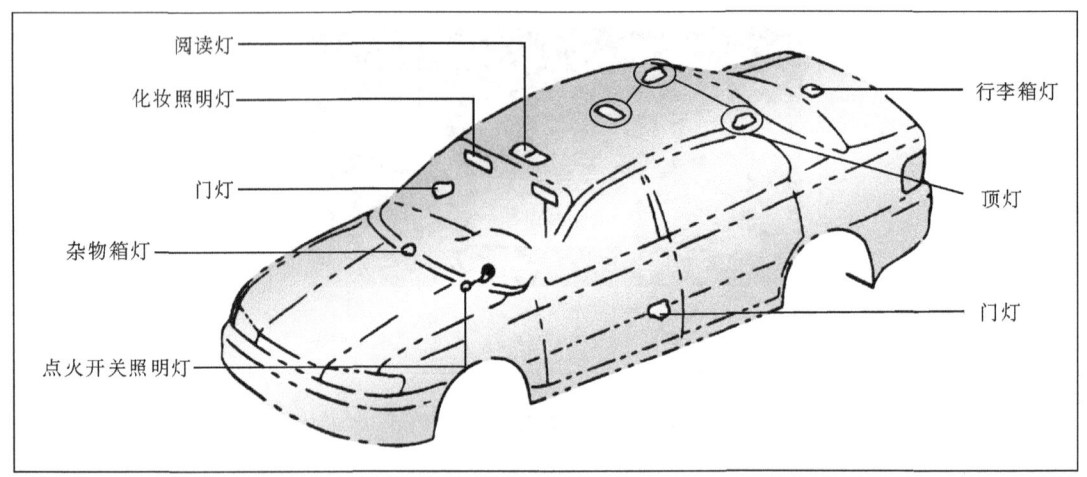

图4-8 内部照明灯位置图

出现异常情况时,对应的警告灯亮,提醒驾驶人该系统出现故障,灯光为红色、绿色或黄色,功率为2W,如发动机故障警告灯、机油压力警告灯、冷却液温度警告灯等。

4)仪表灯:安装在汽车仪表上,用于夜间照亮仪表,灯光为白色,功率为2~8W。

5)阅读灯:装于乘员席前部或顶部,聚光时乘员看书不会给驾驶人产生目眩现象,照明范围小,有的还有光轴方向调节机构。

6)行李箱灯:装于轿车或客车行李箱内,当开启行李箱盖时,自动发亮。

7)门灯:装于轿车外张式车门内侧底部,光色为红色。夜间开启车门时,门灯发亮,以提示后来行人、车辆注意避让。

8)仪表照明灯:装在仪表板反面,用来照明仪表指针及刻度板。

第二节 照明信号装置的构造与控制电路

一、前照灯

1. 结构

前照灯的光学组件由灯泡、反射镜和配光镜三部分组成,结构如图4-9所示。

(1)反射镜 反射镜一般用薄钢板冲压而成,近年来已有用热固性塑料制成的反射镜。反射镜的表面形状呈旋转抛物面,如图4-10所示。其内表面镀银、镀铝或镀铬,然后抛光。由于镀铝的反射系数可以达到94%以上,机械强度较好,故现在一般采用真空镀铝。

反射镜的作用就是将灯泡的光线聚合并导向前方。灯丝位于焦点F上,灯丝的绝大部分光线经反射镜反射后变成平行光束射向远方,亮度增强几百倍甚至上千倍,使车前150m,甚至400m内的路面照得足够清楚。其余少部分光线向两侧和上、下方散射,如图4-11所示。

第四章 照明及信号装置系统

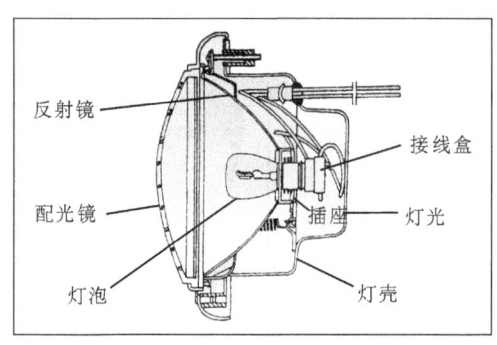

图 4-9 前照灯结构图

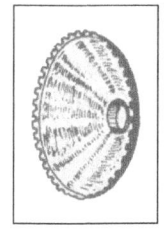

图 4-10 反射镜

（2）配光镜 如图 4-12 所示，配光镜的作用是将反射镜反射出的平行光束进行折射，扩大光线的照射范围，使车前路面和路缘具有良好而均匀的照明。它一般是用透明玻璃压制而成的棱镜和透镜的组合体。根据需要，内部制成不同形状的刻纹。外形一般为圆形或矩形，其外观如图 4-13 所示。近年来，汽车前照灯的配光镜多采用无色透明的 PC 材料（塑料），它不但重量轻，而且耐冲击性能好。

（3）前照灯灯泡 目前，汽车前照灯的灯泡主要使用两种，即普通白炽灯泡和卤素灯泡。由于钨丝在使用时蒸发损耗，使灯泡的使用寿命缩短，为延长其寿命，将玻璃灯泡中的空气抽出，然后充入其他

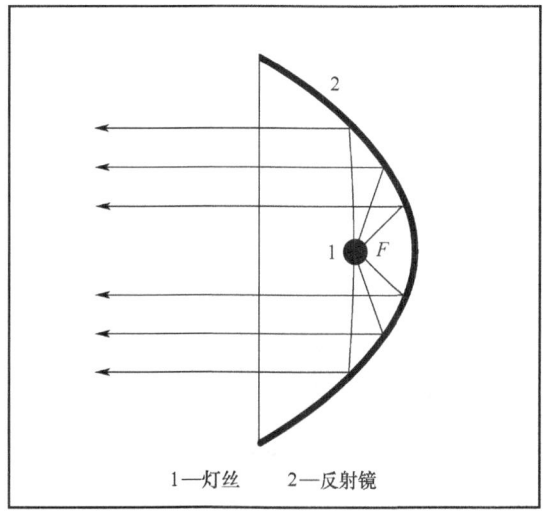

1—灯丝　2—反射镜

图 4-11 反射镜的聚光作用

惰性气体，即为白炽灯泡。如充入氩和氮的混合气体，在灯泡工作时，由于惰性气体受热后

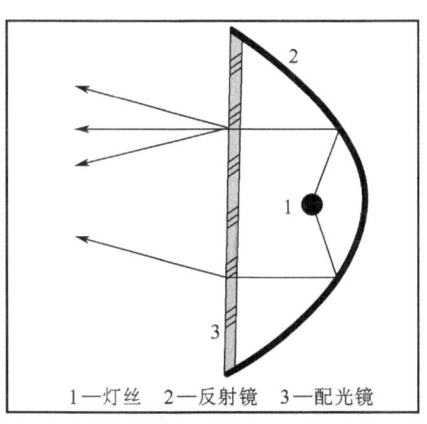

1—灯丝　2—反射镜　3—配光镜

图 4-12 配光镜的折射作用

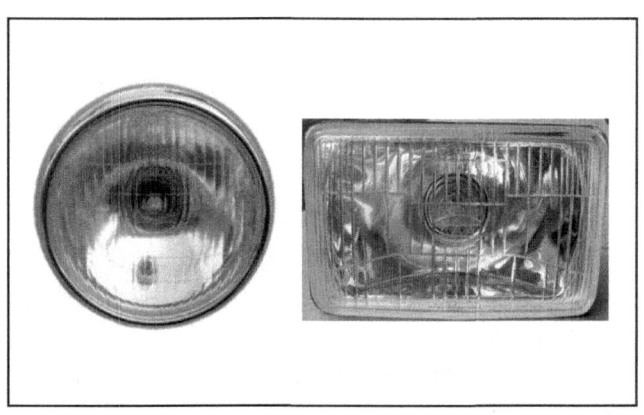

图 4-13 圆形和矩形配光镜

膨胀会产生较大的压力，这样可以减少钨的蒸发，能提高灯丝的温度，增强发光的效率，从而延长灯泡的使用寿命。普通白炽灯泡的结构如图 4-14 所示。

充气灯泡虽然已充入了惰性气体，但仍有少量钨丝蒸发而使灯泡发黑。为了防止钨丝的蒸发，又发明了卤素灯泡。如果充入卤族元素即为卤素灯。卤素灯泡内的惰性气体渗有某种卤族元素，如氟、氯、溴和碘等。卤素灯泡的结构如图 4-15 所示。

卤素灯泡的玻璃由耐高温、强度高的玻璃制成，且灯泡内的充气压力较大，工作温度高，可有效地抑制钨的蒸发量，延长其使用寿命，提高发光效率。在相同功率情况下，卤钨灯的亮度是充气灯的 1.5 倍，寿命是充气灯的 2~3 倍。

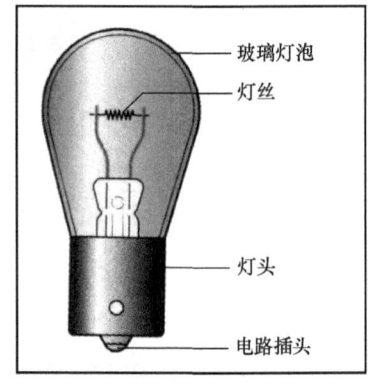

图 4-14　普通白炽灯泡的结构

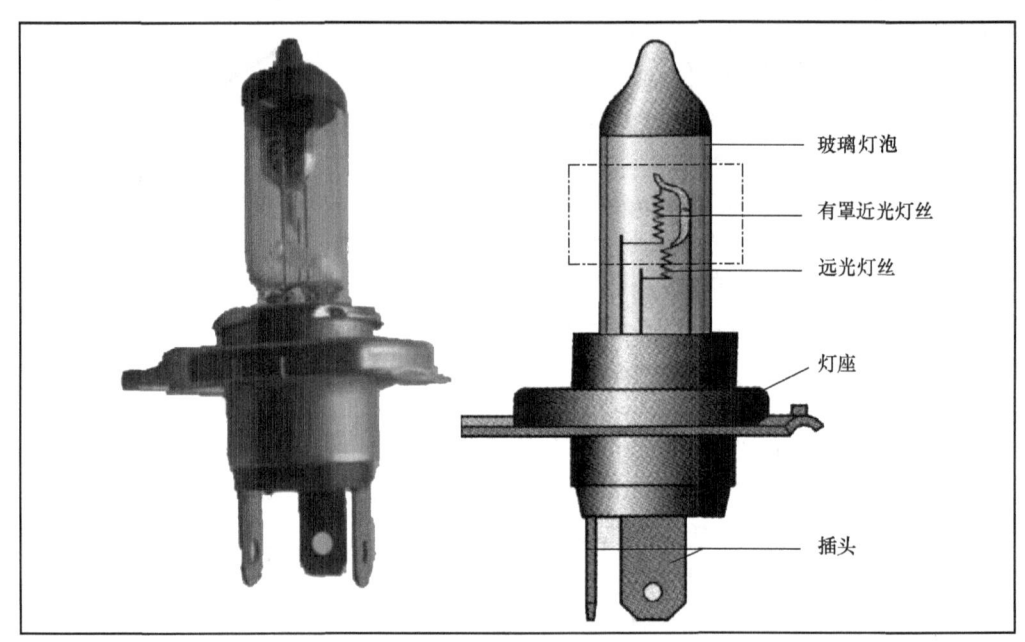

图 4-15　卤素灯泡的结构

汽车前照灯中有远、近光灯灯泡，有的还有辅助远光灯灯泡。如图 4-16 所示，对于有双灯丝的前照灯灯泡，远、近光灯灯泡一般安装在前照灯中央，而采用四灯制的前照灯，其远光灯灯泡一般安装在前照灯总成的内侧，近光灯灯泡安装在外侧。

夜间行驶时照明前方的灯具能发出远光和近光两种光束。远光应保证在车前150m 或更远的路面能得到明亮而均匀的照明，近光则在会车时和市区明亮的道路使用。会车时，为了避免迎面来车的驾驶人目眩而发生危险，应将前照灯亮度较强的远光转换成光度较弱并且光束下斜的近光。

远、近光灯灯丝通断的检查方法如图 4-17 所示，其中 A 为负极，B、C 分别为近光和远光的正极。用万用表电阻档测量两侧前照灯灯丝导通情况，如果不导通，则更换灯泡。

2. 分类

前照灯按结构又可分为可拆式前照明灯、半封闭式前照灯、封闭式前照灯、投射式前照

第四章　照明及信号装置系统

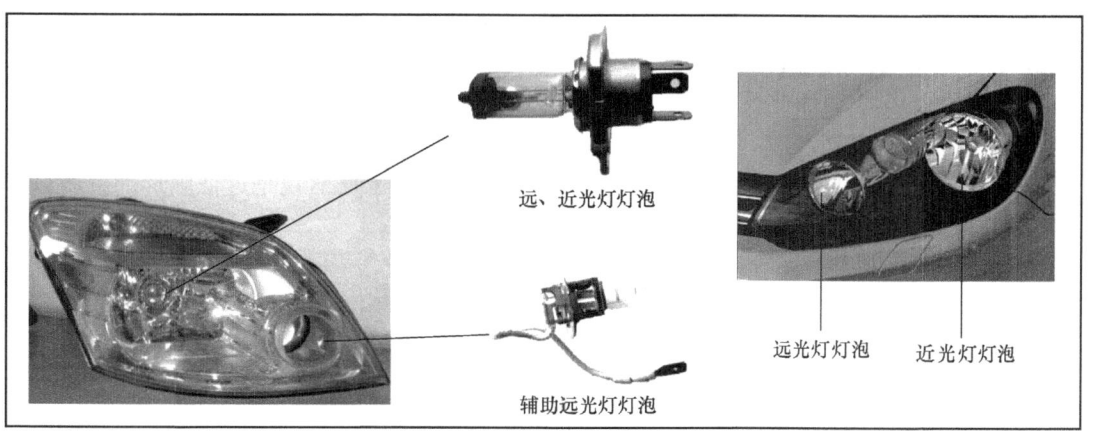

图4-16　远、近光灯灯泡的安装位置

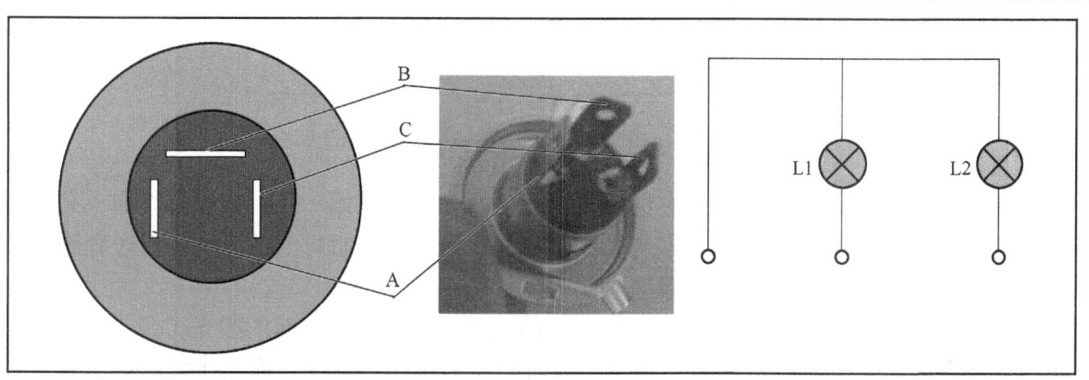

图4-17　远、近光灯灯丝通断的检查方法

灯和高亮度弧光灯。

1) 由于可拆式前照灯是由反射镜和配光镜等安装而成的组件，因此气密性差，反射镜易受湿气和尘埃污染而降低反射能力，目前已很少采用。

2) 半封闭式前照灯的配光镜靠卷曲反射镜边缘上的牙齿而紧固在反射镜上，二者之间垫有橡皮密封圈，灯泡只能从反射镜后端装入。当需要更换配光镜时，应撬开反射镜缘的牙齿，安上新的配光镜后，再将牙齿外复原。结构如图4-18所示。

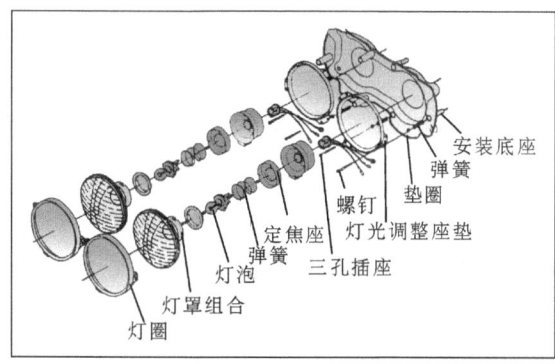

图4-18　半封闭式前照灯

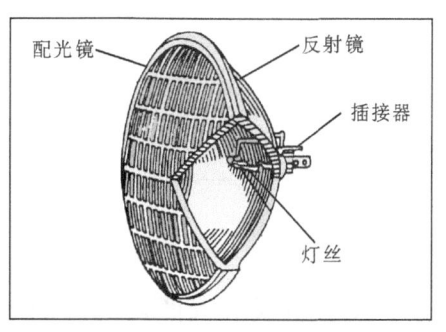

图4-19　封闭式前照灯

3）封闭式前照灯又称真空灯，反射镜和配光镜玻璃制成一体，形成灯泡，里面充以惰性气体。灯丝焊在反射镜底座上，如图4-19所示。封闭式前照灯完全避免了反射镜被污染以及遭受大气的影响，因此反射效率高，照明效果好，使用寿命长，但当灯丝烧断后，需要更换整个总成，成本高。

4）投射式前照灯装有很厚的无刻纹的凸形散光镜，由于反射镜是近似圆形的，所以外径很小，结构如图4-20所示。

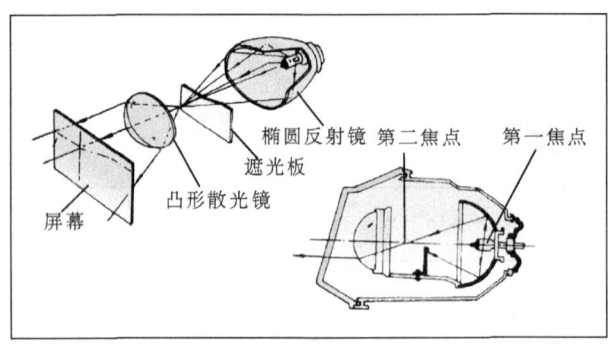

图4-20 投射式前照灯的构造

投射式前照灯采用卤素灯泡，它的反射镜有两个焦点。在第一焦点处放置灯泡，第二焦点在灯光中形成。凸形散光镜的焦点与第二焦点是一致的。来自灯泡的光利用反射镜聚成第二焦点，再通过散光镜将聚集的光投射到前方。

在第二焦点附近设有遮光板，可遮挡向上的光线，形成明暗分明的配光。

5）高亮度弧光灯结构如图4-21所示。这种灯没有传统的灯丝，取而代之的是装在石英管内的两个电极，管内充有氙气及微量金属（或金属卤化物）。

弧光灯由弧光灯组件、电子控制器和升压器3部件组成，其光色成分和荧光灯相似，亮度是卤素灯泡的2.5倍，寿命可达卤素灯泡的5倍。由于灯泡点燃达到正常工作温度后，维持电弧放电的功率仅为35W，所以可节约40%的电能。

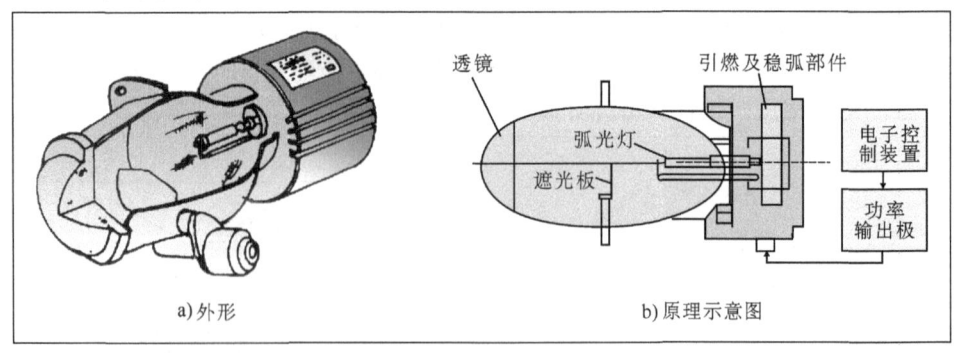

图4-21 高亮度弧光灯结构

二、灯光开关和前照灯的控制电路

前照灯应能保证车前方有明亮而均匀的照明，使驾驶人能看清车前150m以内路面上的

第四章 照明及信号装置系统

障碍物。同时，汽车的前照灯电路应能保证照明系统的正常使用，且方便变换远近光灯等操作，以利于安全驾驶。如图 4-22 所示，前照灯控制电路系统主要由前照灯、继电器、蓄电池、熔断器和灯光开关组成。

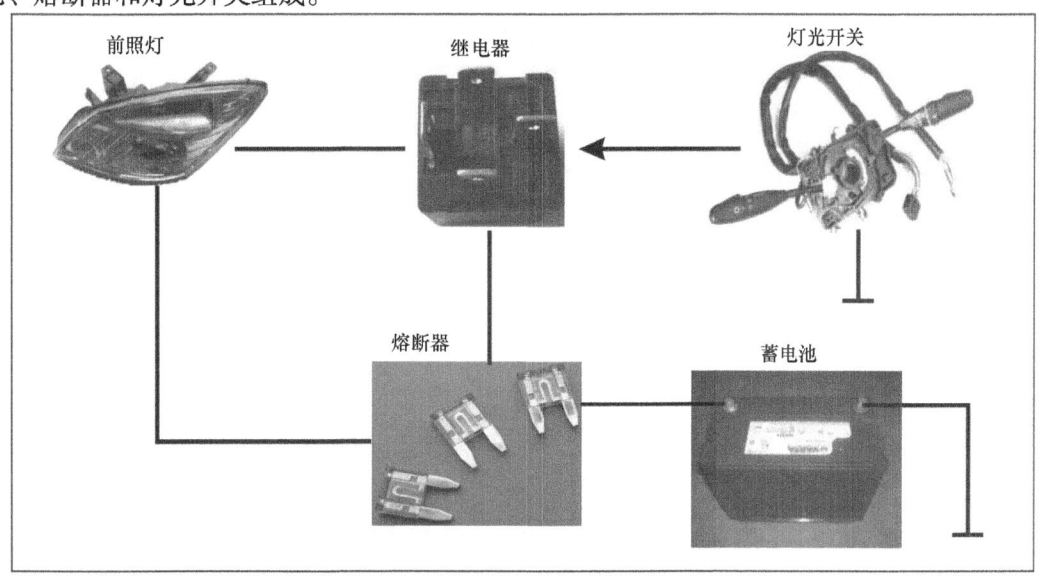

图 4-22　前照灯控制电路系统的组成

1. 灯光开关

灯光开关的形式有拉钮式、旋转式和组合式等多种，图 4-23 所示为拉钮式车灯开关，图 4-24 所示为旋转式开关，现代汽车上用得较多的是将前照灯、尾灯、转向灯等开关制成一体的组合式开关。

图 4-25 所示为丰田汽车使用的组合开关。转动开关端部，便可依次接通尾灯、位灯（包括前位灯）和前照灯，将开关向下压，便由近

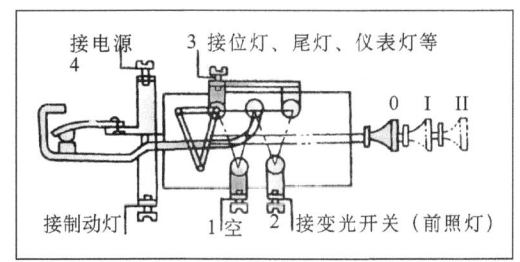

图 4-23　拉钮式车灯开关

光变为远光，将开关向上扳，亦可变为远光。不同的是，松手后开关自动弹回近光位置，此位置用来作为夜间行车时的超车信号。前后扳动开关，可使左右转向灯工作。

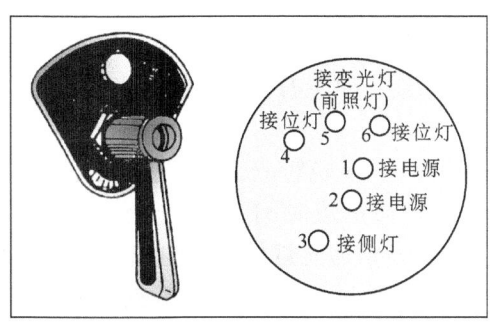

图 4-24　EQ1090 汽车用旋转式开关外形

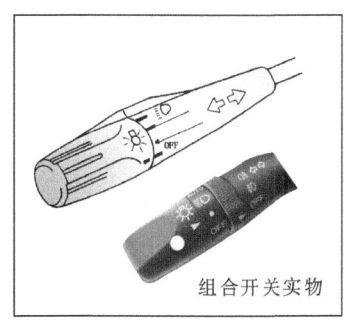

图 4-25　组合开关

87

2. 前照灯控制电路

前照灯控制电路按继电器控制方式可分为继电器控制电源线式和继电器控制搭铁式两种。

（1）继电器控制电源线式　继电器控制电源线式是通过控制前照灯的正极电源供电，来接通或切断流向前照灯灯泡的工作电流。下面通过远近光工作电路来描述这种控制方式。

1）远光灯工作电路。继电器控制电源线式的远光灯工作电路如图4-26所示，当打开灯光开关（前照灯档位），使用远光灯时（变光开关在远光档），由于灯光开关搭铁，蓄电池电流经过远光继电器电磁线圈，使远光继电器触点闭合。电流经过远光熔断器，使前照灯远光灯泡、远光指示灯点亮。于是，远光灯开始工作。

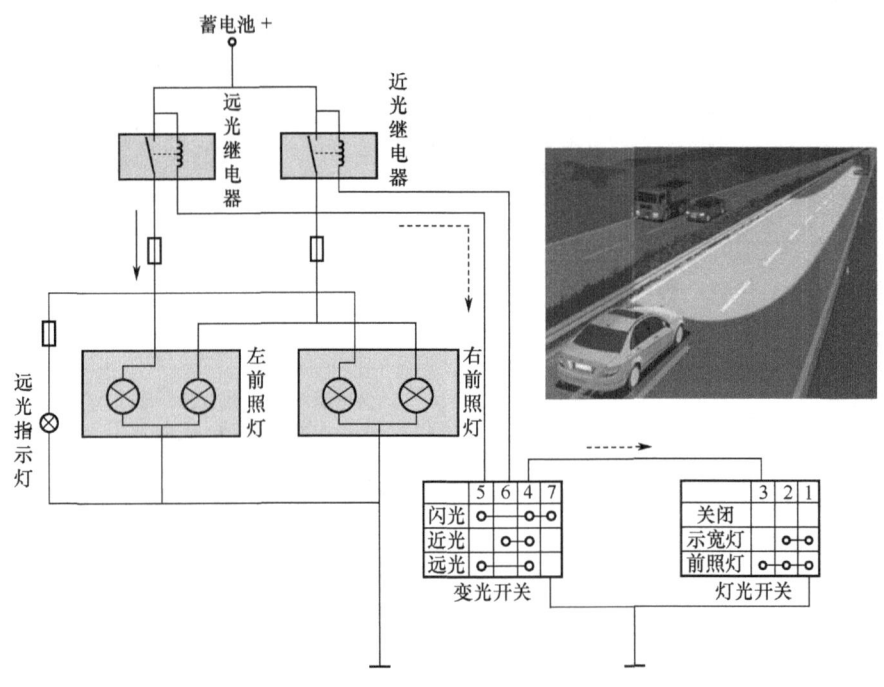

图 4-26　控制电源线式的远光灯工作电路

2）近光灯工作电路。近光灯的工作电路如图4-27所示，当打开灯光开关（前照灯档位），使用近光灯时（变光开关在近光档），由于灯光开关搭铁，蓄电池电流经过近光继电器电磁线圈，使近光继电器触点闭合。电流经过近光熔断器，使左右前照灯的近光灯泡点亮。于是，近光灯开始工作。

3）超车灯工作电路。汽车在照明条件不好的道路或夜晚行驶，需要超车或提示前车时，一般通过闪动前照灯来告知前车。有的车辆是通过短时间接通远光灯电路，有的车辆则是短时间同时接通远近光灯电路。超车时只闪动远光灯的控制电路，如图4-28所示，拉动变光开关时，远光继电器的控制电路直接通过变光开关的搭铁线路搭铁，远光继电器触点闭合，远光灯线路有电流通过，远光灯点亮。若松开变光开关，则恢复原位。

第四章 照明及信号装置系统

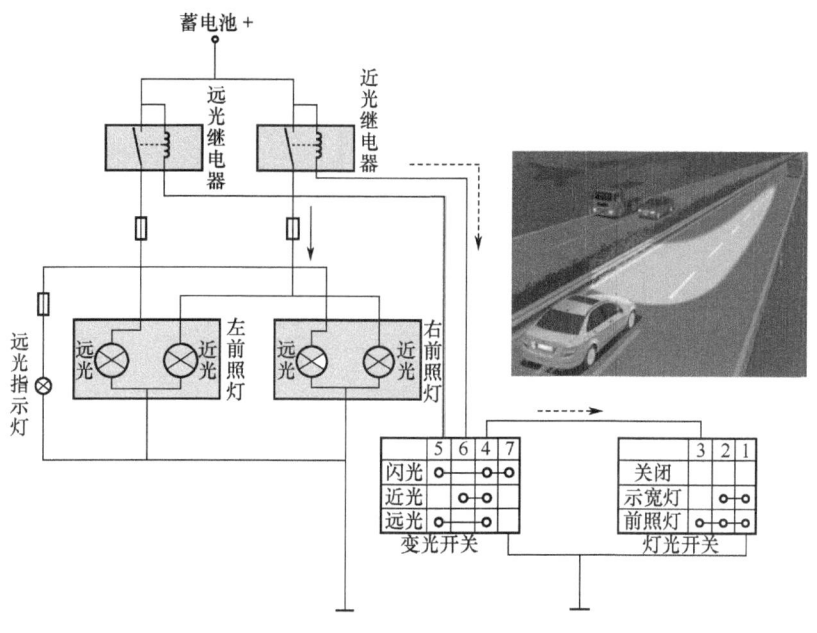

图 4-27 控制电源线式的近光灯工作电路

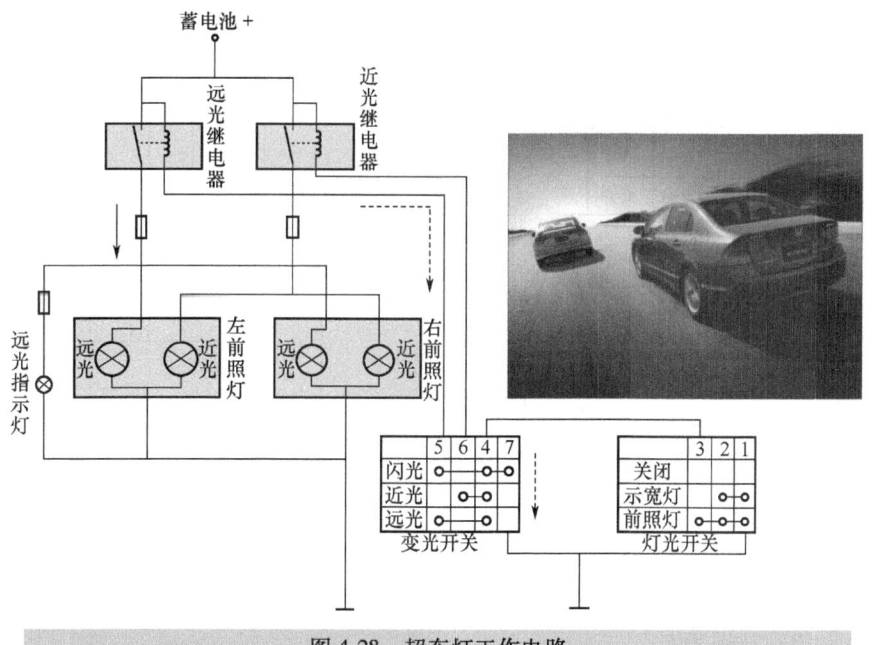

图 4-28 超车灯工作电路

（2）继电器控制搭铁式　继电器控制搭铁式电路如图 4-29 所示，下面以本田雅阁灯光照明系统电路为例做介绍。本田雅阁灯光照明系统电路如图 4-30 所示。

灯光组合开关在Ⅰ档时，可控制仪表灯、前驻车灯、尾灯、牌照灯和后位灯；灯光开关在Ⅱ档时，上述灯继续亮的同时，灯光开关使前照灯继电器接通，前照灯近光灯工作；灯光开关中的前照灯变光开关可通过前照灯变光继电器控制远光灯的工作：灯光开关向上，前照灯变光继电器的磁化线圈通电，触点闭合，远光灯电路接通；灯光开关向下，远光灯电路断

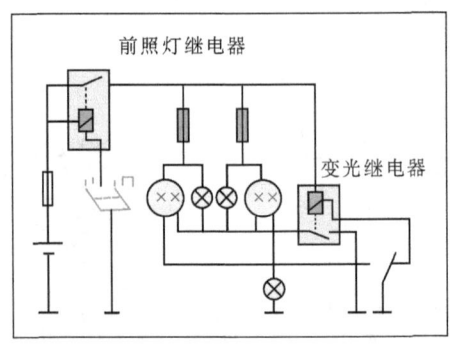

图 4-29　继电器控制搭铁式电路

开。此外远光灯还可通过灯光开关中的超车档直接控制，在超车时使用。

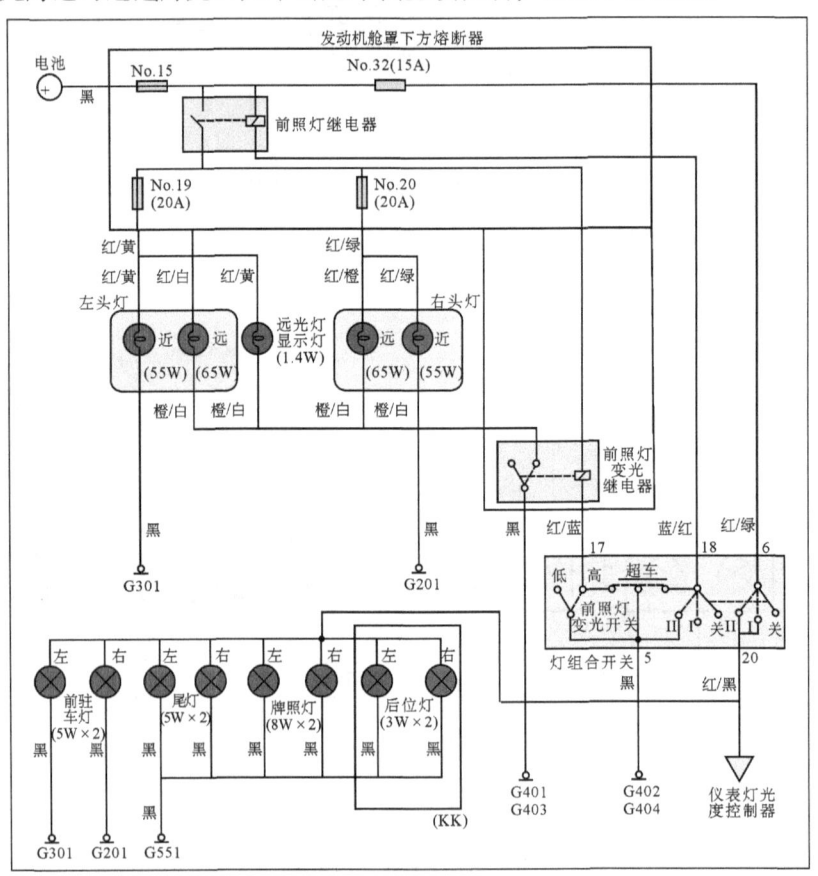

图 4-30　本田雅阁灯光照明系统电路

三、信号装置及控制电路

1. 转向信号灯与控制电路

汽车转向信号灯主要用来指示车辆行驶方向，当遇到特殊情况时，所有转向信号灯会同时闪烁，作为危险警告信号。

转向信号灯电路主要由转向信号灯、闪光器、转向灯开关等组成，如图 4-31 所示。右转向灯实物如图 4-32 所示。

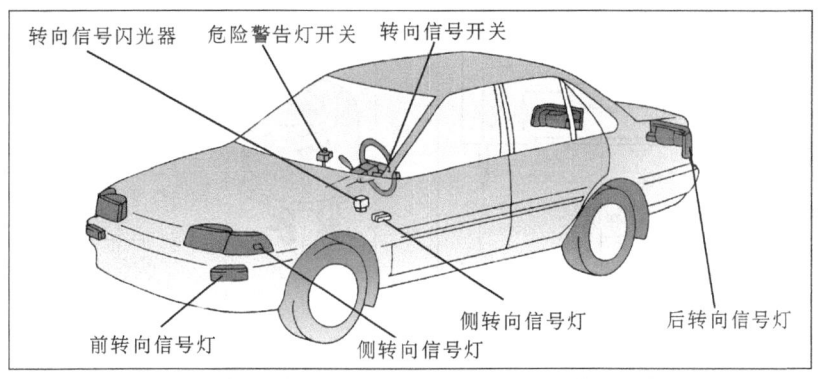

图 4-31　本田雅阁灯光照明系统电路

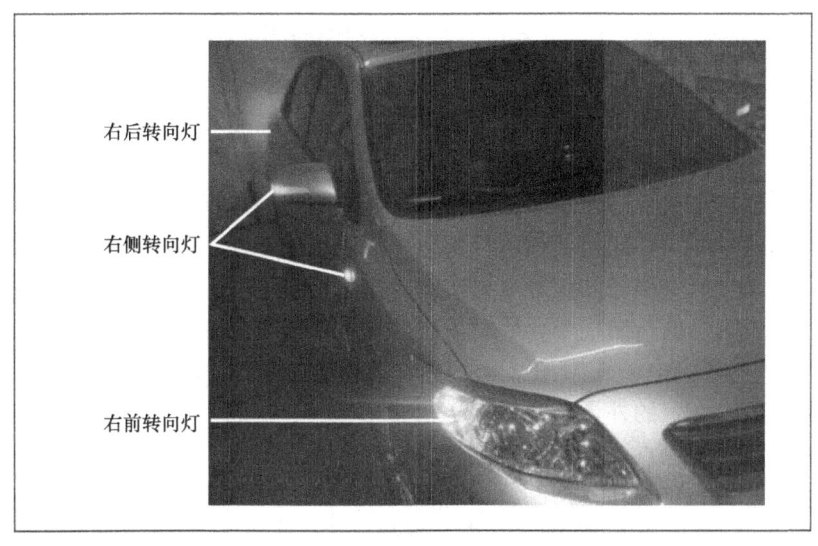

图 4-32　右转向灯实物

（1）闪光器简介

1）电容式闪光器。电容式闪光器的外形和结构原理图如图 4-33 所示。接通转向灯开关后，串联线圈经触点、转向信号灯构成回路，产生较强磁场，吸动衔铁，使触点张开，转向信号灯不亮。这时，电容器经串联线圈、并联线圈、转向灯开关、转向灯及转向指示灯构成充电回路。由于电流很小，此时转向灯与转向指示灯不亮。触点在串、并联线圈的同向合成磁场作用下，仍保持张开状态。电容器充足电后，并联线圈电流消失，铁心吸力减小，触点在复位弹簧作用下闭合，转向灯与转向指示灯亮，同时电容器经并联线圈及触点放电。由于串、并联线圈产生的磁场方向相反，触点仍保持闭合状态。电容器放电结束后，并联线圈电流消失，铁心吸力在串联线圈磁场作用下增强，触点再次张开，转向灯与指示灯变暗，电容器再次充电。如此循环，转向灯与指示灯不断地闪烁。

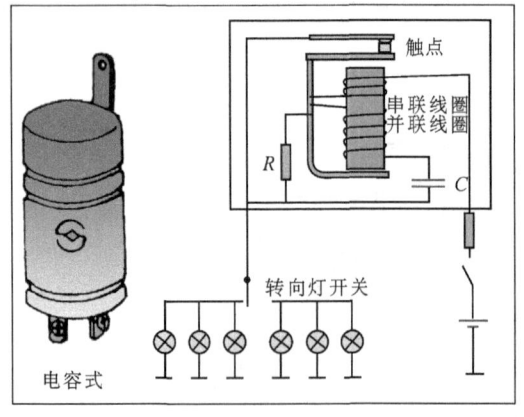

图4-33 电容式闪光器的外形和结构原理图

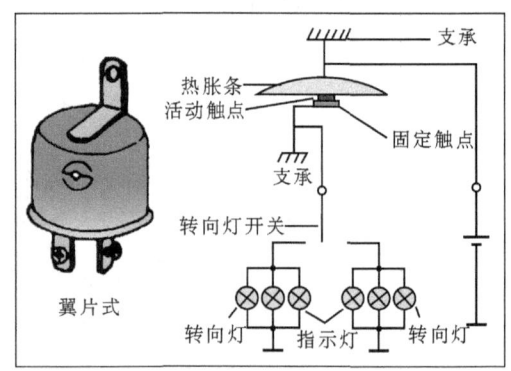

图4-34 翼片式闪光器的外形和结构原理图

2) 翼片式闪光器。翼片式闪光器的外形和结构原理图如图4-34所示。静态时,弹性翼片在热胀条(热膨胀系数较大的金属板条)的拉力下呈弓形,触点处于闭合状态。接通转向灯开关后,转向信号灯与其指示灯电路接通。其回路为:蓄电池正极(+)→翼片→热胀条→触点→转向灯开关→转向灯及转向指示灯→搭铁→蓄电池负极(-)。由于电流流经热胀条,热胀条伸长,翼片在自身弹力作用下伸直,活动触点随热胀条向上移动与固定触点分离,电路被切断,转向信号灯与转向信号指示灯熄灭;热胀条中电流消失后,冷却收缩,牵动翼片再次呈弓形,活动触点下移与固定触点再次闭合,电路接通,转向灯与转向指示灯又亮。如此反复变化,产生闪烁的转向信号,同时发出"吧嗒、吧嗒"的响声。

3) 电子式闪光器。电子式闪光器分为晶体管式和集成电路式两类,图4-35所示为带继电器触点式晶体管闪光器的外形和结构原理图,其触点为常闭触点。当车辆转弯时,接通电源开关S_1和转向灯开关,电流经蓄电池"+"极→电源开关S_1→接线柱B→R_1→继电器K的触点→接线柱S_2→转向灯开关→转向灯及转向指示灯(左或右)→搭铁→蓄电池"-"极,转向灯亮。由于R_1上的分压给晶体管VT提供了偏置电压而使其导通,集电极电流流经继电器K的线圈,其上产生的吸力使触点断开。晶体管VT

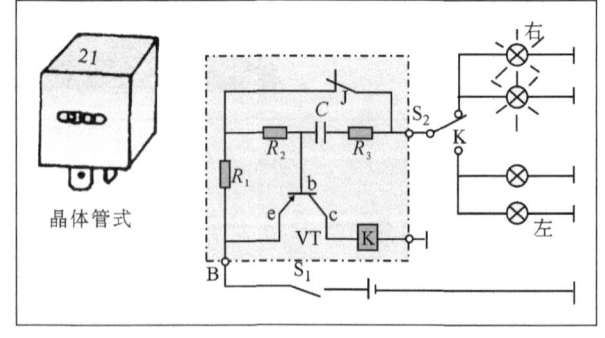

图4-35 晶体管式闪光器的外形和结构原理图

导通后其基极电流向电容器充电,其回路为:蓄电池"+"极→电源开关S_1→接线柱B→发射极、基极→电容器C→R_3→转向灯开关→转向灯及转向指示灯(左或右)→搭铁→蓄电池"-"极。电容器C充电过程中,随着电容器两端电压上升,基极电流变小,使集电极电流也相应变小。当流经继电器K的线圈的电流不足造成吸力减小而释放常闭触点时,继电器K的触点又重新闭合,使转向灯点亮,同时电容器通过R_2、触点、R_3放电,由于此时R_2向VT提供了反向偏压,加速了VT的截止。随着电容器放电电流的减小,R_1上的压降又为VT

提供了正向的偏置电压。这样循环往复，使转向信号灯闪烁发光。

（2）转向灯及危险信号警告灯电路 转向灯闪烁由闪光器控制电流通、断得到，闪光频率为(1.5±0.5)Hz。转向信号闪光器与危险报警闪光器可以共用(图4-36a)，也可以单独设置(图4-36b)。

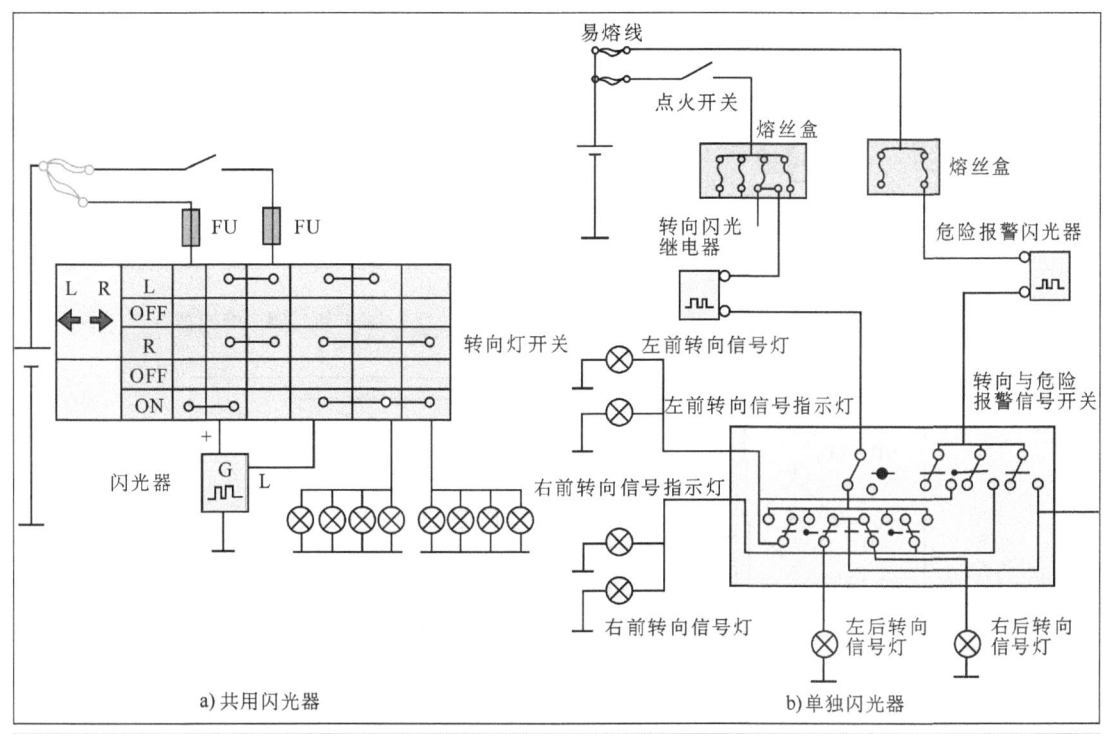

图4-36 转向灯电路

2. 倒车信号灯及其电路

汽车倒车时，为了警告车后的行人和车辆注意避让，在汽车的后部装有倒车灯、倒车蜂鸣器或倒车语音报警器，由装在变速器上的倒车开关控制。

解放CA1092汽车倒车信号电路如图4-37所示。将变速杆挂入倒档时，倒档开关接通了倒车报警器和倒车电路，从而发出声光倒车信号。

倒车报警器有倒车蜂鸣器和倒车语音报警器两种。

（1）倒车蜂鸣器 它是一种间歇发声的音响装置，发音部分是一只小功率电喇叭，控制电路是一个由无稳态电路（即多谐振荡器）和反相器组成的开关电路，如图4-38所示。

（2）倒车语音报警器 汽车倒车时，能重复发出"请注意，倒车"的声音。倒车语音报警器的典型电路如图4-39所示。

IC_1是储存有语音信号的集成电路，集成块IC_2是功率放大集成电路，稳压管VS用于稳定语音集成块IC_1的工作电压。为防止电源电压接反，在电源的输入端使用了4个二极管组成的桥式整流电路，这样无论它怎样接入12V电源，均可保证电路正常工作。

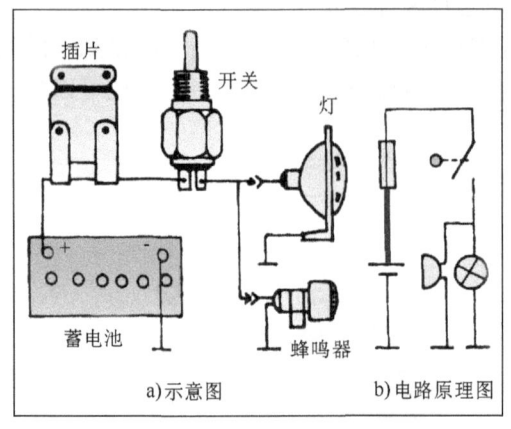

图 4-37　倒车信号电路

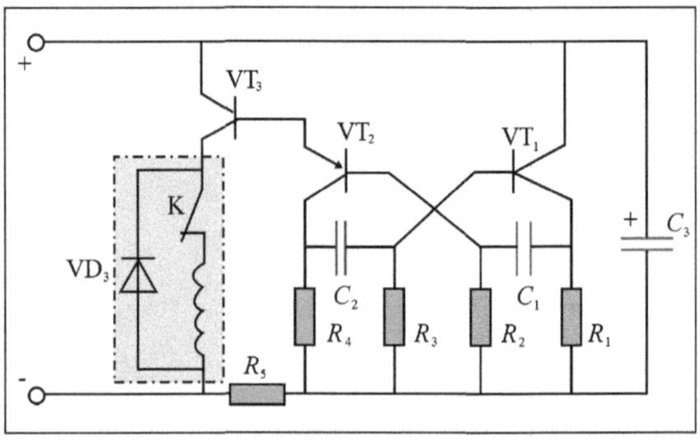

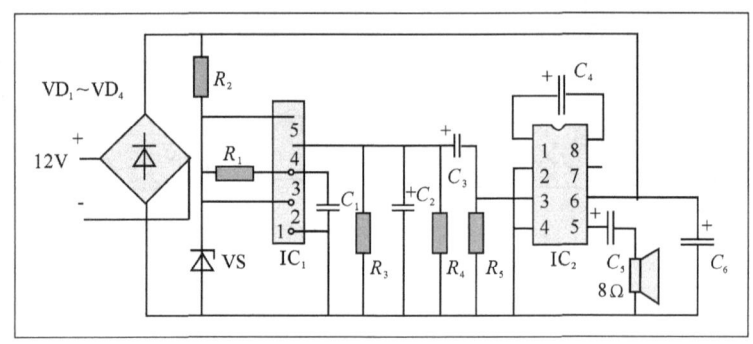

图 4-38　倒车蜂鸣器

图 4-39　倒车语音报警器

3. 制动灯及其电路

汽车制动时，踩下制动踏板，制动警告灯发亮，以警告后方行驶的车辆。制动报警装置的电路如图 4-40 所示。

液压式制动报警开关如图 4-41a 所示，它装在制动主缸的前端，其工作过程如下：当踩下制动踏板时，制动系管路中液压增大，膜片拱曲，动触片接通接线柱，警告灯开关导通，制动警告灯发亮。松开制动踏板，液压降低，在弹簧作用下，动触片回到原位，制动警告灯便熄灭。

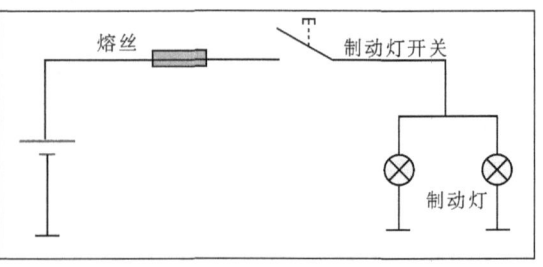

图 4-40　制动信号灯电路

气压式制动开关如图 4-41b 所示，其工作过程与液压式警告灯开关基本相似，它们的主要区别在于工作介质不同。

4. 电喇叭

汽车电喇叭实物图如图 4-42 所示，按外形分有螺旋形、盒形和筒形三种。

第四章　照明及信号装置系统

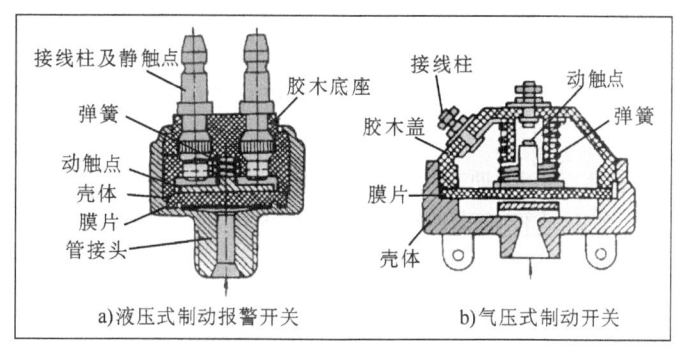

图 4-41　制动警告灯开关

图 4-42　电喇叭实物图

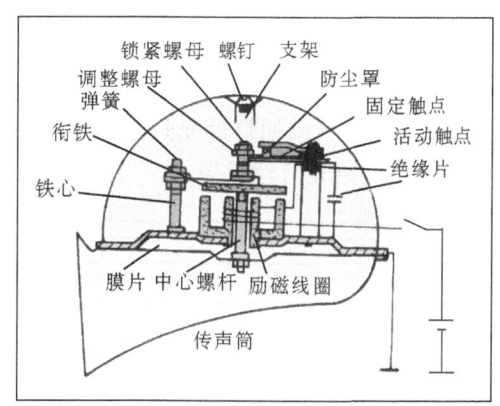

图 4-43　螺旋形电喇叭

（1）常见种类

1）螺旋形电喇叭。如图 4-43 所示，其膜片借中心杆与衔铁、调整螺母、锁紧螺母连成一体。当按下按钮时，电喇叭的电流回路为：蓄电池正极（+）→按钮→线圈→触点→搭铁→蓄电池负极（-）。电流通过线圈时，产生电磁吸力，吸下衔铁，通过中心螺杆使膜片拱曲，中心螺杆上的调整螺母压下活动触点臂，触点分开，切断电路。此时，励磁线圈电流中断，电磁吸力消失，在弹簧片和膜片的作用下，衔铁又返回原位，膜片也复位，触点又闭合，电路又接通。此后，上述过程反复不断地进行，膜片不断振动，从而发出一定频率的音波，由传声筒传出，共鸣盘能够使喇叭发出的声音和谐悦耳。

2）盆形电喇叭。如图 4-44 所示，电磁铁采用螺管式结构，铁心上绕有励磁线圈，上、下铁心间的气隙在线圈中间，所以能产生较大的吸力。它无传声筒，而是将上铁心、膜片和共鸣板装在中心轴上。当电路接通时，励磁线

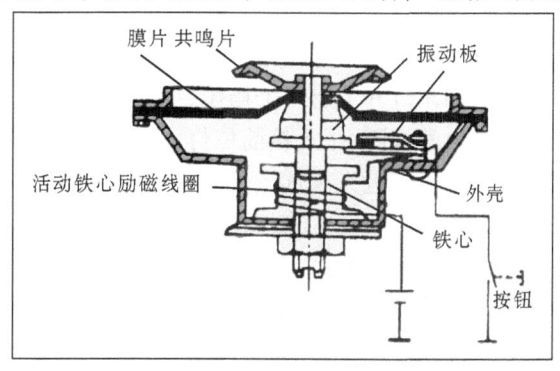

图 4-44　盆形电喇叭

圈产生吸力，上铁心被吸下与下铁心撞击，产生较低的基本频率，并激励膜片及膜片联成一体的共鸣板产生共鸣，从而发出比基本频率强得多且分布又比较集中的谐音。

（2）电喇叭控制电路　电喇叭应用电路如图4-45所示。按下喇叭按钮时，蓄电池便给喇叭继电器线圈提供小电流，使继电器铁心产生电磁吸力，将继电器触点闭合，接通了双音电喇叭，喇叭发音。松开喇叭按钮时，继电器线圈断电，铁心电磁吸力消失，触点在自身弹力作用下张开，切断了喇叭电路，电喇叭停止发音。

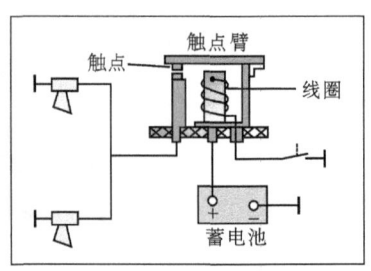

图4-45　电喇叭继电器电路

四、照明及信号电路简析

图4-46所示为CA1091型汽车照明及信号系统电路原理图。该车前照灯采用四灯制，接通远光时，4只前照灯远光灯丝全部点亮，同时仪表板上的远光指示灯点亮；接通近光时，外侧两只近光灯丝点亮。

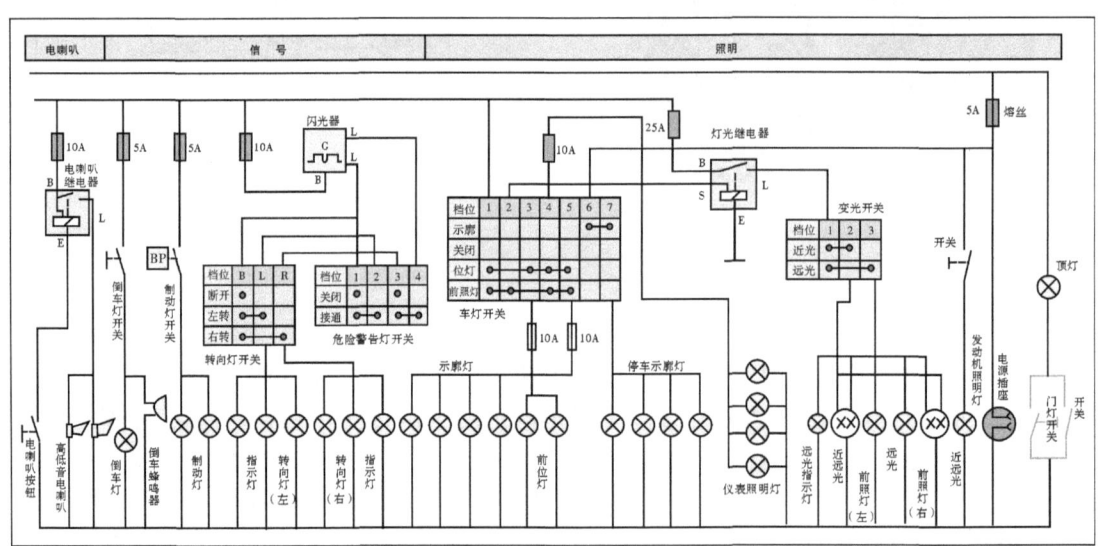

图4-46　CA1091型汽车照明及信号系统电路原理图

该车的车灯开关有4个档位，即示廓、关闭、位灯和前照灯，7个接线端：1接电源，2接灯光继电器线圈S，3接前位灯，4接仪表照明灯，5接示廓灯，6接电源，7接停车示廓灯。变光开关有近光和远光两个档位，3个接线端：1接灯光继电器触点L端，2接近光灯，3接远光灯。

当接通点火开关后，车灯开关1号线通电，开关在关闭档时，1号线与其他线不通，无灯被点亮；当开关置于位灯档时，1号线与3、4、5号线接通，则前位灯、仪表照明灯、示廓灯点亮；当灯光开关置于前照灯档位时，1号线与2、4、5号线接通，切断了前位灯电路，仪表灯、示廓灯仍继续接通，同时灯光继电器线圈通电，使灯光继电器触点闭合，前照灯点亮，此

第四章 照明及信号装置系统

时可通过变光开关变换远、近光照明;6号电源线不受点火开关控制,当车灯开关位于示廓档时(夜间熄火停车时使用),6号线与7号线接通,可使功率很小的停车示廓灯点亮。

第三节 照明信号系统的常见故障与检修

一、照明系统常见故障诊断及检修

照明系统常见故障及原因如表4-1所示。

表4-1 照明系统常见故障及原因

故障现象	故障原因	诊断排除
所有灯都不亮	蓄电池至总开关之间相线断路;灯总开关损坏;电源总熔丝断	诊断时,应根据不同的故障现象采取不同的诊断方法: 1) 前照灯光都不亮。如果远光灯和近光灯都不亮,应首先检查仪表灯是否正常,如果仪表灯工作正常,说明车灯开关的电源线正常,将点火开关接通、车灯开关置于2档(前照灯接通)位置,检查变光开关上的电源线接线柱电压是否正常,若电压为零,说明车灯开关至变光开关之间的电路断路或车灯开关有故障;若电压正常,可以短接变光开关试验,灯亮,说明变光开关损坏,应更换。否则检查变光开关后的电路和灯丝,必要时给予修理和更换 2) 前照灯都比较暗淡。如果前照灯都比较暗淡,应首先检查电源电压是否正常,如果偏低,检查充电系统。否则检查前照灯及其电路接触情况,并进行修理
远光灯或近光灯不亮	变光开关损坏;导线断路;远光灯或近光灯熔丝断;灯光继电器损坏;前照灯失效,传感器损坏;灯总开关损坏	
前照灯灯光暗淡	熔丝松动;导线插接器松动;前照灯开关或继电器触点接触不良;发电机输出电压低,用电设备漏电,负荷增大;接触不良	
一侧前照灯亮,另一侧前照灯暗	前照灯暗的一处搭铁不良或变光开关处接触不良	
前照灯、后灯亮,仅驻车灯不亮	前照灯总开关损坏;熔丝断;驻车灯泡损坏;驻车灯电路断路;继电器损坏	
接通驻车灯一侧驻车灯亮,另一侧驻车灯亮度变弱且左转向指示灯也亮,但不闪光	亮度暗淡的驻车灯搭铁不良(指灯壳搭铁的灯)	
灯泡经常烧坏	发电机输出电压过高	

二、前照灯光束的检测与调整

前照灯光束检查可采用屏幕检验法,步骤如下。

1) 将汽车停在水平地面上,并且按规定充足轮胎气压,从汽车上卸下所有负载(只允许一名驾驶人乘坐)。

2) 在距汽车前照灯10m左右竖一屏幕(或利用白墙),在屏幕上画两条垂线(各线通过各前照灯的中心)和一条水平线(与前照灯的离地高度等高),如图4-47所示。再画一条比H低D(mm)的水平线,与两条前照灯的垂直中心线分别相交于a、b两点。

3) 起动发动机,使之以2000r/min的速度(约为发动机最高转速的60%)旋转,即在蓄电池不放电的情况下点亮前照灯远光。

4) 调整时,应把一只灯遮住,然后检查另一只前照灯的光束是否对准a点或b点(同一侧的光照中心)。若不符合要求,则拆下前照灯罩圈。用旋具旋出侧面的调整螺钉,可使光束做水平方向上的调整。用旋具旋入或旋出上面的调整螺钉,可做高低方向的调整(图4-48)。

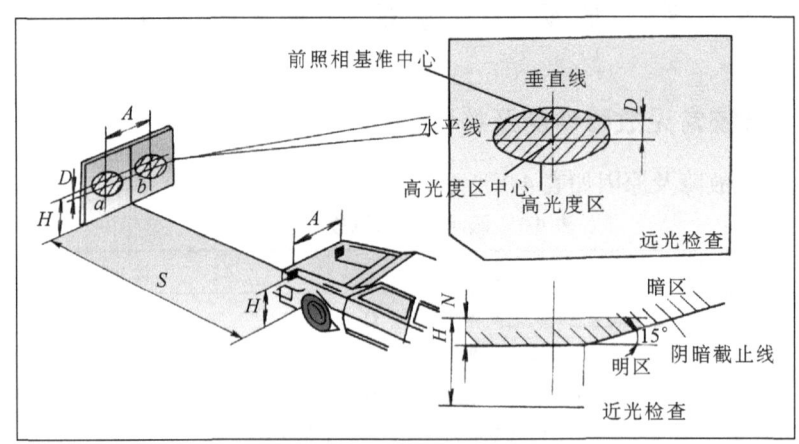

图4-47 前照灯光束的检查

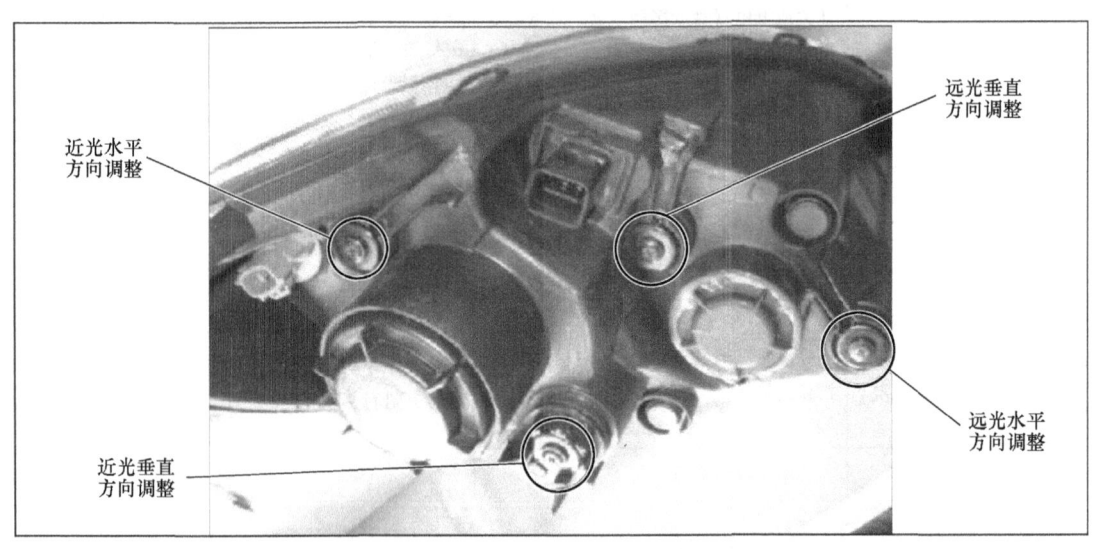

图4-48 前照灯的调整部位

等一只前照灯调好后,再按同样方法调另一只,使其光束中心对准 b 点或 a 点。

5) 当远光调好后,应打开近光灯,检查屏幕上是否有明显的明、暗截止线,其高度是否符合规定。一般规定是:前照灯上边缘距地面不大于1350mm 的车,在距灯10m远处的屏幕上的明、暗截止线水平部分应比前照灯基准中心低 $H/3$ 左右,如图4-47右下角所示。

对于按近光调整的四灯式前照灯(CA1091型汽车),当调好外侧两只前照灯的近光后,还应打开远光束,分别调整内侧两只前照灯(仅有远光),使其光形的最亮点落在近光切断面的上方。

当前照灯光束调整好后,还应对其照度进行测量。前照灯的照度应符合规定(一般在 $2152 \times 10^5 lx$ 以上),若照度低于规定值,应更换前照灯。

三、信号系统常见故障诊断及检修

1. 灯光信号

(1) 转向灯电路的检修 转向灯电路的常见故障有单边不亮、频率不当等。

1) 单边不亮。说明电源电路到转向灯开关均正常,故障出在转向灯支路上(有断路),应检查灯丝有无烧断,灯泡是否接触不良,插接器是否接触不良。

2) 转向灯不闪烁。故障原因为电源—闪光继电器—转向开关的电源电路中断路;闪光继电器损坏和转向灯开关损坏,可将其重新接好、修理或更换。

3) 左转向时闪光正常而右转向时闪光变快。原因为右转向灯瓦数小;右转向灯有一只灯泡坏或电路有接触不良处,可按规定安装或更换电池。

4) 右转向时,转向灯闪烁正常,但左转向时左前位灯均微弱发光。原因为左前位灯搭铁不良(采用双丝灯泡时),使搭铁良好即可排除。

5) 接通转向灯开关,闪光继电器立即烧坏。发现转向灯开关至某一转向灯之间的电路中有短路搭铁处,找出搭铁处重新绝缘,故障排除。

(2) 制动灯电路故障检修 汽车制动灯受行车制动器控制,常见控制开关分踏板控制式、液压控制式、气压控制式3种,如图4-49所示。典型故障诊断方法如下。

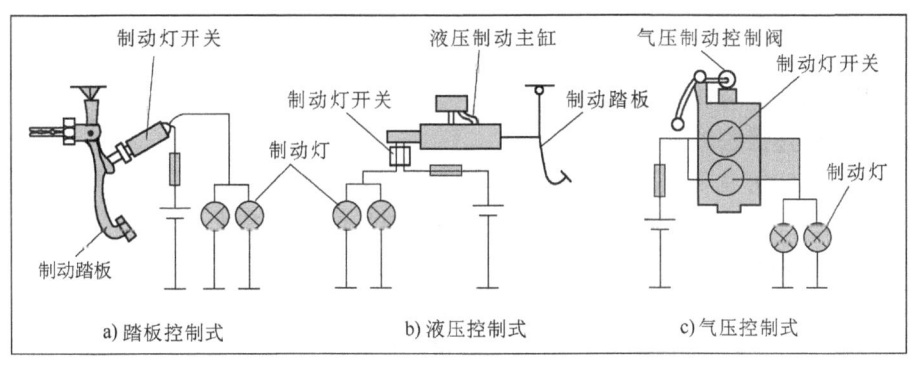

图4-49 制动灯电路

1) 全部制动灯不亮。可先查制动灯熔丝,再查灯丝是否烧断,灯座是否接触不良。若上述情况正常,可短接制动灯开关,若灯变亮,说明制动灯开关坏;若仍不亮,应用试灯查电路是否断路。

2) 单边制动灯不亮。应查该制动灯是否烧断,灯座是否接触不良,该侧灯线是否折断。

3) 开示宽灯时尾灯亮,但踩下制动踏板时,尾灯反而灭。该现象的原因为该尾灯双线灯泡搭铁不良。

4) 制动灯常亮。松开制动踏板,制动灯常亮,这种故障一般出在踏板控制式制动灯开关上。应检查踏板能否回位,开关中心顶柱是否磨损或开关内部是否短路。

(3) 倒车灯、倒车报警器电路故障检修 倒车灯常见故障有以下3种。

1) 倒车灯不亮。先查看倒车灯熔丝是否烧断；若完好，可将倒车灯开关短接，短接后灯变亮，说明倒车灯开关失效；短接后灯仍不亮，可查倒车灯灯丝是否烧断，灯座是否接触不良；最后用试灯查电路是否断路。

2) 倒档挂不进。遇此故障，可旋出倒车灯开关再重挂，挂进了说明倒车灯开关钢球卡死、漏装垫圈或垫圈太薄；重挂挂不进，说明变速器有故障。

3) 仅倒档倒车灯不亮，其余档位倒车灯全亮。常开式与常闭式倒车灯开关装反了。

倒车报警电路故障的诊断方法同上。发现倒车报警器失效，一般做换件处理。在有电子配件来源的情况下，可拆开报警器外壳，检查各分立元件的性能并修复使用。

2. 声音信号

(1) 电喇叭不响　造成电喇叭不响的原因有按钮触点烧蚀、接触不良、继电器触点接触不良或线圈烧断、引线脱落、电喇叭内部不良等，按上述原因逐一检查。

(2) 电喇叭常响　电喇叭常响的常见原因有：按钮卡死、继电器触点烧结、继电器按钮线搭铁。遇常响故障时，应及时拔下喇叭熔丝制止长鸣现象，然后按上述原因所在部位逐点检查。

(3) 电喇叭变音　电喇叭变音常见现象是双音电喇叭变为单音，这种故障只要查出单只不响的原因，加以调整或更换即可消除。若变音是电喇叭发音沙哑，应检查：

1) 膜片厚度不均匀、破裂、高低音膜片混用(高音电喇叭膜片较厚)。

2) 传声筒或共鸣板破裂。

3) 铁心空气间隙不当。

4) 触点压力不当。

5) 灭弧电阻或电容器失效。

6) 振动部件连接松旷。

7) 电喇叭固定方法不当。电喇叭与车架等支座不得刚性连接，应用缓冲钢片或橡胶垫，螺旋形电喇叭传声筒及盆形电喇叭振动片不得与其他物体相碰。

3. 电喇叭的调整

(1) 音调的调整　改变铁心空气间隙，可以改变电喇叭发音频率(即音调)。螺旋形电喇叭铁心空气间隙可掀开半球形盖后用塞尺测量，低音电喇叭为 1.0~1.3mm，高音电喇叭为 0.9~1.1mm。需调整时，结构不同，其方法也有差异。

图 4-50a 所示的电喇叭，拧动上下调整螺母，铁心即上升或下降，从而改变铁心与振动块的间隙。如图 4-50b 所示，先转动振心，调整与铁心之间的间隙，接着用螺母紧固，然后拧松调整螺母，使弹簧片与振心平行。调后应使振心四周间隙均匀，以免两者工作时相碰产生杂声。

调整盆形电喇叭铁心气隙时应先松开锁紧螺母，然后旋转音调调整螺栓(铁心)，如图 4-51 所示。

(2) 音量的调整　改变触点压力可以改变音量，检验时触点预压力是通过校验工作电流是否与额定电流相符来判定的。

若工作电流大于额定电流，说明触点压力过大，应调小；若工作电流小于额定电流，说明触点压力小，应调大。螺旋形电喇叭触点预压力调整时，应先拧松中心螺杆上的锁紧螺母，然后转动调整螺母。往里拧，触点压力减小，反之则触点压力增大。

第四章 照明及信号装置系统

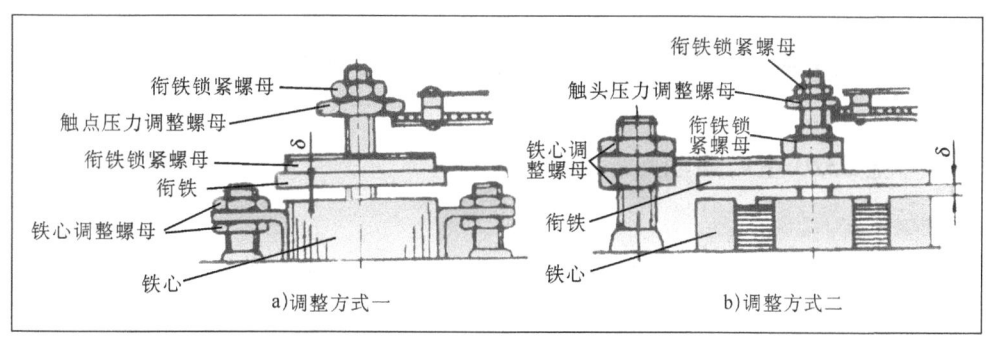

图 4-50 调整螺旋形电喇叭

可旋转音量调节螺钉(逆时针方向转动时,音量增大)进行调整。调整时不可过急,每次只需对调节螺母转动1/10圈。

电喇叭音量和音质调整并不是完全独立的,它们两者实际上是相互关联的,因此两者需反复调试才会获得最佳效果。

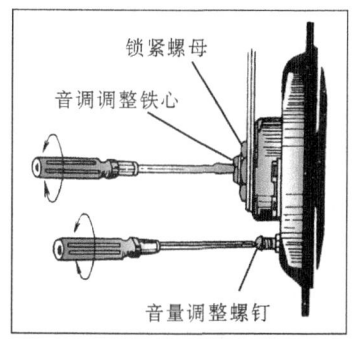

图 4-51 调整盆形电喇叭

四、灯光电路断路、短路的检测

1. 灯光电路断路的检测方法

自制一小试灯(车用灯泡2~5W),一端焊铁夹,另一端为触针。铁夹搭铁,触针依次接触从点火开关到用电器之间的开关、熔丝、插接器等,试灯应点亮,否则表明在亮与不亮之间的电路上存在断路故障,如图4-52所示。

2. 灯光电路短路的检测方法

当闭合开关时,若熔丝烧断,不能只更换熔丝,应检查漏电情况。断开用电器的搭铁,试灯铁夹夹到电源正极,触针分别接触从电源正极到用电器正极之间的电路,试灯应不亮,否则表明在不亮与亮(甚至微亮)之间的电路上有短路现象,检测电路如图4-53所示。

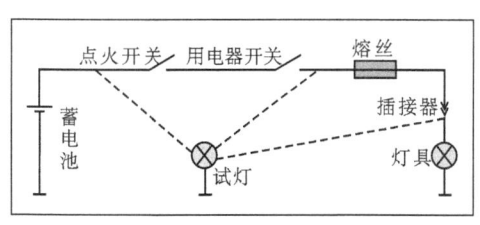

图 4-52 灯光电路断路检测电路

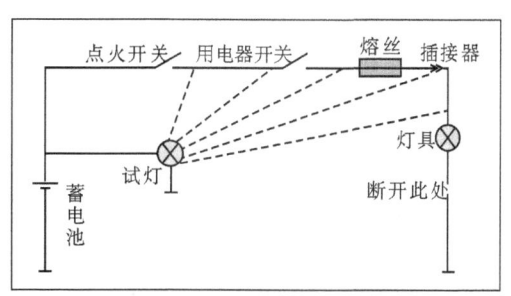

图 4-53 灯光电路短路检测电路

第四节　照明信号系统的故障维修案例

一、奔驰 S320 室内照明灯不亮

☞ **故障现象**

奔驰 S320 仪表板夜间照明正常，而其他开关照明不亮，前烟灰缸照明正常。

☞ **故障诊断与排除**

首先分析电路，由灯光开关直接供给前烟灰缸，一路由仪表板内的调光器供给仪表和其他开关照明。经分析灯光开关无故障，调光器到其他开关照明的主线断路故障很可能为仪表。不拆插接器，测试经调光器出来的照明主线没有电压，故可判断故障在仪表板内部。拆开检查，发现仪表板有一处电路烧断，经检查就是调光器与外电路相连处断路。用电烙铁焊好，试车故障排除。但是百思不得其解，为什么不烧熔丝而烧电路板？于是查找电路图，给其供电的是一个 7.5A 的 9 号熔丝。经查此车上的 9 号熔丝为 15A，在熔丝处测试，调光器最亮时电流为 4.9A（经推测很有可能是由于间歇性对地短路导致烧熔丝，故换成大熔丝 15A）。于是拆下大熔丝换上 7.5A 熔丝，试车一段时间后，一切正常。

但是当天晚上车主把车开回来说，车内照明全没了，连仪表板照明也没了。查熔丝，果然 9 号熔丝烧断了。因此，怀疑此电路有间歇性对地短路，于是等待故障重现。打着车，打着小灯，用手轻敲各个有可能出现故障的部位，没有变化；当无意中关前排乘客车门时车内照明突然没了，可以肯定熔丝烧断，故障很可能是前排乘客侧车门照明电路有故障。为了再次验证故障，又插上一个熔丝，一开小灯，没有马上烧而是照明暗了 2s，然后才烧断熔丝，这说明对地短路处是局部短路。于是打开小灯，然后马上关闭，防止熔丝烧断。在这个很短的时间内观察到驾驶照明正常，前排乘客侧后门电动椅开关没有照明，而正常时应有照明。于是断定故障在后侧车门照明电路，经查为照明电路在玻璃升降器处磨破，有时对地短路，有时不短路，处理电路后，故障彻底排除。

二、红旗轿车前照灯不亮

☞ **故障现象**

一辆红旗 CA7200E3 型轿车，由于前照灯不亮进厂检修。车主说，可能是前照灯开关的故障，因以前烧坏过一次，用砂纸把触点处理了一下，能使用，随后又加装一套前照灯增亮器，以减小开关的电流负荷，保护前照灯开关。前几天出现前照灯时亮时不亮，但摇动几下开关手柄又能点亮，现在无论怎么摇动也不能点亮前照灯。

☞ **故障诊断与排除**

经检查确认后，的确为开关问题，更换一新开关后检查开关各项功能。其中，小灯功能不正常，开小灯时小灯能点亮，而前照灯点亮时小灯反而不亮了，看来是新的开关质量问题，又拿了另一个品牌的开关装复。在试车的过程中又发现了新的问题：正常情况下，前照灯开关第 1 档时小灯点亮，第 2 档小灯、前照灯同时点亮，由第 2 档返回到 1 档时前照灯熄灭，小灯依然点亮。但该车开关从 0→1→2 档正常，从 0→1→2→1 档时就不正常了，前照灯依然不能熄灭。问题出在电路上，打算排查电路，找来该车型的电路图进行分析，电路如

图 4-54 所示。

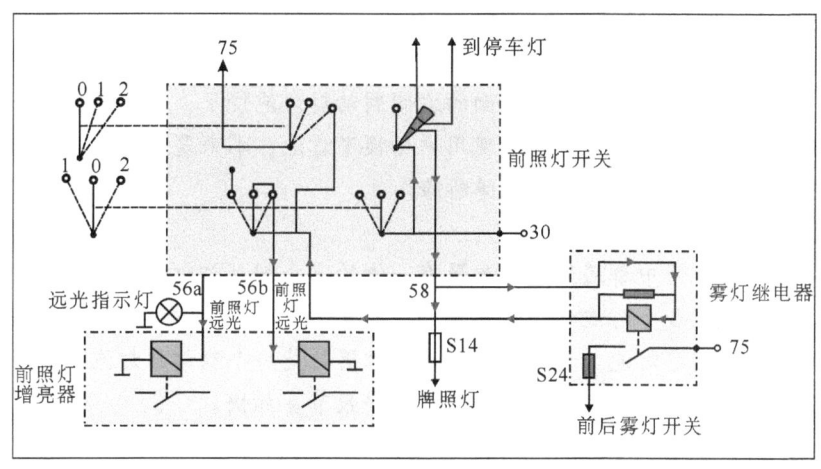

图 4-54　CA7200E3 型轿车前照灯电路(仅供参考)

当开关从 0→1→2→1 档时,前照灯虽不熄灭,但拨动变光开关时,前照灯又能熄灭。从电路中可以看出,当开关处于 1 档小灯打开位置时的电流流动方向:雾灯继电器、前照灯灯泡(增亮器)搭铁形成回路,但雾灯继电器与前照灯增亮器中的继电器线圈呈串联状态,不能使继电器吸合,故前照灯不亮,当开关处于 2 档前照灯打开位置时,雾灯继电器被短路,而增亮器继电器接通电源闭合使前照灯点亮,但为何 2 档返回到 1 档前照灯就不能熄灭了呢?笔者的理解是,当开关处于 1 档时,两个继电器线圈串联电流不足以使继电器触点闭合;开关处于 2 档时,增亮器继电器触点已闭合;再返回到 1 档两个继电器线圈中仍有电流,只不过电流小些而已,但继电器的闭合电流使触点保持闭合的电流要大,就好像起动机的磁力开关一样,吸引线圈比保持线圈所需的电流更大一样。为了证实分析的正确性,把雾灯继电器拔掉再试,不再出现关不掉前照灯的现象。看来,问题就在加装的增亮器上,只是以前车主没发现有关不掉前照灯的现象而已,因为习惯性的操作就是从 0→1→2 档,但关闭时一般都是从 2→0 档。

找到了根本原因,也就找到了解决问题的根本方法。虽然方法有多种,但在这里介绍一种最简单的处理办法,即一边用原车的前照灯线束,一边用增亮器线束。这样,既减少了开关及电路的电流负荷,又能正常使用开关。此种情况出现在有前后防雾灯的红旗及部分奥迪 100 车型上,望同行们在维修中注意。

三、奇瑞轿车右侧转向灯闪烁频率不正常

车型:SQR/160CL

行驶里程:60000km

可能原因:①转向灯开关损坏;②电路故障;③其他方面故障。

☞ 故障现象

向左转向时打开转向灯开关,3 个转向灯工作都很正常;右侧转向灯打开后,3 个转向灯快节奏地闪烁。

☞ 故障诊断与排除

1）检查转向灯开关，没发现有任何异常。

2）对照电路图检查电路，逐步排除，结果电路部分很正常；通过与车主交流，得知这种问题也是近期才出现的，昨晚发现后面的右侧制动灯灯泡烧了，自己换了一个。我们根据他说的话打开后尾灯固定部分灯座，发现用户错换了灯泡，本来是制动灯灯泡烧了，但用户却将转向灯灯泡换掉了，更换灯泡后故障排除。

☞ 故障分析

也许大家在日常维修中都遇到过，如果有一侧的3个制动灯灯泡烧坏一个，就会出现类似现象，而该车的右侧3个灯泡都正常发光，这也是迷惑人的地方，大家都从转向灯开关和电路上找原因，却忽视了灯泡。奇瑞的制动灯与位置灯是一个双灯丝灯泡，装在转向灯座上以致两根灯丝同时发光，因而改变了闪烁频率，导致节奏加快。

四、巧修组合开关，排除电喇叭不响故障

☞ 故障现象

一辆日本产丰田考斯特（COASTER）客车，按下转向盘上的电喇叭开关时，电喇叭不响。根据故障现象初步判断造成该故障的原因有电喇叭熔片熔断、电喇叭损坏、电喇叭开关故障及电路故障等。

☞ 故障分析

首先检查熔断器盒中的电喇叭熔片，发现并未熔断。然后脱开电喇叭线束侧插接器，将试灯一端搭铁，另一端分别测试插接器的两个端子，发现其中一个端子有电，说明电路的电源正常。将电喇叭插接器连接好，把没有电的那根导线用试灯搭铁，这时电喇叭发声响亮。检查结果表明，电喇叭及其电路均正常，那么故障可能发生在电喇叭开关或转向盘下的导电集电环上。

将转向盘拆下来，用导线一端搭铁，另一端触发组合开关上的电喇叭弹性导电柱，电喇叭也响。用万用表的电阻档测量转向盘上的电喇叭开关，发现该开关正常。目测转向盘下面的导电集电环也完好无缺。再检查组合开关，发现电喇叭导电柱已严重磨损。由于它的过度磨损而无法与转向盘下面的导电集电环正常接触，所以造成电喇叭搭铁回路断路的故障，使得当按下电喇叭开关时，电喇叭不响。

经检查组合开关其他功能正常，若换上一只新的组合开关，不仅价格较高，而且很难买到，因此决定对该组合开关进行修复。脱开组合开关的线束侧插接器，把组合开关从转向柱上拆下，再将电喇叭导电柱从组合开关上拆下（该柱和转向回位弹簧用卡环固定在组合开关的小孔内）。用直径为2mm的小钻头在导电柱的中心钻一深度为4mm的小孔。取一直径略大于2mm的铜螺钉或铜铆钉，用平锉加工后插入该小孔内，再用锡焊加固。把修复的导电柱用砂轮将其顶部磨成球形，这样增加导电柱顶部高度的修复工作就完成了。

☞ 故障排除

把导电柱和回位弹簧用卡环固定在组合开关上的小孔内。再把组合开关复位装好，并将其插接器接上，装好其他的部件。此时按下转向盘上的电喇叭开关，电喇叭发声响亮。故障彻底排除。

第四章 照明及信号装置系统

教你一招

安装转向盘时要注意两点：一是转向灯开关回位机构在组合开关上的车型，安装转向盘时一定要把组合开关上的驱动柱和转向盘下面的驱动孔对准；二是转向盘安装位置要正确，符合驾驶人的驾驶习惯。最有效的方法是在安装转向盘时先不要拧紧固定螺母，让汽车直线行驶，然后看转向盘的位置，如不正确，加以调整后将固定螺母拧紧。

第五章

仪表和警告灯信号系统

第一节 认识仪表板

仪表系统可以帮助驾驶人随时了解汽车主要系统的运行工况,及时发现问题,排除故障,正确地使用汽车,防止事故的发生。仪表系统中的各种仪表和指示灯,反映汽车一些重要的运行状态参数,必要时提出警示。仪表和指示灯安装在驾驶室前方仪表板上。

一、仪表

1. 转速表

转速表指针根据来自点火器的信号移动,表示发动机转速,如图5-1所示。

2. 车速表

车速表指针按照来自车速传感器的信号移动,表示车辆行驶速度,如图5-2所示。

3. 冷却液温度表

冷却液温度表指针按照来自传感器的信号移动,表示发动机冷却液温度,如图5-3所示。

图 5-1 转速表

图 5-2 车速表

图 5-3 冷却液温度表

4. 燃油表

燃油表指针按照来自传感器的信号移动,表示燃油箱的剩油量,如图5-4所示。

5. 机油压力表

传感器所产生的脉冲电流随机油压力的不同而改变时,依次引起流经指示仪表的电流和双金属片的曲率发生变化,使指针指示出机油的压力值,指示发动机润滑系统的工作压力,如图5-5所示。

6. 电流表

被测电流改变时,依次引起流经指示仪表的电流及其与永久磁铁所形成的合成磁场发生

第五章 仪表和警告灯信号系统

变化，使指针指示出电流的大小，指示蓄电池充电和放电的电流强度，监视电气系统的工作状况，如图5-6所示。

图5-4 燃油表

图5-5 机油压力表

图5-6 电流表

二、警告灯

警告灯通常安装在仪表上，灯泡功率一般为1~4W，在灯泡前设有滤光片，使警告灯发红光或黄光，滤光片上通常有标准图形符号，常见的警告灯图形符号及作用如表5-1所示。

表5-1 常见的警告灯图形符号及作用

图形	名称	作用
	蓄电池液面过低警告灯	蓄电池的液面比规定量低时灯亮
	机油压力过低警告灯	开启点火开关时该指示灯即闪烁。发动机起动后应熄灭。如果在起动后该灯未熄灭或在行驶途中发动机转速超过2000r/min时该灯闪烁，请立即停车，将发动机熄火并检查发动机机油油位。如果油位过低，应立刻添加
	充电警告灯	开启点火开关时亮起。发动机起动后应熄灭。如果该灯未熄灭或在行驶途中亮起，应立即停车，关闭发动机，检查发电机传动带。如果发电机传动带正常，但行驶中蓄电池仍持续放电，此时应关闭所有不必要的用电器，包括空调系统
	冷却液温度警告灯	当发动机冷却液温度高到一定程度时，警告灯自动点亮，发出警告
	预热指示灯	点火开关闭合时灯亮，预热结束时灯灭
	燃油滤清器积水警告灯	燃油滤清器内积水时灯亮
	远光指示灯	使用前照灯远光时灯亮

(续)

图形	名称	作用
	散热器液面不足警告灯	散热器的液面比规定的少时灯亮
	转向指示灯	分为左转向信号指示灯和右转向信号指示灯。打开左转向灯或右转向灯的同时,相应的转向信号指示灯也随之一起闪烁(较慢)。当开启危险闪光警告灯时,左右转向灯和左右转向信号指示灯将同时闪烁。如果转向信号指示灯的闪烁频率加快一倍,表明相应转向灯出现故障
	驻车制动警告灯	打开点火开关,该灯才起作用。拉上驻车制动,该灯将保持点亮
	制动系统警告灯	打开点火开关,该灯才起作用。拉上驻车制动,该灯将保持点亮。如果在释放驻车制动之后仍然点亮,表示制动液液位过低
	燃油过少警告灯	当燃油箱内油量不足10L时,该灯即点亮报警,同时燃油表指针将指向红色警报线。当警告灯亮起时,请尽快补充燃油
	安全带警告灯	在点火开关打开时,如果驾驶人没有系安全带,则该警告灯亮,提示驾驶人系好安全带
	车门未关警告灯	位于仪表中央时钟显示屏的中央。点火开关打开时,如果车门或行李箱盖未正确关闭,此灯将显示四门和行李箱盖的状态
	制动灯或后示位灯失效警告灯	制动灯或后示位灯断路时灯亮
	洗涤器液面过低警告灯	洗涤器液面过低时灯亮
	安全气囊警告灯	在点火开关打开时,故障检查指示灯应闪烁6次后熄灭,如果故障指示灯持续亮6s后熄灭则表示存有故障码,但是不影响安全气囊系统正常工作
ABS	防抱死制动失效警告灯	ABS电控部分有故障时灯亮
CHECK	发动机故障警告灯	当点火开关打开时,该警告灯点亮,发动机电控系统处于自检状态。如果该系统没有故障,则在起动发动机后警告灯灭;如果警告灯一直亮则必须检查发动机

三、电子显示装置

汽车上的电子显示装置,主要就是组合仪表。由多种仪表和指示灯集中组合在仪表

第五章 仪表和警告灯信号系统

板上，安装于驾驶室前方，驾驶人根据仪表板上组合仪表的信息，可以了解当前汽车运行状态，及时发现异常，排除故障，文明安全地行驶。各种车型的仪表板和仪表如图 5-7 所示。

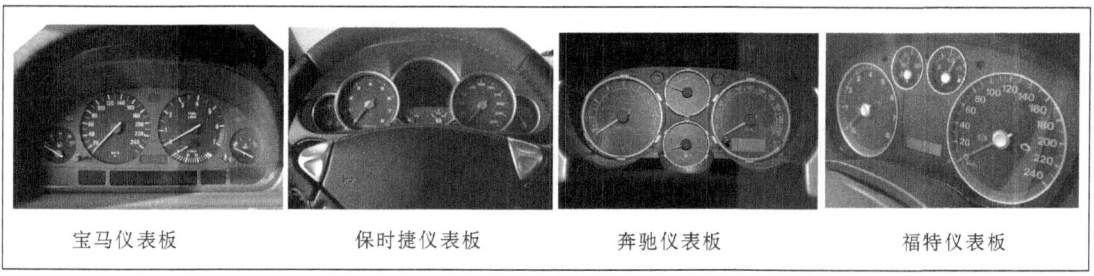

图 5-7 各种车型的仪表板和仪表

仪表板因车型的不同其外观也不同。但其基本构成却大同小异，包括转速表、车速表、里程表、燃油表等各种仪表和转向指示灯、故障指示灯等多种指示灯。图 5-8 所示为广州本田雅阁汽车仪表板。

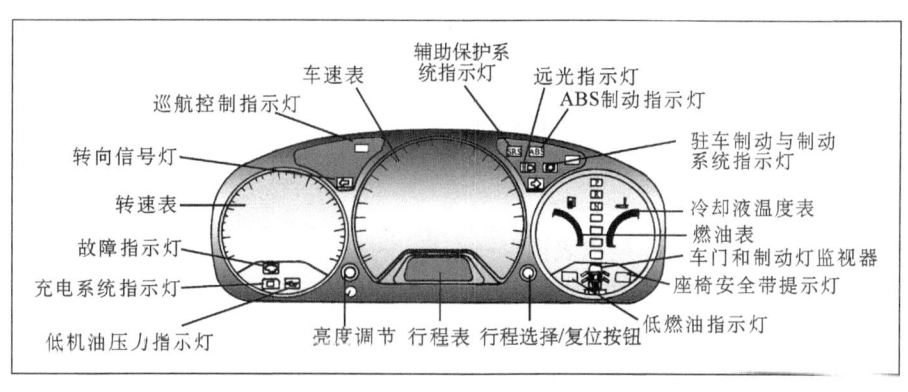

图 5-8 广州本田雅阁汽车仪表板

第二节 仪表的构造及工作原理

一、车速里程表

1. 磁感应式车速里程表

它没有电路连接，由汽车的变速器或分动器经软轴驱动仪表的主动轴。

汽车行驶时，主动轴带动 U 形永久磁铁旋转，在感应罩上产生涡流。涡流受永久磁铁作用产生转矩，驱使感应罩克服盘形弹簧弹力做同向偏转，从而带动指针在刻度盘上指示相应的车速值。车速越快，永久磁铁旋转越快，感应罩上的涡流转矩越大，感应罩带着指针偏转的角度越大，指示的车速值也越大。

里程表主动轴旋转还带动 3 套蜗轮蜗杆按一定传动比传动，从而逐级带动数字轮转动，

109

计数器为十进制。计数器的结构和原理如图5-9所示，右边数字轮每旋转一周，相邻的左边数字轮指示数便自动增加1，从右往左其单位依次为1/10km、1km、10km……

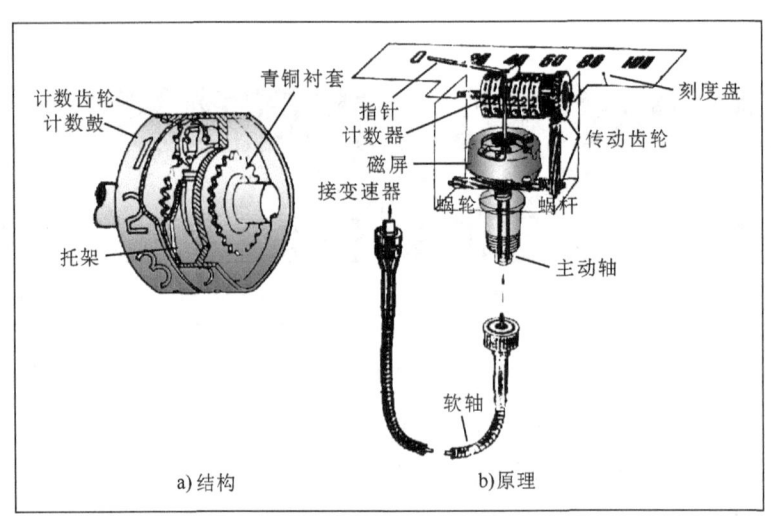

图5-9 磁感应式车速里程表计数器

汽车停驶时，永久磁铁以及蜗轮蜗杆均停止转动，感应罩上的涡流转矩消失。在盘形弹簧作用下使转速表指针回到0位置，同时里程表也停止计数。

注意：车速里程表的示值直接受车轮半径的影响，不同半径车轮车辆的车速里程表不能互换使用。

车速里程表分为车速表和里程表两部分。车速表为磁力式车速表，由软轴、3对蜗轮蜗杆、中间齿轮、单程里程计数器、总里程计数器和复零机构组成，软轴与变速器输出轴齿轮相啮合。车速表上有一条红色标志线（约45km/h处），当车速表指针接近此标志线时，应将变速器换入高档行驶，以便节约燃油和降低噪声。仪表板上的两个计数器中，上面一个计数器共有6个计数轮，记录总行驶里程；下面一个计数器共有4个计数轮，记录短程行驶里程，按下车速表下方的复零按钮，可将短程计数器复零，如图5-10所示。

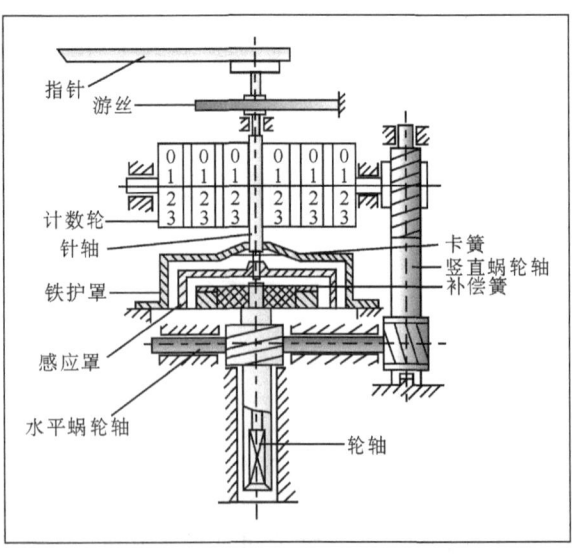

图5-10 机械传动磁铁式车速里程表

在汽车行驶时，由变速器输出轴齿轮啮合的软轴，驱动3对蜗轮蜗杆转动，由第三个蜗轮带动总行驶里程计数器最右边一个计数轮转动，并从右至左逐级驱动其余5个计数轮。在单程计数器的右边，一个计数轮由总行驶里程计数器上的右边一个计数轮通过中

间齿轮驱动,并从右至左逐级驱动其余 3 个计数轮。两种里程计数器的任何一个计数轮转动一圈,就使其左边相邻的计数轮转动 1/10 圈,从而累计出行驶里程。

2. 电子式车速里程表

桑塔纳 2000 型汽车采用的是电子式车速里程表(图 5-11)。它从变速器后部的传感器中取得脉冲信号,通过导线输送给指示器,避免了机械式车速里程表用软轴传输转矩所带来的诸多弊病,并具有精度高、指针平稳和寿命长等特点。车速表由永久磁铁、矩形塑料框内线圈、针轴、游丝组成。里程表由电子模块、步进电动机、机械计算器组成。

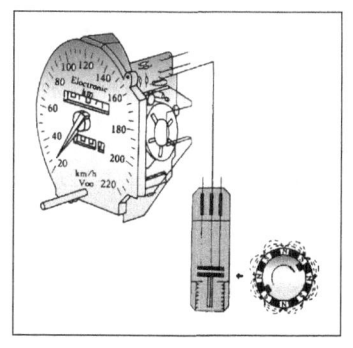

图 5-11 电子式车速里程表

二、转速表

发动机转速表用来测量发动机的曲轴转速。转速表按结构可以分为机械式和电子式。现代汽车应用最广泛的是电子式转速表。比较常见的电子式转速表都是从点火系统获取转速信号,图 5-12 是其接线图。

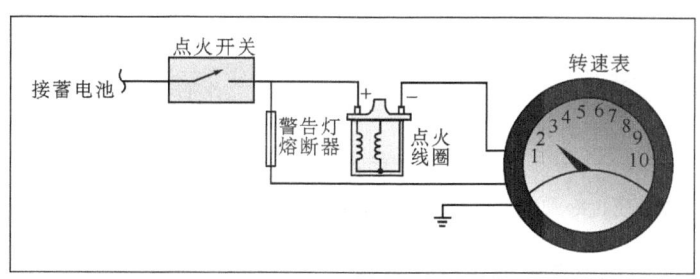

图 5-12 从点火系统获取转速信号的电子式转速表接线图

利用电容充放电的脉冲式电子转速表的电路如图 5-13 所示,由断电器触点产生信号。当发动机工作时,分电器触点不断开闭,其开闭的次数与发动机的转数成正比。当触点闭合时,晶体管 VT 无偏压而处于截止状态。电容 C_2 被充电,电流流向为蓄电池正极→电阻 R_3→电容 C_2→二极管 VD_2→蓄电池负极。

当触点分开时,晶体管 VT 的基极电位接近蓄电池正极而导通,此时电容 C_2 便通过晶体管 VT、转速表测量机构 M 和二极管 VD_3 构成放电电路,从而驱动转速表测量机构。

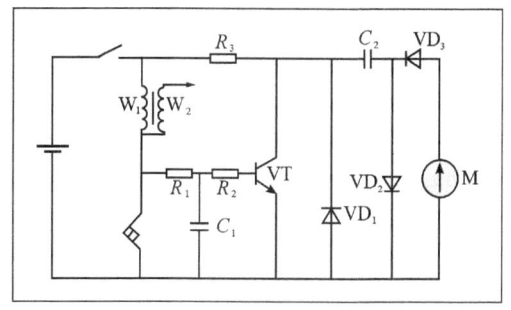

图 5-13 电容充放电的脉冲式电子转速表电路

当触点不断开闭时,对电容 C_2 不断充放电,放电电流平均值与发动机转速成正比,通过转速表测量机构(毫安表)指示发动机的转速。

三、冷却液温度表

冷却液温度表用来指示发动机冷却液的工作温度。由装在仪表板上的冷却液温度表和冷却液温度传感器（俗称感温塞）两部分组成。

根据冷却液温度表类型及其配套传感器类型的工作原理，冷却液温度表可分为：双金属式冷却液温度表和双金属式传感器；双金属式冷却液温度表与热敏电阻式传感器；电磁式冷却液温度表与热敏电阻式传感器；动磁式冷却液温度表与热敏式传感器4种形式。其中双金属式冷却液温度表与双金属式传感器已趋于淘汰。

1. 双金属式冷却液温度表与热敏电阻式传感器

双金属式冷却液温度表、热敏电阻式传感器与电源稳压器配套的工作原理如图5-14所示。

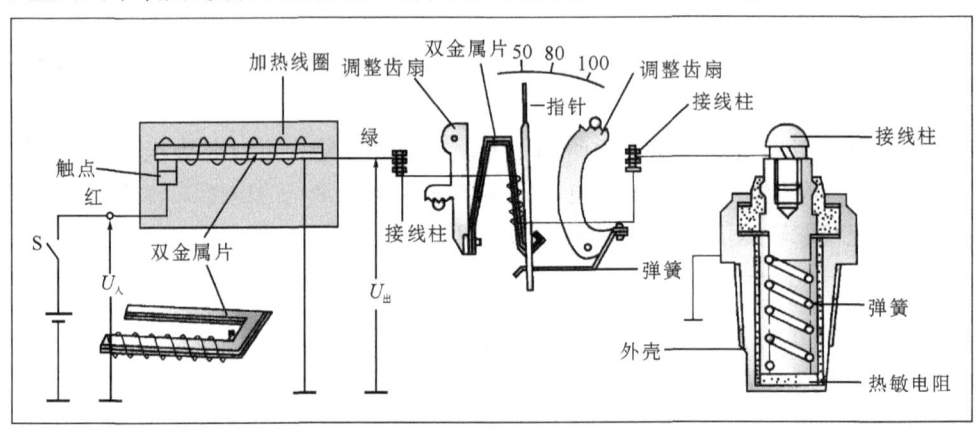

图5-14 双金属式冷却液温度表、热敏电阻式传感器与电源稳压器配套的工作原理

接通点火开关，电流由蓄电池正极经点火开关到达稳压器触点后分为两路，一路经稳压器加热线圈搭铁构成回路；另一路经指示表的加热线圈、热敏电阻等构成回路。当发动机冷却液温度较低时，传感器的热敏电阻阻值大，所以电路中电流的有效值小，则温度表中双金属片弯曲变形小，使指针指向低温。当冷却液温度升高时，热敏电阻阻值变小，电路中电流的有效值变大，温度表的双金属片弯曲变形增大，使指针指向高温。

2. 电磁式冷却液温度表与热敏电阻式传感器

电磁式冷却液温度表与热敏电阻式传感器配套工作的冷却液温度表工作原理如图5-15所示。

当接通点火开关时，电流一路经左线圈搭铁构成回路；另一路经右线圈、传感器热敏电阻搭铁构成回路。这时左、右线圈各形成一个磁场同时作用于转子，转子便在合成磁场的作用下转动，使指针指在某一刻度上。当电源电压不变时，通过左线圈的电流不变，因而它所形成

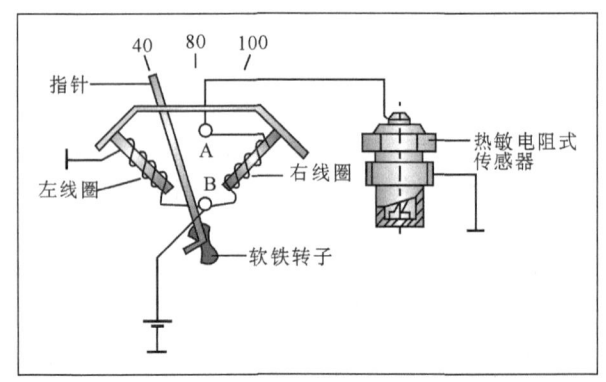

图5-15 电磁式冷却液温度表与热敏电阻式传感器配套工作的冷却液温度表工作原理

第五章 仪表和警告灯信号系统

的磁场强度是一个定值。而通过右线圈的电流则取决于与它串联的传感器热敏电阻值的变化。当液温较低时,热敏电阻阻值大,右线圈中电流小,磁场弱,合成磁场主要取决于左线圈,使指针指在低温处。当液温升高时,传感器的电阻减小,右线圈中的电流增大,磁场增强,合成磁场偏移,转子带动指针转动指向高温区。

3. 动磁式冷却液温度表与热敏电阻式传感器

动磁式冷却液温度表结构及工作原理如图5-16所示,主要由永久磁铁、指针永久磁铁、3个电磁线圈和安装在指针永久磁铁上的指针组成。不通电时,指针在永久磁铁作用下使指针回零。接通点火开关,电流从蓄电池正极出发,一路经线圈2和3通过电阻搭铁构成回路;另一路经线圈1、传感器热敏电阻搭铁构成回路。这时,3个线圈各形成一个磁场并同时作用于指针永久磁铁,指针永久磁铁便在合成磁场的作用下转动,使指针指在某一刻度上。液温较低时,热敏电阻阻值大,线圈1中电流小,磁场弱,合成磁场主要取决于线圈2和3,使指针指在低温处。液温升高时,传感器的电阻减小,线圈1中的电流增大,磁场增强,合成磁场偏移,转子带动指针转动指向高温处。

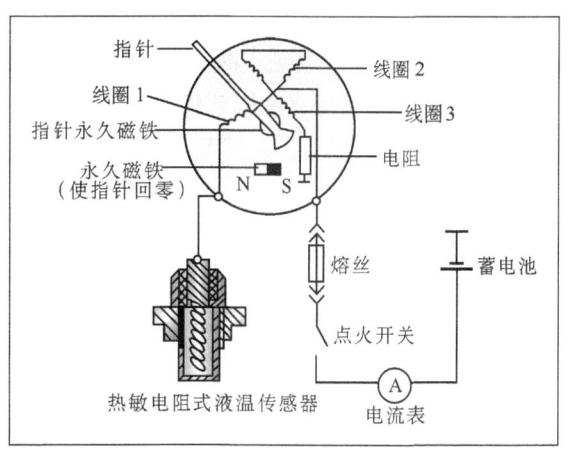

图5-16 动磁式冷却液温度表结构及工作原理

冷却液温度表的作用是正确指示发动机冷却液的温度,正常指示值一般为80~105℃。由装在仪表板上的温度指示表和装在发动机水套上的冷却液温度传感器配合工作。

四、燃油表

燃油表用来指示油箱内储蓄油量的多少。它由装在仪表板上的燃油指示表和装在燃油箱内的传感器配合工作。燃油指示表有电磁式和电热式两种,现代汽车常用电热式燃油指示表和相配套的可变电阻式传感器,如图5-17所示。

当油箱无油时,传感器中的浮子处于最低位置,此时接通点火开关,电流便从蓄电池正极"+"→点火开关→稳压器触点→稳压器双金属片→燃油指示表加热线圈→传感器电阻→滑片→搭铁→蓄电池负极"-"。由于传感器电阻全部串入电路中,流过燃油指示表加热线圈的电流很小,所以双金属片几乎不变形。指针指在0位,表示油箱无油。

当油箱的油量增加时,传感器的浮子上浮,滑片移动,使部分电阻被接入电路,于是流入加热线圈的电流增大,双金属片受热弯曲而带动指针向1方向摆动,指示油量的多少。

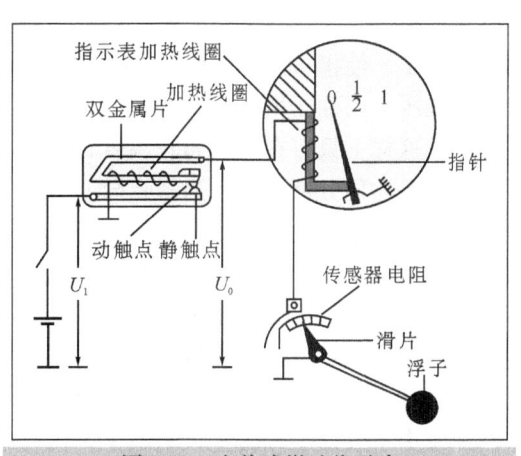

图5-17 电热式燃油指示表

五、机油压力表

1. 机油压力表的构造与工作原理

机油压力表用来指示发动机机油压力的大小。由装在仪表板上的油压表和装在发动机主油道中或粗滤器上的机油压力传感器两部分组成。

油压表及其传感器按其工作原理可分为双金属式油压表与双金属式传感器、电磁式油压表与可变电阻式传感器、动磁式油压表与可变电阻式传感器3种。其中以第一种应用最为广泛。

双金属式油压表与双金属式传感器的构造与工作原理如图5-18所示。

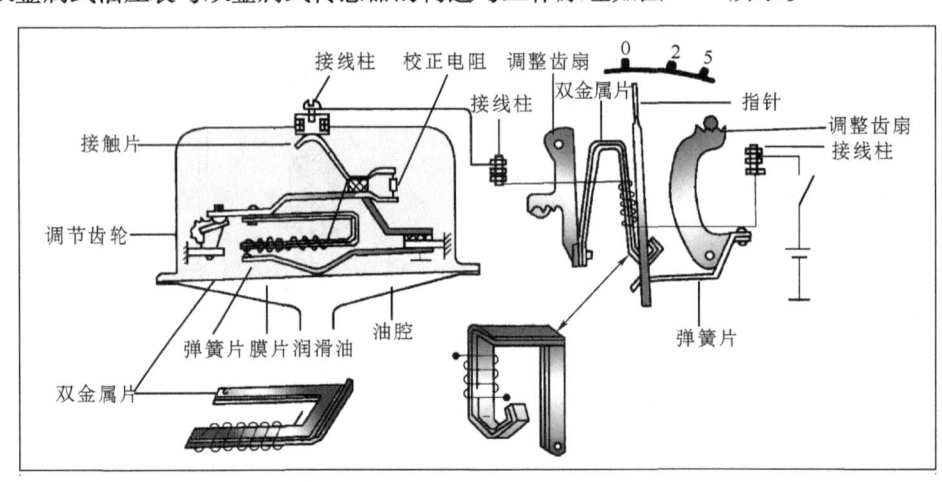

图 5-18 双金属式油压表与双金属式传感器的构造与工作原理

当电源开关接通时，电流经指示表双金属片的加热线圈后，一路经传感器双金属片的加热线圈，另一路经校正电阻。由于电流流过双金属片上面的加热线圈，使双金属片受热变形。如果油压很低，则传感器中的膜片几乎没有变形，这时作用在触点上的压力较小。电流通过不久，温度略有上升，双金属片就弯曲，使触点分开，电路即被切断。

经过一段时间后，双金属片冷却伸直，触点又闭合，电路又被接通。但不久触点又分开，如此循环，开闭频率每分钟5~20次。因此当油压较低时，只要流过加热线圈较小的电流，温度略升高，触点就会分开，这样使触点打开的时间长，闭合的时间短，因而电路中电流有效值小，使指示表中双金属片因温度较低而弯曲程度小，指针向右偏移角度就小，即指出较低油压。当油压增高时，膜片向上拱曲，加在触点上的压力增大，双金属片向上弯曲程度增大，这样，只有在双金属片温度较高时，也就是要加热线圈通过较大的电流，较长的时间后，触点才能分开，而且当触点分开不久，双金属片稍一冷却触点又很快闭合。因此当油压高时，触点断开状态的时间缩短，频率增高，通过绕于双金属片上的加热线圈的电流有效值增加，使双金属片向右弯曲的程度也增大，于是，指针指示较高的油压。

2. 机油压力显示系统

机油压力显示系统包括机油压力表和低机油压力报警系统，分为电磁式、动磁式和双金属片式几种。图5-19所示为电磁式机油压力表，它包括油压指示表和油压传感器两部分。

油压指示表位于驾驶室仪表板上，内有电感不同的主线圈和副线圈及指针。油压传感器则安装在发动机润滑系统主油道上，内有膜片、滑动触点及电阻。当汽车发动机主油道的油

第五章 仪表和警告灯信号系统

压增高时，油压推动膜片弯曲，使滑动触点向左滑动，电阻值减小，故通过主线圈的电流增大。这时电流通过主线圈和副线圈的合成磁场使指针偏向右侧，指示出相应的油压。

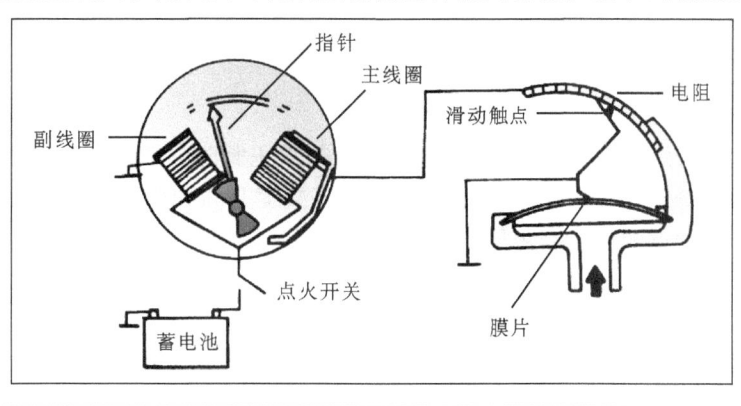

图 5-19　电磁式机油压力表示意图

第三节　警告灯信号装置的构造及工作原理

一、机油压力警告灯

东风 EQ1090 型载货汽车装用的弹簧管式机油压力警告灯的电路如图 5-20 所示。它由装在发动机主油道的弹簧管式传感器和装在仪表板上的红色警告灯组成。传感器为盒形，内有管形弹簧，它的一端经管接头与润滑系统主油道相通，另一端固定着动触点，静触点经接触片与接线柱相连。

当机油压力低于 6~10kPa 时，弹簧管变形很小，触点闭合，接通电路，使警告灯发亮，警告驾驶人机油压力不正常。当机油压力超过 6~10kPa 时，弹簧管变形很大，使触点分开，切断电路，警告灯熄灭，说明润滑系统工作正常。

二、燃油警告灯

如图 5-21 所示，当燃油箱内燃油量多时，热敏电阻元件浸没在燃油中，散热快，其温

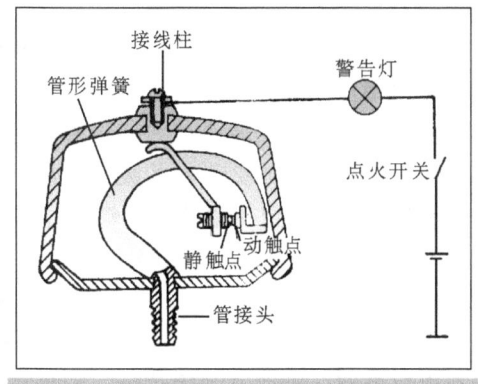

图 5-20　弹簧管式机油压力警告灯的电路

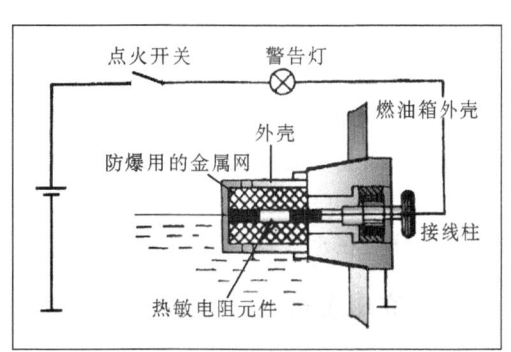

图 5-21　热敏电阻式存油量警告灯

115

度较低，电阻值大，警告灯处于熄灭状态。当燃油减少到规定值以下时，热敏电阻元件露出油面，散热慢，温度升高，电阻值减小，电路中电流增大，则警告灯发亮，提醒驾驶人及时加油。

三、冷却液温度警告灯

冷却液温度警告灯的电路如图 5-22 所示，冷却液正常时，传感器因感温低，双金属片几乎不变形，触点分开，警告灯不亮。如果冷却液温度升高到 95℃ 以上，双金属片则由于温度高而弯曲，使触点闭合，红色警告灯便通电发亮，以警告驾驶人采取适当降温措施。

四、制动器警告灯

制动器警告灯的接线图如图 5-23 所示，点火开关接通时为制动器警告灯提供电源。当制动液液位降低时，内置的永磁磁环的浮子同时下降，液位传感器内的舌簧开关闭合，使制动器警告灯负极搭铁，制动器警告灯点亮提示制动系统有故障。另外，在停车时，制动器警告灯在驻车制动开关闭合时也点亮。图 5-23 中并联在舌簧开关上的电阻器(约500Ω)是为了防止烧坏开关触点而设置的。

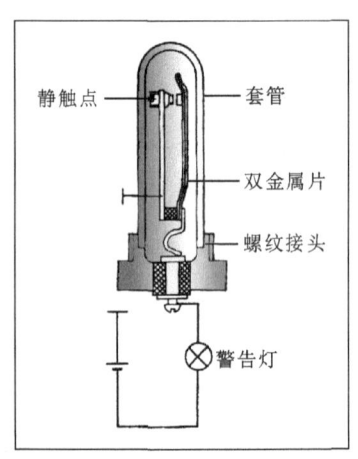

图 5-22　冷却液温度警告灯的电路

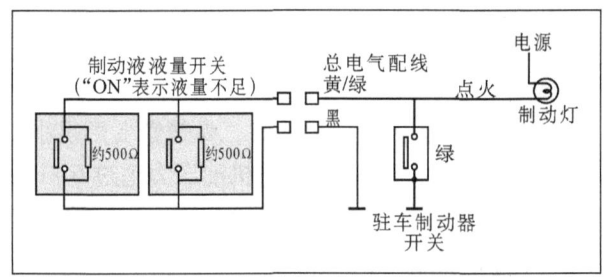

图 5-23　制动器警告灯的接线图

五、制动液液面警告灯

制动液液面警告灯开关装在制动主缸的储液罐内，如图 5-24 所示。外壳的外面套装着浮子，浮子上固定有永久磁铁，外壳内部装有舌形开关，舌形开关的两个接线柱与警告灯和电源相连。当制动液液面在规定值以上时，浮子浮在靠上的位置，永久磁铁的吸力不足，舌形开关在自身的弹力作用下保持断开的状态；当制动液液面下降到一定值时，浮子位置下降，舌形开关在永久磁铁吸力作用下闭合，警告灯点亮。

六、充电警告灯

此灯点亮，说明充电系统出现故障，应及时检查电气电路，查明并消除故障。如果在发动机运行时突然闪亮，应立即停车并关闭发动机，检查发电机的传动带是否松脱或断裂。如

第五章　仪表和警告灯信号系统

果传动带已有破损就要小心驾驶，并立即开到修理厂更换传动带，如图5-25所示。

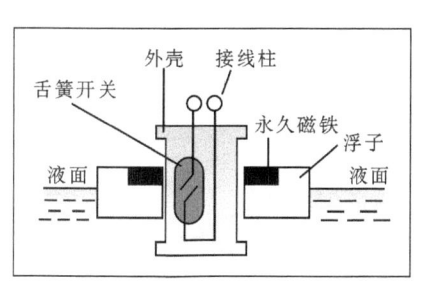

图5-24　制动液液面警告灯开关

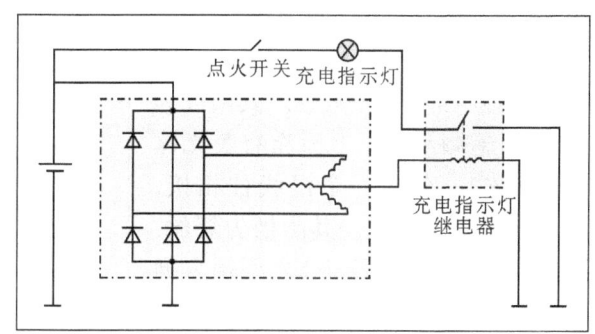

图5-25　充电警告灯控制电路图

第四节　汽车电子显示装置的构件

一、发光二极管

发光二极管（LED）发光的颜色有红、绿、黄、橙，可单独使用，也可用来组成数字、实物和结构，如图5-26所示。在实际应用中，常把它焊接到印制电路板上，以形成数字显示或带色光杆显示，如图5-27所示。图5-28所示为用7只发光二极管组成的数码显示装置。有些仪表则用发光二极管组成光点矩阵型显示器，如图5-29所示。

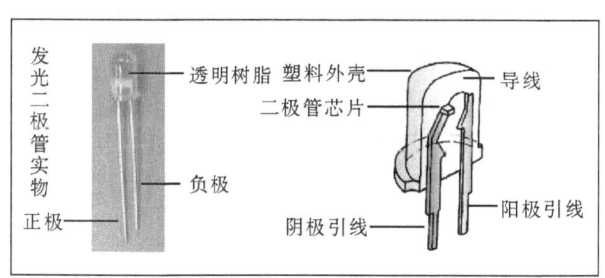

图5-26　发光二极管实物和结构图

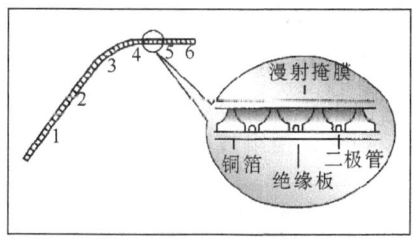

图5-27　发光二极管光杆显示

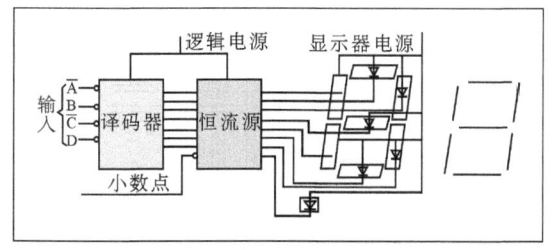

图5-28　发光二极管数码显示装置

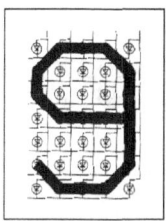

图5-29　发光二极管组成的
光点矩阵型显示器

117

二、真空荧光管

真空荧光管（VFD）的结构和工作原理如图 5-30 所示。图中为汽车用的数字式车速表的真空荧光显示屏，3 位数字。其阳极为 20 个字形笔画小段，上面涂有荧光体（或磷光体）。各与一个接线柱相接，且笔画内部相互连接。其阴极为灯丝，在灯丝与笔画小段（阳极）之间插入栅格，其构造与一般电子管相似。整个装置密封在一个被抽空了的玻璃罩内。

当其阳极（字形）接至电源"+"极，而阴极（灯丝）与电源"-"极相接时，便获得一定的电源电压，其灯丝作为阴极发射电子（在电场力的作用下），栅格便控制着电子流加热并加速，使其射向阳极（字形）。由于玻璃管（罩）内抽成真空，前面装有平板玻璃，并配有滤色镜，故能使通过栅格轰击阳极（字形）的电子激发出亮光，因而能显示出所要看到的东西。

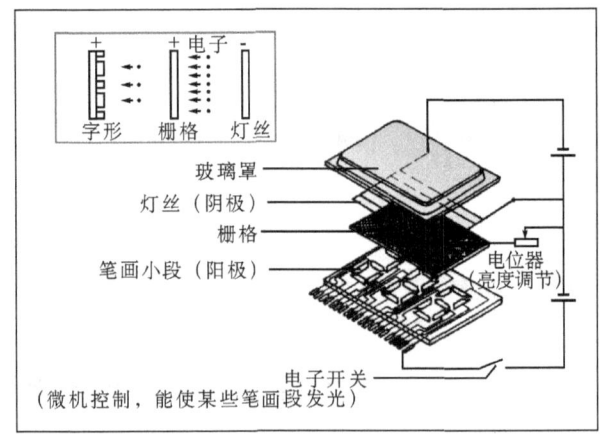

图 5-30　真空荧光管的结构和工作原理

三、液晶显示器

液晶显示器（LCD）是一种新型的非发光型平板显示器件，其结构如图 5-31 所示。它有两块厚约 1mm 的玻璃基板，基板上涂有透明的导电材料，以形成电极图形，两基板间注入主层 5~20μm 厚的液晶，再在两玻璃基板的外表面分别贴上前偏振片和后偏振片，并将整个显示板完全密封，以防湿气和氧侵入，这便构成透射式 LCD。若在后玻璃基板的后面再加上反射镜，便组成反射—透射式 LCD。图 5-32 所示即为反射—透射式 LCD 结构原理示意图。

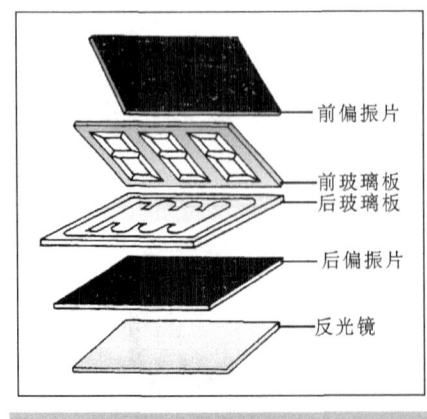

图 5-31　液晶显示结构

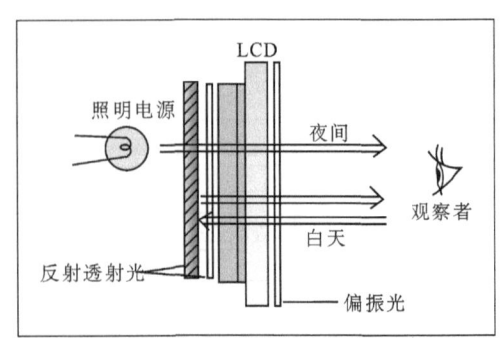

图 5-32　反射—透射式 LCD 结构原理示意图

四、阴极射线管显示器

阴极射线管显示器(CRT)亦称显像管或电子束管。它的结构原理与电视显像管、微机显示系统相同。它有一个发射电子的阴极和一个吸收电子的阳极，电子轰击到屏幕上哪个点，哪个点便发亮，偏转板控制电子束的方向。阴极射线管显示器首次在汽车上应用是在1986年生产的别克汽车上，阴极射线管显示器屏幕是触摸式的，通过触摸屏幕上的按钮(菜单)便能变更显示的内容。

第五节 仪表和警告灯信号系统的故障与检修

一、几种常见故障及排除(以奇瑞轿车为例)

1. 故障一

故障现象：车辆行驶时，车速里程表不工作或车速表指示与实际车速存在较大误差。

故障原因：

1) 车速里程表霍尔车速传感器故障。
2) 车速里程表指针卡住。
3) 变速器输出轴驱动齿轮磨损严重或齿轮啮合间隙过大。
4) 车速里程表损坏。
5) 发动机损坏。
6) 连接电路故障。

故障诊断与排除：

1) 如果出现车速里程表不工作的故障，应先检查霍尔车速传感器及驱动齿轮的啮合有无故障。如果正常，再拆检车速里程表。
2) 如果只出现车速表指示不准的故障，一般是表内部损坏。
3) 检查车速信号到发动机电脑连线，发动机至仪表的信号线。

2. 故障二

故障现象：发动机运转后冷却液温度表指针不指示。

故障原因：

1) 温度表损坏。
2) 冷却液温度传感器失效。
3) 温度表电路断路。
4) 稳压器损坏。
5) 发动机ECU损坏。

故障诊断与排除：

1) 打开发动机室盖，拔下冷却液温度传感器插接器。检查冷却液温度传感器电阻是否正常；如正常，检查传感器信号至发动机ECU信号，发动机ECU至仪表信号。
2) 如果上述电路正常，接上组合仪表插接器，打开点火开关，检查冷却液温度传感器插接器的黄/红线是否有电。如果有电，则说明冷却液温度传感器损坏；如果无电，则为冷却液温度表本身或稳压器故障。

3) 拆下仪表板，线束保持正常连接，将万用表连接在稳压器正极输出端和搭铁端之间测量电压，如果电压值高于10.5V或低于9.5V，则表明稳压器有故障。否则，为冷却液温度表本身故障。

3. 故障三

故障现象：接通点火开关，但燃油表指针不工作。

故障原因：

1) 燃油表损坏。
2) 燃油表传感器失效。
3) 燃油表电路断路。
4) 稳压器损坏。
5) 燃油箱内无汽油。

故障诊断与排除：

1) 检查油箱内是否有汽油。
2) 接通点火开关，观察燃油表是否工作。如果燃油表工作，则说明组合仪表上的稳压器工作正常。
3) 拔下燃油表传感器插接器，用万用表测量紫/黑色线是否有电，再检查棕色线与车身搭铁情况。如果紫/黑色线有电，棕色线正常，则说明燃油表传感器有故障，应更换。
4) 如果紫/黑色线无电，则检查燃油表传感器插接器紫/黑色线至组合仪表插接器的插孔21之间电路是否断路，电路传递为燃油表传感器插接器紫/黑色线→继电器盘插接器M的插孔3→继电器盘插接器U1的插孔12→棕色线→组合仪表插接器的插孔21。
5) 如果电路导通，棕色线正常，则为燃油表有故障。

4. 故障四

故障现象：汽车在行驶过程中，发动机机油压力警告灯常亮。

故障原因：

1) 低压开关(30kPa开关)故障。
2) 低压开关电路短路。
3) 高压开关(180kPa开关)故障。
4) 高压开关电路断路。
5) 润滑油路压力达不到规定要求。

故障诊断与排除：

首先要区分是润滑系统故障还是警报系统自身故障。通常采用测量油压的方法进行诊断。

1) 用二极管测试灯连接到蓄电池正极及低压开关之间时，二极管测试灯被点亮。起动发动机，慢慢提高转速，压力达到15~45kPa时，二极管测试灯应熄灭。如果不熄灭，说明低压开关有故障；使发动机怠速运转，机油压力应大于45kPa，发光二极管应熄灭。如果压力低于15kPa，说明润滑系统有故障。
2) 将二极管测试灯连接到高压开关上，慢慢提高发动机转速，当机油压力达到160~200kPa时，发光二极管应被点亮。如果不亮，说明高压开关有故障；进一步提高发动机转速，转速达到2000r/min时，油压至少应达到200kPa。如果达不到，说明润滑系统有故障。

通过上面的检查，如果润滑系统和机油压力开关都正常，但警告灯常亮的故障仍存在，应按电路图检查电路故障。

检查时要注意：低压警报开关电路是在搭铁短路时警告灯亮，应重点检查有无搭铁；而高压警报开关电路是在断路且发动机转速超过2000r/min时警告灯亮，应重点检查有无断路。

5. 故障五

故障现象：汽车在行驶过程中，无论是冷态还是热态，冷却液警告灯常亮。

故障原因：

1）储液罐中冷却液液面过低。

2）冷却液液位开关故障。

3）冷却液温度警报开关故障。

4）警告灯电路有搭铁处。

故障诊断与排除：

1）检查发动机冷却液温度是否真的过高以及储液罐液面是否过低。

2）上述检查都正常，拔下储液罐液位开关插接器。如果警告灯熄灭，说明液位开关有故障。

3）如果警告灯仍然亮，接好液位开关插接器，拔下冷却液温度报警开关插接器。如果警告灯熄灭，说明冷却液温度报警开关有故障；如果警告灯仍然亮，说明电路有搭铁处。

6. 故障六

故障现象：在放开驻车制动杆的情况下，制动警告灯仍亮。

故障原因：

1）制动液液面过低。

2）制动液液位开关有故障。

3）驻车制动开关有故障。

4）警告灯电路有故障。

故障诊断与排除：

1）检查制动液液面是否过低。

2）如果液面正常，拔下制动液液位开关插接器。如果警告灯熄灭，说明制动液液位开关有故障。

3）如果警告灯仍然亮，拔下驻车制动开关插接器。如果警告灯熄灭，说明驻车制动开关有故障；如果警告灯仍然亮，说明电路有搭铁处。

二、仪表的拆装注意事项

1）拆装组合仪表时，应先拆下蓄电池负极电缆线，以免手触摸仪表板后面线束时造成电路短路，如图5-33所示。

2）拆组合仪表装饰面板时，由于固定螺钉是隐蔽的，因此要仔细查找固定螺钉，否则强行拆卸将会损坏装饰面

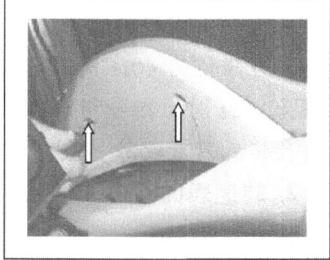

图5-33 拆装组合仪表

板，如图 5-34 所示。

3）拆装组合仪表时，应注意仪表板后面的线束插接器及车速里程表软轴接头，一般都带有锁止机构，切忌强拆，如图 5-35 所示。

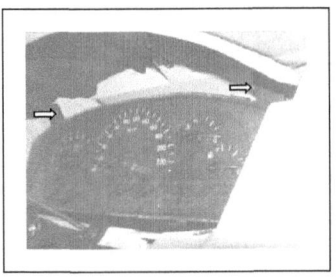

图 5-34 拆组合仪表装饰面板

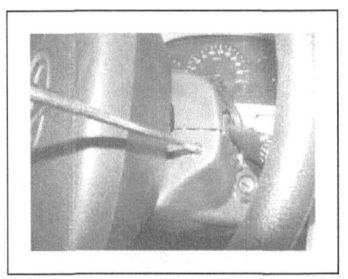

图 5-35 仪表板后面的线束插接器

4）从电路板上拆下仪表表芯、电源稳压器、照明灯及指示灯时，不要损坏印制电路板。

① 单独更换表芯或仪表传感器时，注意仪表与传感器必须配套使用。
② 拆装仪表及传感器时，注意动作要轻，不要敲打。
③ 电热式机油压力传感器安装时有方向要求。
④ 仪表与传感器的接线必须可靠。
⑤ 电磁式仪表的接线柱有极性之分，不得接错。

三、检修方法

1. 燃油表的检测

燃油表的故障检查接线图如图 5-36 所示。

（1）不工作的检查　用 10Ω 的电阻代替传感器，一端接到传感器的线束上，另一端直接搭铁，点火开关打到 ON 档，观察仪表。如果指针摆动，说明传感器有故障（不要将传感器的接线直接搭铁，否则易烧坏仪表），需要更换传感器。

（2）工作失常的检查　仪表工作是否准确的情况，可参照维修手册。如以奥迪轿车燃油表为例，用变阻器代替传感器对其进行检查。当阻值为 40Ω 时，指针指示为 1；当

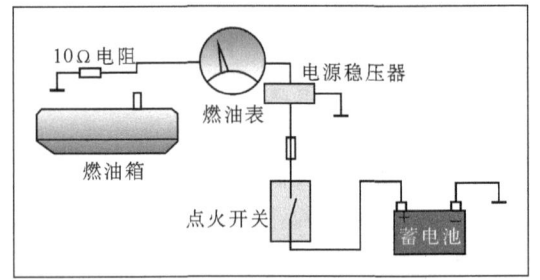

图 5-36 燃油表的故障检查接线图

阻值为 78Ω 时，指针指示为 1/2；当阻值为 283Ω 时，指针指示为 0。如果检查结果与上述相符，传感器有故障，应更换；否则，仪表有故障，应更换。

2. 转速表的检查

检查方法如下：

1）检查点火线圈 "-" 接线柱是否接触良好。
2）检查发动机转速表后面的黑色三孔插座是否接触良好。

第五章 仪表和警告灯信号系统

3）用万用表检查三孔插座的工作状况，如图5-37所示。若a插孔搭铁不良，检查仪表线束插接器白色14孔插座中的棕色导线是否搭铁；若b插孔在点火开关打到ON档时无电压，应检查仪表线束插接器黑色14孔插座中的黑色导线是否有电压；若c插孔在点火开关打到ON档时无电压，检查仪表线束插接器白色14孔插座中的红/黑导线是否与点火线圈"-"接线柱接触良好。

如果发动机转速表后面的黑色三孔插座线束经检查全部正常，则故障在发动机转速表本身，应更换发动机转速表。

3. 冷却液温度表的检查

（1）冷却液温度表端子间电阻的检测　冷却液温度表端子间电阻的检测如图5-38所示。丰田车系端子A、B间电阻约为200.3Ω，端子A、C间电阻约为54Ω，端子B、C间电阻约为146.3Ω。如果阻值不符合要求，则更换冷却液温度表。

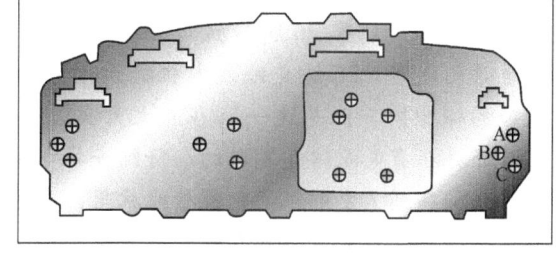

图5-37　发动机转速表的检查接线图

（2）冷却液温度表传感器的检测

1）关闭点火开关，拔出冷却液温度传感器插接器。

2）打开点火开关，冷却液温度表指针必须指示在"冷"位置，否则不符合要求，更换冷却液温度传感器，然后再检查系统。

图5-38　冷却液温度表端子间电阻的检测

3）将冷却液温度传感器配线侧插接器通过一只3.4W试灯搭铁，打开点火开关，检查试灯应亮，且冷却液温度表指针必须向"热"侧移动。如果不符合要求，更换冷却液温度传感器，然后再检查系统。如果工作不符合要求，再检查冷却液温度表电阻。

第六节　仪表和警告灯信号系统的故障维修案例

案例一：桑塔纳2000GS组合仪表显示异常

行驶里程：164200km。

☞ 故障现象

一辆事故车经修复后出现了以下现象：打开点火开关，组合仪表各种指示灯、指针都显示正常，起动发动机后仪表显示也正常。可当点火开关关闭后，仪表上的各种指示灯便开始以间隔大约1s的时间不停地快速闪烁，各种仪表的指针也开始上下不停地跳动，而且指针的跳动频率是和各种指示灯的闪烁同步的。拆掉蓄电池负极接线柱再装上，仪表恢复正常，当点火开关打开一下又关闭后，上述现象又会重现。

☞ 故障诊断

首先拆下组合仪表，拔下仪表后方的26针插接器，诊断仪表的两根电源线11脚、24

脚和两根搭铁线5脚、18脚(图5-39),结果都正常。再看指示灯的闪烁情况,这种闪烁的时间间隔大约为1s,很像是数字时钟的内部正在运行计时的样子,那会不会是仪表内的数字时钟坏掉产生了这种现象呢?于是先替换了另一辆车上的仪表总成,可故障依旧,证明此车的组合仪表没有损坏。仔细分析电路图,发现仪表上只有第19脚接的是常电源线,是给数字时钟和组合仪表控制器提供电源的接脚,因为故障只在关闭点火开关时才出现,因此19脚的嫌疑最大。于是拔掉S3号熔丝片,再测量19脚,已经没有电源电压了,插好插接器再试,结果故障依旧。分析电路图,由于组合仪表上只有三根电源线:11脚、24脚和常电源19脚。现在点火开关也关闭了,S3号熔丝也拔掉了,组合仪表上可以提供各指示灯闪烁、各种表指针跳动的电源又是从什么地方来的呢?于是拔掉仪表后方的26针插接器,用试灯一个脚一个脚地查找。当测试到第26脚时试灯点亮了,对照电路图发现,26脚是给发电机提供励磁电流的输出脚,但是这一脚在点火开关

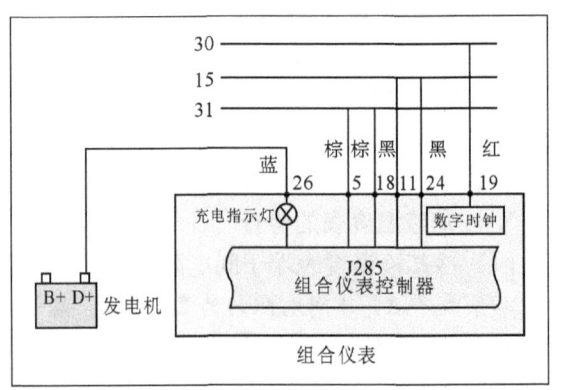

图5-39 桑塔纳2000GS组合仪表电路图

关闭后还存在有电源这是不对的。仔细查找电路,结果发现在发电机后端的蓝色励磁线有一部分已经被夹到了发电机的电枢接线柱里,而且线的外皮已经破损,造成了和电枢线始终相通的现象,分析可能是维修人员在装发电机的时候不小心所致。

☞ 故障排除

整理好此线后再试,仪表完全恢复正常。由此可见,在点火开关关闭后,虽然组合仪表控制器已经没有在工作状态,但是由于励磁电路不正常,仪表的26脚电源却经K_2指示灯进入了组合仪表控制器并导致其内部程序混乱,于是出现上述的故障现象。

案例二:2004款长丰猎豹组合仪表无显示

☞ 故障现象

一辆2004年8月出厂的猎豹(CYJ6470EP),行驶约15000km,进厂时车主报修数字式组合仪表无显示。

☞ 故障诊断

该车装备带有语音提示的数字式组合仪表,该组合仪表中发动机的转速、车速、燃油和冷却液温度以及行驶里程均采用液晶显示,并且在打开点火开关至"ON"位置时,组合仪表内会发出"一路顺风"或"请系好安全带"的语音提示。而其他的报警与指示则采用指示灯的形式。

根据该组合仪表的特点和车主所述,首先打开点火开关试车,结果发现组合仪表液晶显示的部分一片漆黑,而机油警告灯、充电指示灯以及四驱指示灯等指示电路均正常,同时在打开点火开关后也没有听到组合仪表发出的语音。据此现象,初步判断可能是某处的电路中有断路的现象。

由于是液晶显示的部分同时都不工作,因此先对各熔丝进行检查,结果发现各熔丝均无

第五章　仪表和警告灯信号系统

熔断现象。于是将仪表拆下，同时对其印制电路板进行检查，无明显的断路及接触不良现象。因为是初次遇到这类故障，加之没有相关的技术资料，所以只能凭经验对其进行进一步的检查。在重新检查组合仪表印制电路板时，看到其上面分别标有 PWR、GND、ZS 和 CS 的英文字母。通过分析，初步确定 ZS 和 CS 为车速与转速信号线，GND 为搭铁线，PWR 则为电源正极。在此情况下，决定对液晶显示部分的供电进行测量。根据印制电路板上 PWR 电路的走向，确定该线由组合仪表左上侧白色插接器中的第 8 脚输入。由此，用万用表电压档（DCV20），一表笔搭铁，另一表笔接线束插接器第 8 脚。打开点火开关到"ON"位置后，看到万用表显示为 12.5V，说明供电正常。那么，问题只有出在组合仪表内。

☞ 故障排除

按照型号更换新的组合仪表，装复后试车，一切正常。

案例三：日产千里马车速表故障

☞ 故障现象

该车曾经出过车祸，车辆修复之后，试车发现车速表不工作。

☞ 故障诊断

因为该车的车速表为电感的，并且可以用调取故障码的方法来判断电路和传感器的大致故障。但调取故障码并没有故障码输出，用举升机把车辆举起，起动着车挂上一档，使前轮转动，此时输出的电压为 7.0~10.0V（条件为右前轮不转），从这样的数据可以得出车速传感器无故障。

☞ 故障排除

拆下该车的仪表总成，检查发现仪表后面的印制电路板有一段烧断了。用薄刀片清除上面的氧化层（烧焦的塑料压膜和氧化物），用焊锡焊好，又仔细检查了电路确定没有短路之处后，把传感器上两根导线用胶带扎好，把仪表总成装上车，进行试验，一切正常。

案例四：奔驰 S320 仪表失灵，警告灯亮

☞ 故障现象

一辆 W220 底盘的奔驰 S320 进厂维修，其故障为仪表有时失灵，警告灯亮。

☞ 故障排除

接车起动之后发现 ESP、ABS、发动机指示灯亮，熄火再起动，油压表指针有时不动。连接 STAR 诊断仪进入 DAS 系统，无法进行"Quick test"，打开发动机舱左前熔丝盒，发现诊断插座 X11/4 熔丝烧熔，更换熔丝后，进行"Quick test"，发现车身网络 CANB 多个控制模块无法通信，其测试结果如表 5-2（Filter status:only control units with fault code 仅限于有故障的控制单元）所示。

表 5-2　进行"Quick test"测试结果

ECU	MB number	Result
ETC—Electronic Transmission Control 电子变速器控制	0325451032	-f/i-
ESM—Electronic Selector Module 电子换档模块	2205450132	-f-
ME-SFI2.8—Motor Electronics 2.8 发动机控制模块	1121532679	-f-

125

(续)

ECU	MB number	Result
DCM-FL—Door Control Module Front Left 左前门控制模块		-!-
DCM-FR—Door Control Module Front Right 右前门控制模块		-!-
DCM-RL—Door Control Module Rear Left 左后门控制模块		-!-
DCM-RR—Door Control Module Rear Right 右后门控制模块		-!-
ESA-FL—Electric Seat Adjustment Front Left 左前座椅电动调节		-!-
ESA-FR—Electric Seat Adjustment Front Right 右前座椅电动调节		-!-
SAM-FL—Front Left Signal Acquisition and Actuation Module 左前信号采集执行模块		-!-
SAM-FR—Front Right Signal Acquisition and Actuation Module 右前信号采集执行模块		-!-
Rear SAM—Rear Signal Acquisition and Actuation Module 后信号采集执行模块		-!-
OCP—Overhead Control Panel 头顶控制面板		-!-
PSE—Pneumatic System Equipment 气动系统设备		-!-
UCP—Upper Control Panel 上部控制面板		-!-
SCM—Steering Column Module 转向柱控制模块		-!-
PTS—Parktronic System 电子驻车雷达系统		-!-
AAC—Automatic Air Condition 自动空调		-!-
Battery Voltage 蓄电池电压	11.08V	11.08V

注：f 表示系统有历史储存故障，i 表示历史事件的记忆，! 表示无法进行数据沟通。

多个控制模块无法通信，表明车载网络 CANBUS 数据总线有严重短路、信号干扰，因为很少有多个控制模块同时损坏的情况，所以首先应从 CAN 线系统入手。

该车为 2002 款 W220 底盘的车型，有 3 个 CAN 线插接器：X30/6(CAN 线电压分配插接器，在仪表板左下方，诊断插座旁边)、X30/5(左侧 CAN 电压分配插接器，驾驶人侧车门地毯下，左前门柱旁)、X30/4(右侧 CAN 电压分配插接器，前排乘客地毯下方，右前门柱旁边)。

连接到 X30/6 的控制模块有：

① N73：电子点火开关控制模块。
② N80：转向柱控制模块。
③ N22：自动空调。
④ A1：仪表板。
⑤ N72/1：上部控制面板。
⑥ N10/6：左 SAM 控制模块。
⑦ N10/7：右 SAM 控制模块。
⑧ A37：PSE 气动系统。
⑨ A40/3：COMAND 系统。
⑩ N22/4：后自动空调。
⑪ N32/1：左电动座椅调节和记忆。
⑫ N69/1：左前门控制模块。
⑬ N69/3：左后门控制模块。

第五章 仪表和警告灯信号系统

⑭ N10/6：左 SAM 控制模块。

奔驰车上采用多种 CAN 控制网络，2002 款的 W220 分为两种：CANC—发动机高速通信，最大传输速率为 125kbit/s 或者 500kbit/s，甚至 1Mbit/s；CANB—室内 CAN 低速通信，最大传输速率为 83kbit/s。

两种不同传输速率的网络如何进行信息共享和不产生协议间的冲突。例如：车门打开时发动机控制模块也许需要被唤醒。为了使采用不同协议及速度的数据总线间实现无差错数据传输，必须要用一种具有特殊功能的计算机，这种计算机就叫网关。网关实际就是一种模块，它的工作好坏决定了不同的总线、模块和网络相互间通信质量的好坏。实际上针对通用协议的 OBDⅡ 系统，OBD 故障扫描就是网关。网关就像一个居民小区的门卫，在他让客人进大门之前，他得问问客人是否应邀前来，或者通知某位住户有客来访了。对不兼容但却需要互相通信的总线和网络来说，网关模块所起的作用和门卫一样。当信息不能传递时，不一定是网关的问题，也许是一个或两个模块的软件出现了故障。

第六章

电 动 附 件

第一节 电动车窗的原理与检修

一、电动门窗的组成与工作原理

1. 电动门窗的结构组成

电动门窗可以使驾驶人在驾车时更加集中注意力,方便驾驶人及乘客的操作。驾驶人操作时,可以使4个车窗中的任意一个上升或下降,乘客只能使所在侧的车窗上升或下降。

如图 6-1 所示,电动门窗主要由门窗、门窗升降器、电动机、继电器和开关(主开关、乘客侧开关)等组成。

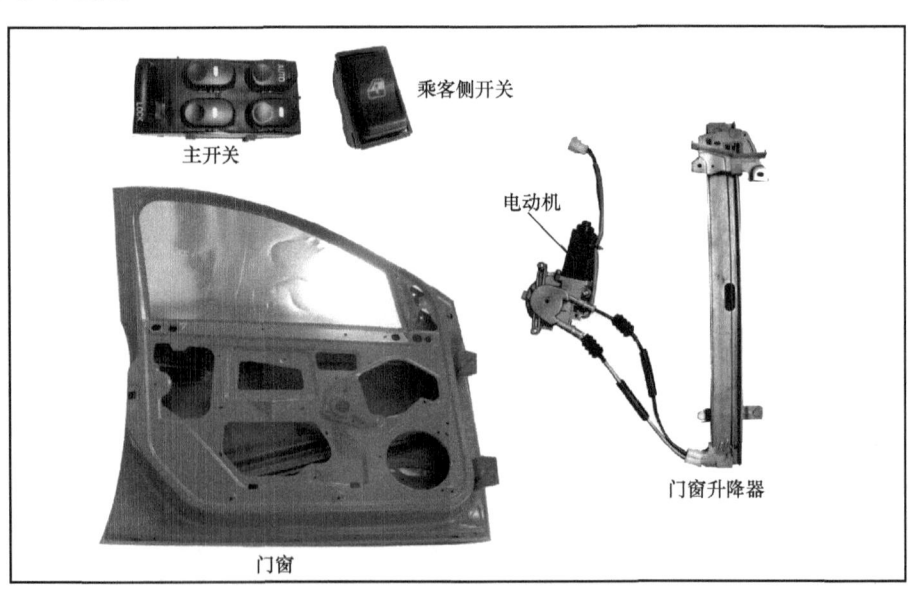

图 6-1 电动门窗系统的组成

(1) 门窗电动机 门窗电动机是一个永磁、两极直流电动机,电动机内部装有减速装置。门窗电动机内部一般都装有抑制无线电干扰的装置,以防止在使用玻璃升降器时对车内无线电的接收形成干扰。电动机内部还装有电流保护装置,电动机运动受阻时能自动切断电源,从而避免电动机烧毁。门窗电动机一般设计成正反旋转,具有较高输出转矩、低噪声、小体积、扁平外形和短时工作制,并对尘埃及洗涤剂具有密封防护性能。为了与不同升降机构相匹配,门窗电动机输出部分的结构也有所不同。对于绳轮式结构,电动机的输出部分是一个塑料绳轮,绳轮上绕有钢丝绳,钢丝绳上装有滑块。电动机驱动绳轮,带动钢丝绳卷绕,钢丝绳上的滑块带动玻璃,使之沿导轨进行上下运动。对于交臂式结构,电动机的输出部分也是一个小齿轮,通过与软轴上的齿(近似于齿条)相啮合,驱动软轴卷绕,带动玻璃沿导轨进行上下运动。

(2)玻璃升降器 电动门窗玻璃升降器的结构形式有绳轮式、交臂式和软轴式,其结构分别如图6-2、图6-3和图6-4所示。

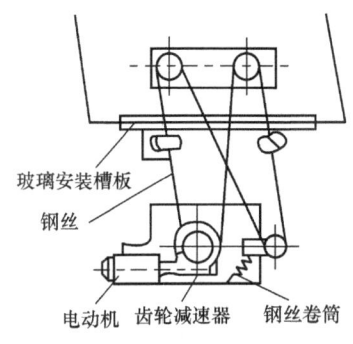

图6-2 绳轮式门窗玻璃升降器

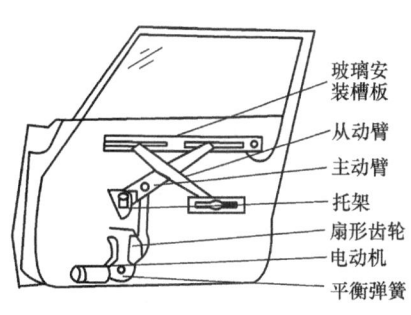

图6-3 交臂式门窗玻璃升降器

1)绳轮式门窗玻璃升降器。绳轮式门窗玻璃升降器由滑轮、钢丝绳、张力器、张力滑轮等组成,通过驱动电动机拉钢丝绳来控制门窗玻璃的升降。电动机的输出部分是一个塑料绳轮,绳轮上绕上钢丝绳,钢丝绳上装有滑块,电动机驱动绳轮,带动钢丝绳卷绕,钢丝绳上的滑块带动玻璃,使之沿导轨进行上下运动。

2)交臂式门窗玻璃升降器。交臂式门窗玻璃升降器主要由扇形齿板、玻璃导轨及调节器等组成。它的工作原理是:扇形齿板利用驱动电动机的棘轮进行转动,从而带动X臂运动,使门窗玻璃进行上下移动。

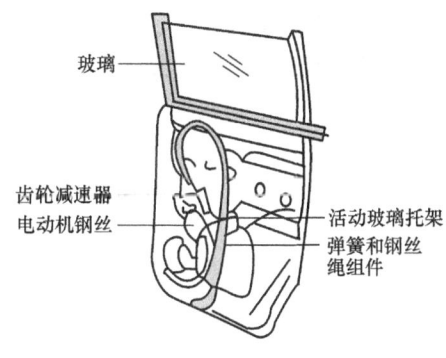

图6-4 软轴式门窗玻璃升降器

3)软轴式门窗玻璃升降器。软轴式门窗玻璃升降器由软轴、小齿轮等组成。电动机的输出部分是一个小齿轮,通过与软轴上的齿(近似于齿条)相啮合,驱动软轴卷轴卷绕,带动玻璃沿导轨上下运动。

2. 电动门窗的工作原理

如图6-5所示,电动门窗升降器安装在车门框的内板上,用螺钉固定在钣金件上。车门玻璃安装在升降器的升降槽(滑块)上,也是用螺钉固定。电动门窗的核心元件是玻璃升降器,其升降的基本原理是:在每个车门内设置一个可变换运转方向的串励直流电动机,通过转换开关(按动车窗开关),使电动机运转,经安装在电动机主轴上的蜗轮减速后,通过转筒和钢丝使玻璃平行地上下滑动。玻璃升降器的上端和下端分别设有挡块,用张紧筒和弹簧

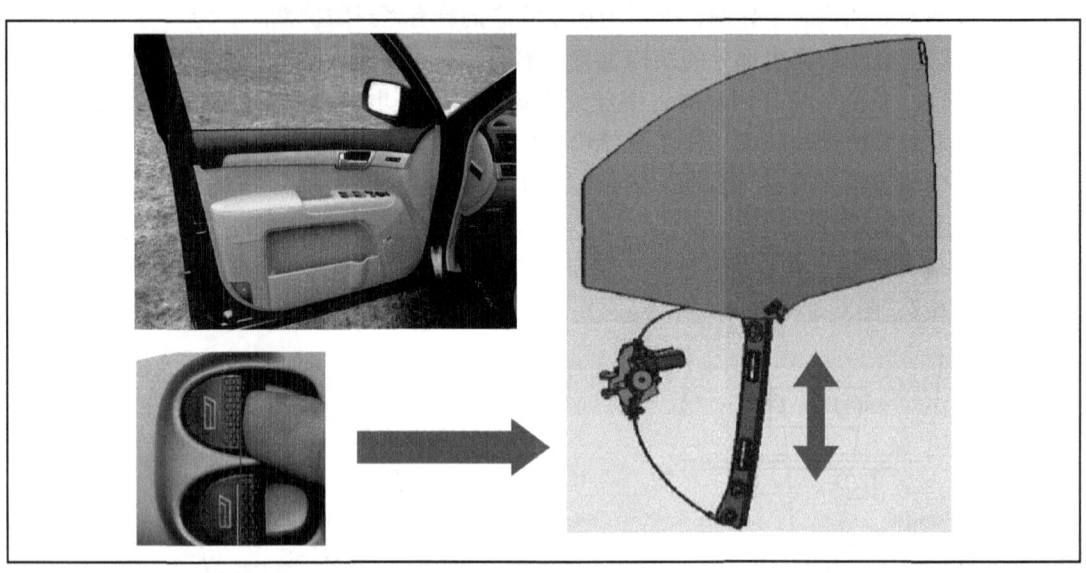

图 6-5 电动门窗的工作原理

保持钢丝的一定拉力，使机构正常运行。除钢丝式玻璃升降装置外，还有杠杆操纵式。

每扇车门上均装有一个控制开关，并在驾驶人所在侧的车门上装有总开关，总开关一般安装在驾驶人容易操作的位置上。总开关上设计一个锁定开关，在锁定开关接通的情况下，各开关均能操纵所在车门的玻璃；在锁定开关断开的情况下，后面两扇车门的电路被切断，门上的开关便失去作用，这种设计的目的是为了增加乘坐人员的安全性。

3. 电动门窗的控制电路

每个门窗的电动机均要通过主控开关搭铁，所以电流不仅通过每个门窗上的分控开关，还要通过主控开关。有的汽车在主控开关上安装断路开关（锁定开关）。如将断路开关断开，各分控开关则不起作用，电路如图 6-6 所示。

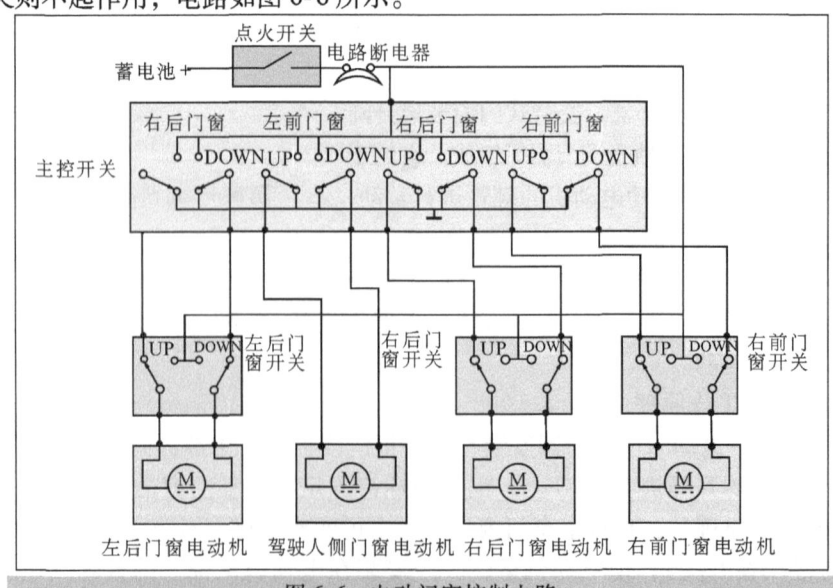

图 6-6 电动门窗控制电路

第六章 电动附件

为了防止电动机过载,在电路或电动机内装有一个或多个断电器,用来控制电流。当门窗玻璃上升到极限位置,或由于结冰而使门窗玻璃不能自由移动时,即使操纵控制开关,断电器也会自动断路,避免电动机通电时间过长而烧坏。

二、电动天窗的构造和工作原理

1. 电动天窗的构造

电动天窗分解图如图 6-7 所示。

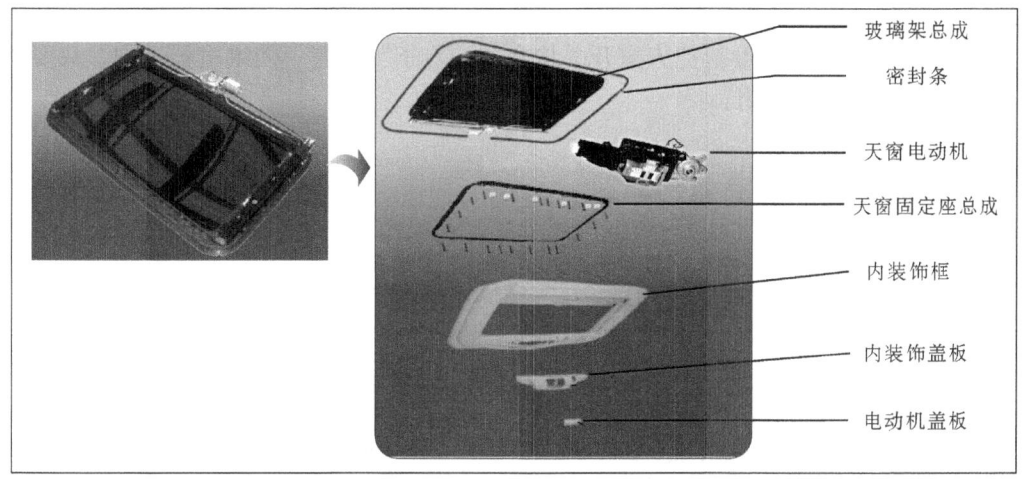

图 6-7 电动天窗分解图

2. 电动天窗的控制电路

电动天窗的控制电路如图 6-8 所示。

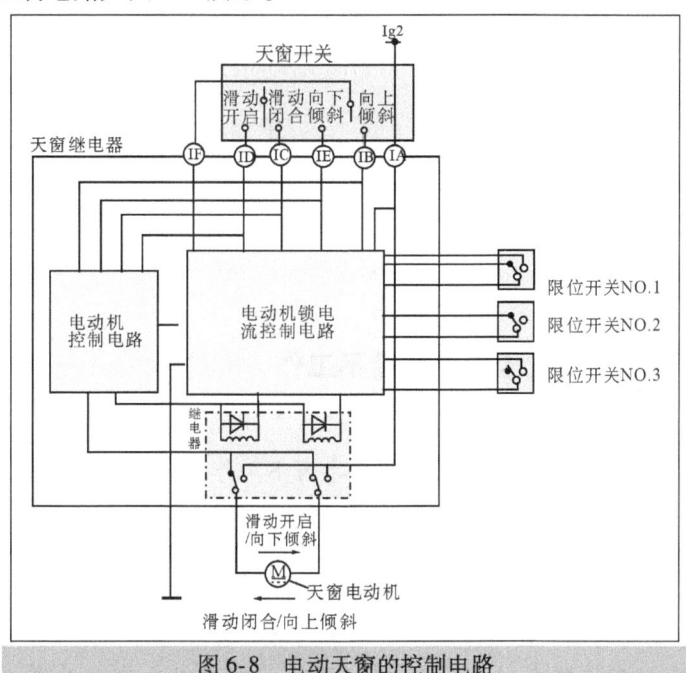

图 6-8 电动天窗的控制电路

131

3. 工作原理

1）天窗打开：接通点火开关且天窗开关被按至"OPEN"位置时，信号从天窗开关送到天窗继电器，此时天窗限位开关NO.2接通，继电器工作，电动机转动，打开天窗。

2）天窗关闭：接通点火开关，天窗完全打开且限位开关NO.1和限位开关NO.2均接通时，天窗开关被按至"CLOSE"位置，信号从天窗开关送到天窗继电器，继电器工作，电动机转动，关闭天窗。

天窗限位开关NO.1断开，限位开关NO.2接通，且天窗在全闭位置前100mm位置时，信号从限位开关NO.1输送给天窗继电器。该信号使继电器工作，控制天窗停在该位置。

为了彻底关闭天窗，重新把天窗开关按在"CLOSE"位置，使继电器工作，只要按着天窗开关，天窗则完全关闭。

三、车窗故障检修

电动车窗故障检修表如表6-1所示。

表6-1 电动车窗故障检修表

故障现象	故障原因	检修方法
电动车窗不工作	1）控制开关损坏 2）熔丝断开 3）保护器损坏 4）电路断路，接触不良 5）直流电动机损坏 6）传动装置脱开	1）检修控制开关 2）检查、更换同标准的熔丝 3）用短接法检查双金属片的工作情况 4）用仪表检查、连接电路 5）检修直流电动机 6）检查、更新连接传动装置部件
电动车窗有异响	1）传动机构调整不当 2）卷丝筒内铜丝绳脱槽 3）电动机盖板或固定架与车窗玻璃碰擦	1）检查调整各部件连接情况 2）检查调整钢丝绳的位置 3）检查安装支架弧度是否正确
电动车窗发卡、阻滞	1）导轨凹部有异物 2）导轨变形 3）直流电动机故障 4）钢丝绳生锈磨损	1）排除异物 2）恢复原有形状 3）检修直流电动机 4）更换钢丝绳

四、检修案例

案例一：华泰现代特拉卡电动车窗不工作

☞ 故障现象

一辆华泰现代特拉卡越野车，出现了电动车窗不工作的症状。

☞ 故障诊断与排除

首先进行试车，发现在打开点火开关至"ON"位置时，从电动车窗开关上对各车窗进行玻璃上升和下降的操作，各车窗均无反应。

该车电动车窗控制电路如图6-9所示。该车电动车窗系统的工作原理是：打开点火开关至"ON"位置后，时间报警控制单元ETACM便会控制电动车窗继电器工作，从而接通电

第六章 电动附件

动车窗系统的电源,此时操作电动车窗开关,电动车窗开关便会控制流过电动车窗电动机的电流方向,从而实现电动车窗电动机的正转与反转,通过带动与玻璃相连接的钢索,控制车窗玻璃的上升和下降。

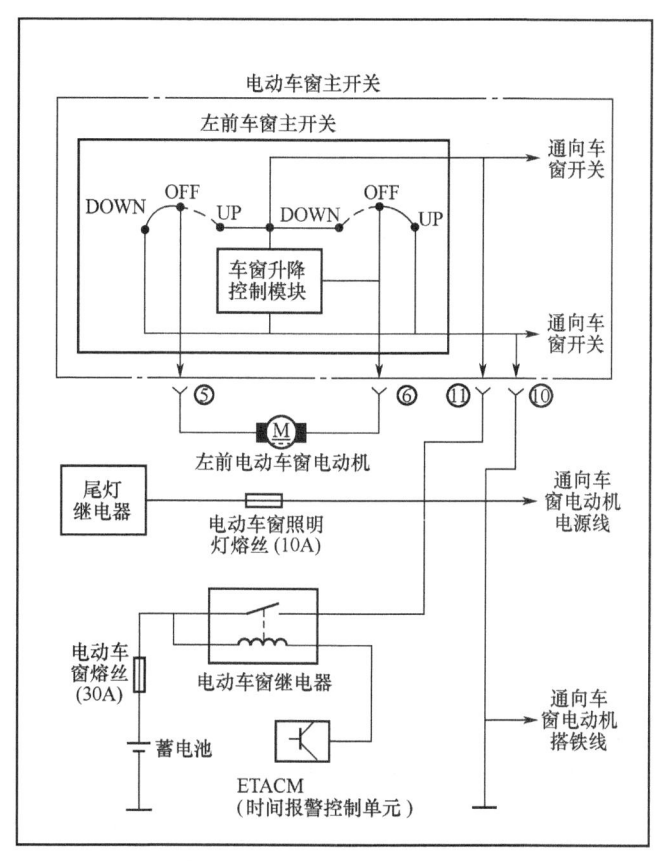

图 6-9 华泰特拉卡电动车窗控制电路

根据其电路及试车结果,初步判断可能是系统的供电出现异常。由于电动车窗电动机、开关和电路不可能在同一时间内同时损坏。因此,首先检查位于发动机室左侧熔丝盒内的电动车窗熔丝(30A),熔丝正常。随后拆下位于左侧门饰板上的电动车窗主开关,并拔下其线束插接器,打开点火开关到"ON"位置,用万用表电压档两表笔分别接线束插接器的供电11号端子和搭铁10号端子,万用表显示为12.2V,说明系统供电、搭铁正常。接着又检查主开关和线束插接器端子,未发现有氧化及松动现象。

该车电动车窗系统的供电及搭铁均正常,怀疑故障在电动车窗主开关上。拔下电动车窗主开关线束插接器,然后将主开关后面的盖板打开,通过对其电路板进行仔细观察,未发现有断路及锈蚀之处。于是找来一个试灯,在打开点火开关的情况下,将其连接在系统的供电端子11号及搭铁端子10号之间,发现试灯不亮。然而将该试灯取掉后用万用表对11号端子进行测量,仍然显示有12.2V的电压存在。

怀疑是电路中有虚接现象,在检查位于离合器踏板左侧熔丝盒上方的线束插接器前后的一段供电线束时,发现其插接器有卡子未装到位。将其重新装紧,然后插上电动车窗主开关插接器,试车,故障排除。

案例二：桑塔纳 2000GSi 电动玻璃升降器不工作

☞ 故障现象

一辆桑塔纳 2000GSi 轿车中控门锁和电动玻璃升降器不工作。

☞ 故障诊断与排除

首先对电动玻璃升降器故障进行了初步检查。打开点火开关，检查所有车门玻璃升降器开关上的指示灯均不亮，操作所有车门的玻璃升降器开关，均不能动作。

该车电动玻璃升降器的相关电路如图 6-10 所示。从电路图可知，电动玻璃升降器的工作是以舒适系统控制单元为核心的。J330 接收左前门电动玻璃升降器开关信号，当 J330 收到左前门玻璃升降器开关信号时，直接控制左前门电动玻璃升降器电动机工作。另外，当右前门玻璃升降器和后门玻璃升降器工作时，玻璃升降器电动机的负极回路也受 J330 控制才完成。

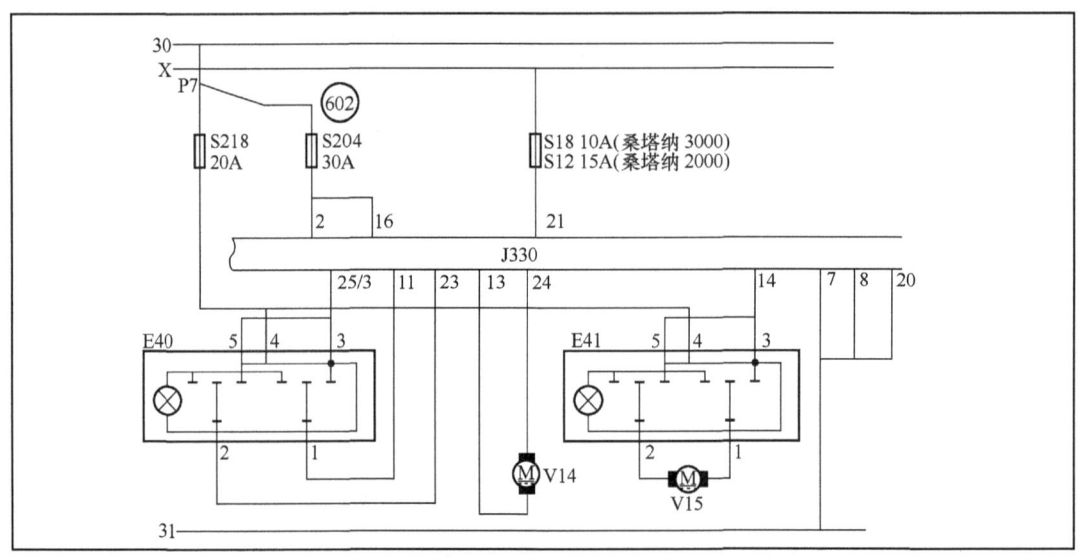

图 6-10　电动玻璃升降器相关电路

J330—舒适系统控制单元　E40—左前门玻璃升降器开关　E41—右前门玻璃升降器开关
V14—左前门玻璃升降器电动机　V15—右前门玻璃升降器电动机

根据电路图可知，该车故障的可能原因是：

1）J330 损坏。

2）J330 的电源电路有短路或断路现象。

首先，拆下仪表板左下护板，检查 J330 的供电熔丝 S204，发现熔丝已熔断。更换新的 30A 熔丝，分别操作中控门锁和玻璃升降器开关使其工作。当操作左前门玻璃升降器开关时，左前门和其他玻璃升降器开关指示灯突然熄灭，中控门锁和玻璃升降器再次停止工作，拆下熔丝 S204，熔丝又断了，从而说明故障是由于左前门玻璃升降器电路某处有故障，致使 J330 供电熔丝熔断而停止工作，从而使中控门锁和玻璃升降器无法正常工作。

接着，拆下左前门内衬板，检查左前门玻璃升降器电路。拆下内饰板后，拔下玻璃升降器电动机插接器时，发现左前门限位器的塑料外罩脱掉，玻璃升降器电动机 V14 的一条线束被夹入左前门限位器内，致使线束搭铁短路，导致J330供电熔丝熔断。

将损伤的线束包扎处理后，换上新的熔丝，故障排除。

案例三：北京现代伊兰特天窗故障

☞ 故障现象

一辆2004年产伊兰特手动档豪华型轿车，排量1.8L，行驶里程90000km。用户反映该车天窗及中控锁都不工作。

☞ 故障诊断与排除

询问用户得知该车未出过事故，也未进行过任何改装。初步检查发现，按动天窗控制开关，天窗无反应，操作中控锁，中控锁也不工作。检查熔丝，发现天窗熔丝已熔断。更换熔丝后，天窗、中控锁都恢复正常。反复操作天窗及中控锁，未见熔丝熔断，说明该故障为偶发性故障。由于天窗及中控锁都会引起该熔丝熔断，为缩小故障范围，维修人员与用户协商，要求用户在使用中观察到底是哪个系统存在故障。

几天后，用户再次来店反映在操作天窗时故障再次出现。于是维修人员将故障锁定在天窗系统，并且从用户叙述中还得到一个启发，就是故障是在天窗电动机工作时出现的。经过分析，维修人员认为首先要明确哪些线路是只在天窗电动机工作时才供电的。查阅电路图，发现只有天窗电动机的2条电源线符合这个条件，因为所有开关信号线都不属于用电线路，即使短路也不会造成熔丝熔断，而天窗控制单元的电源线不论天窗电动机是否工作都有电源，也不符合上述故障条件。维修人员拆下内饰板，露出天窗电动机，更换熔丝，操作天窗使天窗电动机运转，同时晃动天窗电动机的线束，很快熔丝再次熔断。仔细查看天窗电动机电源线，发现蓝黄色导线的背面绝缘层破损（图6-11），与天窗电动机外壳接触搭铁。

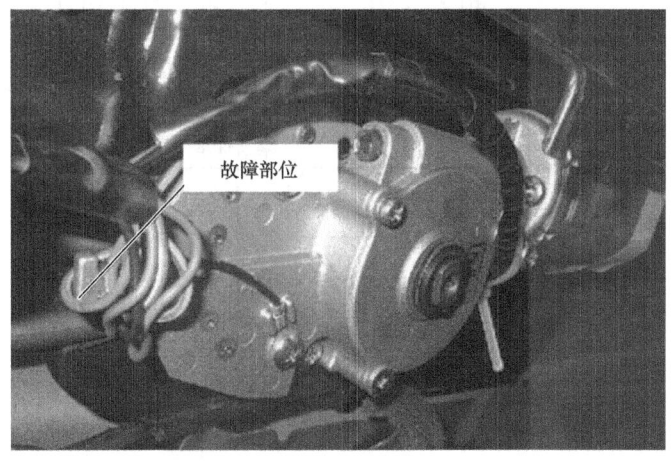

图6-11 天窗电动机电源线破损搭铁

处理并固定好导线，试车，确认故障排除。

案例四：奇瑞东方之子天窗故障

☞ 故障现象

一辆配有电动天窗及电动遮阳帘的奇瑞东方之子轿车，出现了电动天窗及电动遮阳帘都不工作的情况。

☞ 故障检修

造成电动天窗不工作的原因有：

1) 电动天窗熔丝熔断。
2) 电动天窗控制模块损坏。
3) 电动天窗工作电动机损坏。
4) 相关线路短路或断路。
5) 钥匙行程开关卡住。

经检查发现，该车天窗系统熔丝（FUSE 1）熔断。首先更换了熔丝，之后出去试了一下车，结果熔丝又熔断了。

该车的电动天窗及电动遮阳帘电路如图6-12所示。由图可知，天窗主熔丝和电动遮阳帘共用熔丝 FUSE 1。由于更换该熔丝后立即熔断，说明电动天窗及电动遮阳帘系统工作电流过大，或是两系统的工作电源电路有短路故障。

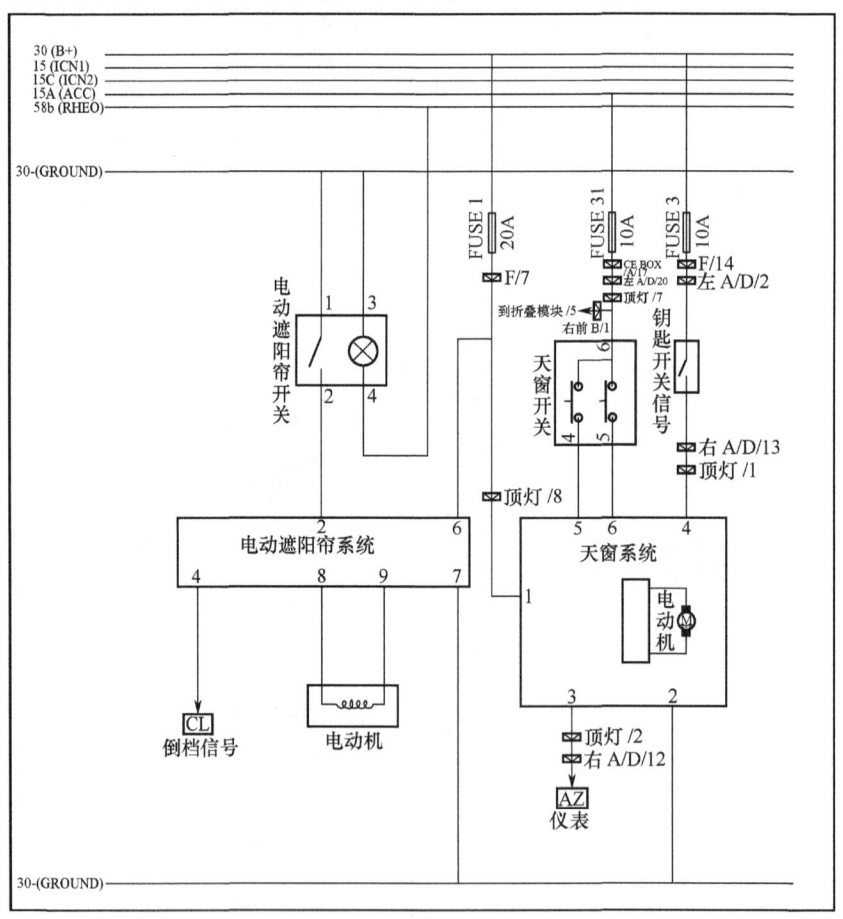

图6-12　奇瑞东方之子电动天窗及电动遮阳帘电路

经检查发现，车辆用户在电动遮阳帘处堆放的东西过多，已经导致电动遮阳帘支架受力卡死。在取掉这些物品并重新调整支架位置后，试车，故障排除。

第六章 电动附件

第二节 电动刮水器的原理与检修

一、电动刮水器的构造和原理

1. 组成

刮水器电动机的组成如图 6-13 所示。

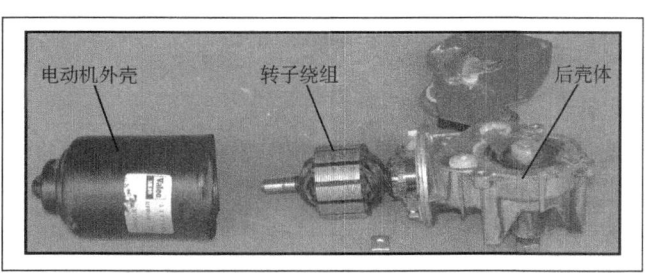

图 6-13 刮水器电动机的组成

刮水器的作用是用以清扫风窗玻璃上的雨水、雪或尘土，以确保驾驶人有良好的视线。刮水器有气压式、电动式等多种，但多数采用电动式。电动式刮水器由刮水电动机和一套传动机构组成，如图 6-14 所示。电动机旋转，带动蜗杆蜗轮减速机构，使与蜗轮轴相连的摇臂带着两侧拉杆进行往复运动，拉杆则通过摆杆带着左、右刮水器架进行往复摆动，安装在刮水器架上的橡皮刮水器便刷去风窗玻璃上的雨水、雪和灰尘。

2. 永磁式刮水电动机的变速和刮水片自动复位原理

刮水电动机的刮水速度应能根据雨雪的大小由驾驶人进行控制。在停止刮水或自动复位装置可在任何时刻切断刮水电动机电路时，都能使刮水片自动停止在风窗玻璃的下部，以免影响驾驶人的视线。

刮水器开关是一个 4 档开关，有 R、L、H 3 个档位，4 个接线柱，Ⅰ接线柱复位装置，Ⅱ接线柱接电动机的低速电刷，Ⅲ接线柱搭铁，Ⅳ接线柱接电动机高速电刷，如图 6-15 所示。

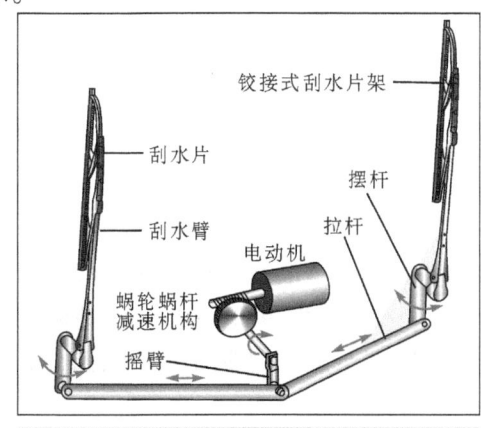

图 6-14 电动刮水器结构图

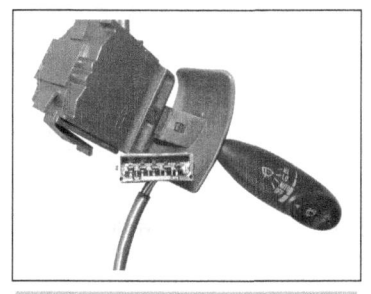

图 6-15 刮水器开关

复位装置是在减速蜗轮(由塑料或尼龙材料制成)上,嵌有铜环1和2(图6-16)。此铜环分为两部分,其中铜环1与电动机外壳相连(为搭铁)。触点臂用磷铜片或其他弹性材料制成,其一端分别铆有触点。由于触点臂具有一定的弹性,因此在蜗轮转动时,触点与蜗轮的端面和铜环1、2保持接触。

(1) 低速运转 接通电源开关,将刮水器开关拉出到 L 位时,电流从蓄电池正极→电源开关→熔丝→电刷 B3→电枢绕组→电刷 B1→接线柱Ⅱ→接触片→接线柱Ⅲ→搭铁→蓄电池负极,构成回路,电动机以低速运转。

(2) 高速运转 将刮水器开关拉出到 H 位时,电流从蓄电池正极→电源开关→熔断器→电刷 B3→电枢绕组→电刷 B2→接线柱Ⅳ→接触片→接线柱Ⅲ→搭铁→蓄电池负极,构成回路,电动机以高速运转。

(3) 自动复位 当把刮水器开关退回到 R 位时,如果刮水片没有停止到规定位置,由于触点与铜环相接触,如图6-16b所示,则电流继续流入电枢,其电路为蓄电池正极→电源开关→熔断器→电刷 B3→电枢绕组→电刷 B1→接线柱Ⅱ→接触片→接线柱Ⅰ→触点臂→铜环→搭铁→蓄电池负极。因此,电动机仍以低速运转直至蜗轮旋转到图6-16a所示的特定位置,电路中断。由于电枢的运动惯性,电动机不能立即停止转动,此时电动机以发电机方式运行。由于此时电枢绕组通过触点臂与铜环2接通而短路,电枢绕组将产生能耗制动转矩,电动机迅速停止运转,使刮水片复位到风窗玻璃的下部。

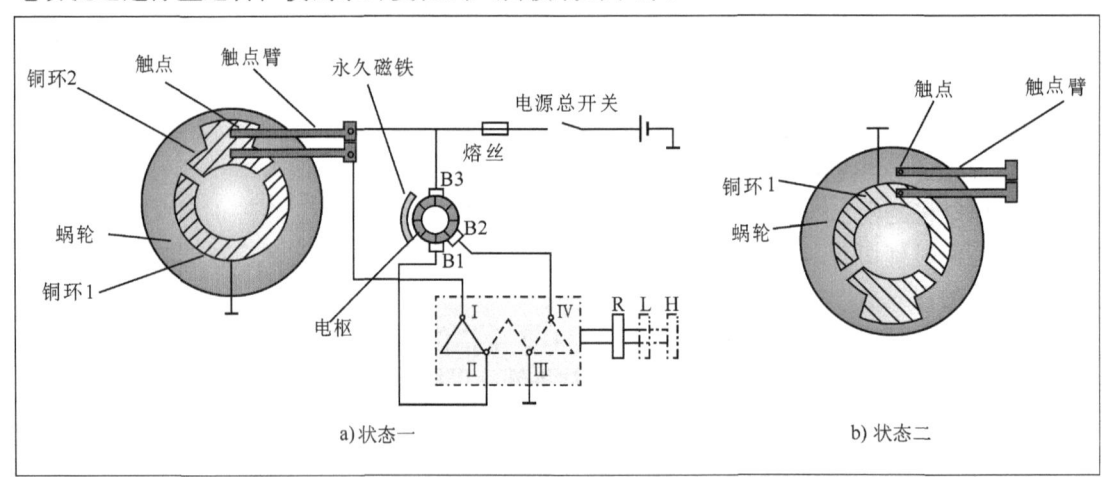

图6-16 铜环式刮水器的控制电路和自动复位装置

3. 刮水器间歇式刮水工作原理

间歇档用于当雨水较少时使电动机工作在间歇状态,由间歇继电器控制,如图6-17所示。

刮水器开关"INT"→蓄电池+"极"→S_W→间歇继电器→继电器线圈→VT 集电极
　　　　　　　　　　　　　　　　　　　　　　　↳R_1→VD→R_2→VT 基极

此时,二极管 VD 导通,给 VT 提供基极电流,使 VT 导通,测线圈中有电流,则 K_1 闭合,K_2 断开。

第六章 电动附件

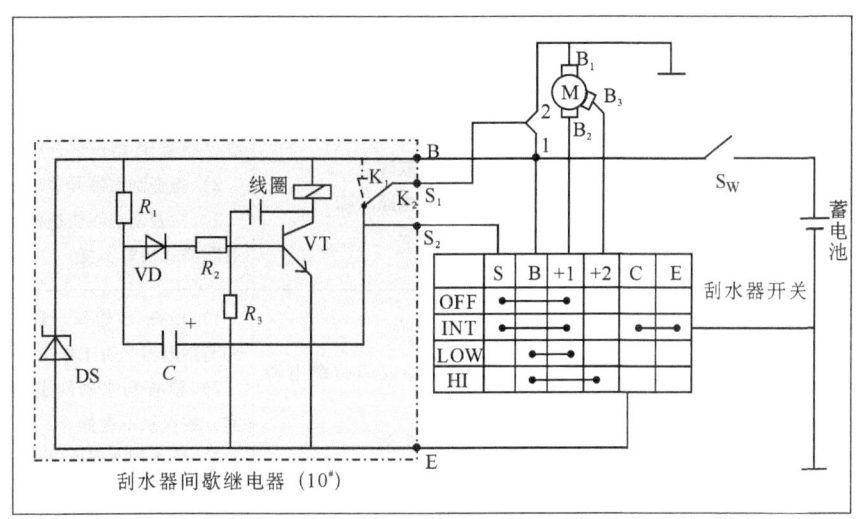

图 6-17 刮水器间歇式刮水电路

电流从 B 接线柱 →K₁→ $\begin{cases} S_2 \to \text{刮水器开关 } S \to +1 \to B_2 \text{ 电刷} \to B_1 \to - \\ C(\text{电容}) \to VD \to R_2 \to VT \to - \end{cases}$

电容器开始充电，同时电动机以低速运转，当接近充满电时，VD 左端电位下降而截止，VT 截止，线圈断电，K₁ 断开，K₂ 闭合，此时刮水片应运行到位，否则即为行程开关 1 位闭合。由电路图可知 BATT+→行程开关→S₁→K₂→S₂→开关 S→+1→B₂→B₁→-。电动机运转，直到复位，然后 C 开始放电，C+→K₂→复位开关 2→-→K₁→C-，随放电进行 VD 左端电位升高，达到 VD 导通电压时 VD 又导通。如此，则通过 C 放电使继电器间歇工作，4~6s 循环一次。

二、刮水器故障检修

刮水器故障检修表如表 6-2 所示。

表 6-2 刮水器故障检修表

故障	故障现象	故障原因	故障诊断与排除
刮水器电动机不转	当点火开关置于点火位置时，将刮水器开关设在慢、快及间歇档时，刮水器电动机均不转	1) 刮水器电动机电源电路断路 2) 卸荷继电器、点火开关及刮水器开关接触不好 3) 刮水器电动机失效	1) 查刮水器电动机电源电路是否断路 2) 检查电动机绕组是否内部断路 3) 检查刮水器开关及卸荷继电器是否工作正常
刮水器无慢速工作档	接通点火开关，将刮水器开关置于慢速档位置，刮水器不转	1) 刮水器开关损坏 2) 卸荷继电器损坏 3) 刮水器电动机慢速档工作电路故障 4) 熔丝断或电路中有短路处	1) 检查刮水器继电器(8号位置)及S5熔丝是否正常 2) 检查刮水器电动机插接器中绿线是否有电 3) 检查刮水器开关工作是否正常 4) 检查刮水器电动机

(续)

故 障	故 障 现 象	故 障 原 因	故障诊断与排除
刮水器快速档不工作	接通点火开关及刮水器快速档，刮水片不动	1）刮水器开关失效 2）刮水器电动机故障 3）刮水器快速档电路故障 4）卸荷继电器失效	1）检查中央继电盘4号位置的卸荷继电器及S5熔丝是否工作正常 2）检查刮水器开关 3）检查刮水器快速档工作电路是否有断路或接触不良
刮水器无间歇档	接通点火开关及刮水器间歇档，刮水器不工作	1）刮水器开关失效 2）刮水器继电器或卸荷继电器失效 3）刮水器电动机失效 4）刮水器间歇档电路故障	1）检查S5熔丝、刮水器继电器及卸荷继电器是否工作正常 2）检查刮水器间歇档线是否有断路，或接触不良处 3）检查刮水器电动机 4）检查刮水器开关
刮水器无自动停位功能	在刮水器电动机慢速、快速、间歇、短时工作时，将刮水器开关扳到停位，刮水器刮水片不能自动停位在原来位置	1）刮水器开关的停位触点损坏 2）减速器蜗轮输出轴背面的自动停位导电片和减速器盖板上的导电触点损坏	1）检查刮水器开关的停位触点，若损坏则更换 2）检查蜗轮输出轴背面的自动停位导电片和减速器盖板上的导电触点，若损坏，则更换

三、电动洗涤器的构造

电动洗涤器的构造如图6-18所示。

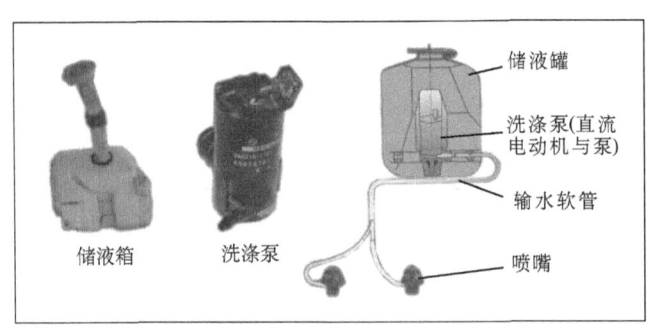

图6-18 电动洗涤器的构造

电动洗涤器的作用是向风窗玻璃表面喷洒水或专用洗涤液，使之与刮水片配合工作，清除风窗玻璃表面的灰尘等，保持风窗玻璃表面的清洁。洗涤液一般由水与适量添加剂组成，添加剂有利于清洁和降低冰点。

洗涤泵由一只小型永磁直流电动机和离心泵组成。洗涤泵装于储液罐上，其输出压力一般为68kPa，消耗电流不大于3.6A。

洗涤喷嘴分圆形、方形、扁形3种，单孔喷嘴布置在左右刮水器驱动轴附近，双孔喷嘴布置于车身中心架上。喷嘴的嘴头是一个球体，用大头针插入内孔，稍微用力即可调整洗涤液的喷射方向。

四、电动洗涤器的检修

电动洗涤器故障检修表如表6-3所示。

表6-3 电动洗涤器故障检修表

故障现象	故障原因	检修方法
电动洗涤器不工作	1) 控制开关损坏 2) 电动洗涤泵损坏 3) 喷嘴堵塞严重 4) 电动洗涤泵电路断开	1) 检修控制开关 2) 检修电动洗涤泵 3) 用钢丝疏通 4) 检查、连接电动洗涤泵电路
电动洗涤器不工作，但喷射压力低	1) 电动洗涤泵工作不正常 2) 喷嘴堵塞 3) 软管堵塞或泄漏	1) 检修电动洗涤泵 2) 用钢丝疏通 3) 疏通或更换软管

五、电动刮水器和洗涤器电路分析

以上海桑塔纳为例，其刮水器及洗涤器电路如图6-19所示。该装置由刮水电动机V、洗涤泵V5、刮水器开关E22、间歇刮水继电器J31、熔丝S11及刮水器机械传动装置等组成。刮水器组合开关E22是三掷五位开关，不使用刮水器和洗涤器时，E22处在第四位（空档），第一位是高速工作档，第二位是低速工作档，第三位是点动工作档，第五位是间歇工作档。刮水电动机V为双速永磁直流电动机，空载高速时刮水器曲柄转速为62~82r/min，空载低速时为42~52r/min。电路与X相线连接，当点火开关处于2档（点火）时，中间继电器J59的线圈有电流通过，J59触点闭合，这时V才可以投入工作。

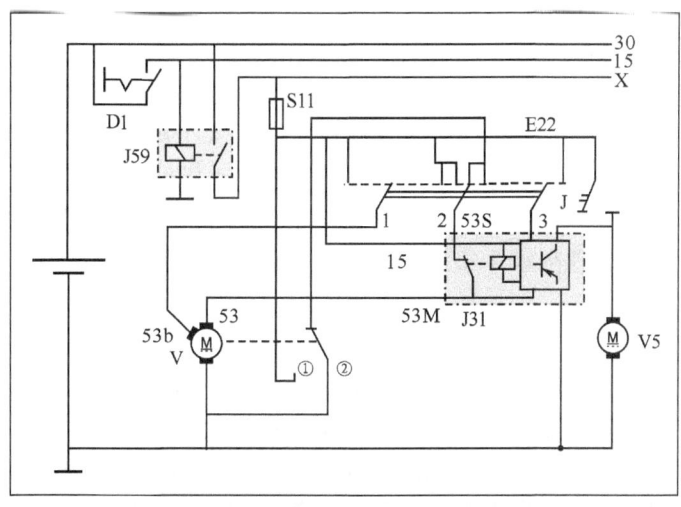

图6-19 桑塔纳电动刮水器及洗涤器电路

1. 快速刮水

当刮水器开关 E22 处于第一位时（开关手柄推至最前端），刮水电动机的电路被接通，这时由于电动机合成磁场较弱，故电动机转速较高。

2. 低速刮水

当刮水器开关 E22 处于第二位时，电流由 E22 的第二挡的 2 位经间歇继电器 J31 的常闭触点进入低速电刷 53，电动机转速较低。

3. 点动刮水

驾驶人按下开关手柄，E22 处于第三位，电动机工作状态与第二位相同，但当驾驶人松开手柄时，在开关弹簧的作用下，E22 自动回到空档第四位上。

4. 停机复位

刮水电动机总成内附设单挡二位自动开关，只有当刮水片处于风窗玻璃的右下端位置时，该开关才处在第二位，其他情况均处在第一位。当刮水器开关 E22 处于第四位而刮水片不在右下端位置时，则刮水电动机总成内部开关处在第一位，刮水电动机电路仍接通，刮水电动机低速运转。而当刮水片运动至右下端时，自动复位开关刚好处于第二位，通过 E22 的第二挡、间歇继电器 J31 的常闭触点将电动机短接制动，电动机立即停止转动，刮水片即停在右下端，以确保刮水片不阻挡驾驶人视线。

5. 间歇刮水

E22 处于第五位，E22 的第二挡、第三挡都与电源接通，第二挡的第五位与第四位相同，第三挡接通间歇刮水继电器 J31 控制电路，J31 中的继电器线圈 L 上有电流，使常闭触点打开，常开触点闭合，将电源通过 15 和 53M 接线柱、53 与电动机接通，相当于低速刮水。随着间歇继电器工作，J31 中的继电器线圈 L 断电，则常闭触点闭合，常开触点打开，待刮水片停在风窗玻璃右下端时，电动机即停止工作，相当于停机复位。随着间歇继电器的工作，则 J31 中的继电器线圈 L 上又有电流通过，则电动机又低速运转……以上过程不断重复，刮水片每隔 5~6s 往返一次。

6. 喷水洗涤

向上拨动组合开关手柄（组合开关处于第四位）时，控制洗涤泵的点动触点闭合，将洗涤泵 V5 与电源接通，洗涤泵工作，位于发动机罩上的 4 个喷头同时向风窗玻璃喷注洗涤液。同时，点动触点也将间歇继电器 J31 接通，刮水电动机低速运转。当点动触点断开时，洗涤泵停止工作，喷水停止。这样，在喷水的同时，刮水电动机低速运转，刮水器低速刮水，停喷后，刮水片能自动刮水 2~3 次。E22 开关在任意位置时，点动触点都能独立工作，并不相互干扰。

7. 汽车自动刮水器

汽车自动刮水器就是感应刮水器，基本原理是通过感应器控制汽车刮水器。目前应用较广的两种主流传感器分别是光学式传感器和电容式传感器。

1）光学式传感器。它是根据光的折射原理工作的。在光学式传感器中有一个发光二极管，它发出一束锥形光线，这束光穿过前风窗玻璃。当风窗玻璃上没有雨水、处于干燥状态的时候，几乎所有的光都会反射到一个光学传感器上。

第六章 电动附件

当下雨的时候，风窗玻璃上会存有雨水，一部分光线就会偏离，这就造成了传感器接收到光的总量的变化，从而检测到了雨水的存在。光学式传感器能够接收反射光的面积越大，得到的信息就越详尽。光学式传感器十分精确，甚至有可能准确地判断出落在被感应区域上的雨点数目。

自动刮水器传感器安装位置和自动刮水器组合开关分别如图6-20、图6-21所示。

图6-20 自动刮水器传感器安装位置

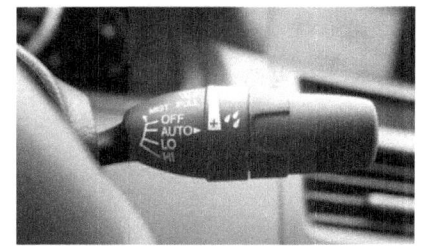

图6-21 自动刮水器组合开关

2）电容式传感器。电容式传感器主要是利用水和玻璃的介电常数的巨大差异设计的，其中水的介电常数为80，玻璃的介电常数为2。通常的做法是，把两条呈平行状态的指状金属极板放入风窗玻璃的内、外层之间，一组指状金属极板相交错，但是并不触及其他的指状金属极板。当风窗玻璃处于干燥状态的时候，其外表面和每组指状金属极板之间就形成了电介质。

当风窗玻璃变湿的时候，根据与风窗玻璃接触的水量的不同，风窗玻璃的介电常数发生不同的变化。如果把传感器安装在风窗玻璃的表面上或者紧贴在风窗玻璃的下表面，这对传感器的工作是有利的，因为这样的安装能使传感器发挥其最佳灵敏度。不利的是，把电容式传感器安装在风窗玻璃的外表面上会产生与阻力传感器同样的问题，其金属镀层在刮水器的长期工作下会很快被从风窗玻璃上刮掉。

六、维修案例

案例一：福特稳达刮水器不工作

福特稳达（WINDSTAR）在我国的保有量比较大，绝大多数采用福特公司在加拿大生产的3.0L排量V6发动机，其整体工作性能比较稳定。车身电气系统由于车身控制模块的性能稳定，工作也比较正常，但是刮水器开关最容易损坏。由于控制前刮水器的刮水器开关和转向灯开关合为一体，往往造成刮水器不工作或工作不正常。本人维修过多辆稳达汽车，全都是刮水器开关损坏，有些车只有高速档或低速档，有些车只有按喷水开关刮水器才动一下。

福特稳达汽车的刮水器开关实际上是一个多功能的组合式开关，里面装有10个固定电阻及1个喷水器开关，靠它们的不同组合，控制刮水器的各档功能。我们可以用电表测量刮水器开关的3根导线即可判断刮水器开关的好坏，导线的颜色分别为深蓝/白（1）、棕/白（4）、橘黄（6），其电阻组合如表6-4所示。

表 6-4　刮水器各档的电阻值

档　位	电线电阻/kΩ		档　位	电线电阻/kΩ	
	1 与 4	4 与 6		1 与 4	4 与 6
喷水器开关	0	—	最小间歇档	3.3	11.2
最大间歇档	100	11.2	低速档	3.3	4.08
中间间歇档	51	11.2	高速档	3.3	0

刮水器工作电路如图 6-22 所示。

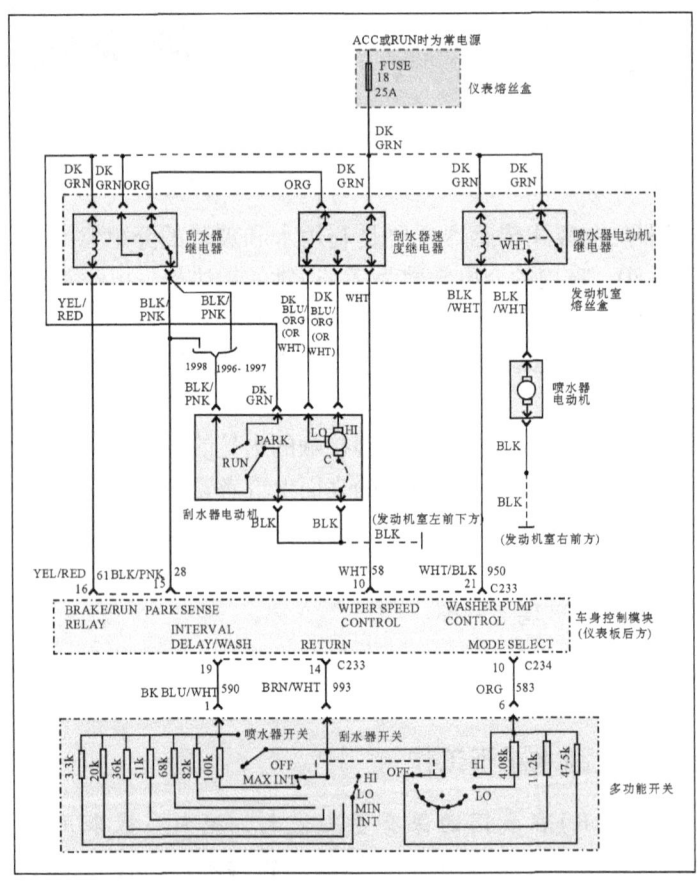

图 6-22　刮水器工作电路

案例二：风神蓝鸟刮水器间歇时间不能调整

车型：EQ7200-11，搭载 SR20DE 发动机，自动变速器，行驶里程约 160000km。

☞ 故障现象

车主反映，刮水器在间歇档工作时，间歇时间不能够调整，刮水器只能够以一定的时间间隔工作。

第六章 电动附件

☞ **故障诊断**

接车后首先打开刮水器间歇档,发现刮水器在工作时的间歇停顿时间很长,大约每隔20s才刮一次,转动刮水器开关上的间歇时间调整旋钮,无论调快或调慢,刮水器的间歇时间都不能改变。

由于此车的刮水器间歇时间是受时间控制单元的控制,因此,要想修好此车必须要先了解刮水器间歇档的工作原理,这样才能更快地排除故障。如图6-23所示,当打开刮水器开关的间歇档时,间歇开关的15脚和17脚接通,给时间控制单元12脚一个负触发信号,这时时间控制单元就会通过第1脚来控制刮水器继电器工作,刮水器继电器吸合后又让刮水器电动机工作。间歇时间的长短主要取决于时间控制单元14脚阻值的大小,这是来自组合开关间歇刮水器旋钮的阻值信号。阻值越大,间歇时间越长,阻值越小,间歇时间越短。了解了工作原理后认为,此车的刮水器既然能够间歇运转,就证明时间控制单元的12脚已经收到了间歇开关的负触发信号,并通过第1脚对刮水器继电器做出了相应的控制。但是间歇时间不能够调整,说明时间控制单元的14脚没有收到可变的阻值信号或者是时间控制单元损坏,不能够按14脚阻值的大小来调整间歇时间,所以决定把重点放在时间控制单元上。首先拆下转向盘下护板,找到并拆下时间控制单元,拔下控制单元的插接器,用万用表测量14脚和15脚的阻值,结果为900Ω。转动间歇刮水器旋钮,阻值没有任何变化,看来问题可能出在组合开关上。由于间歇刮水器时间调整旋钮实际上是一个可变电阻,为了更加准确地判断出故障,于是找来了一个可调电阻,把可调电阻的两端接到时间控制单元的14脚和15脚,插好插接器后,打开刮水器间歇档,慢慢地转动可变电阻,发现刮水器的间歇停顿

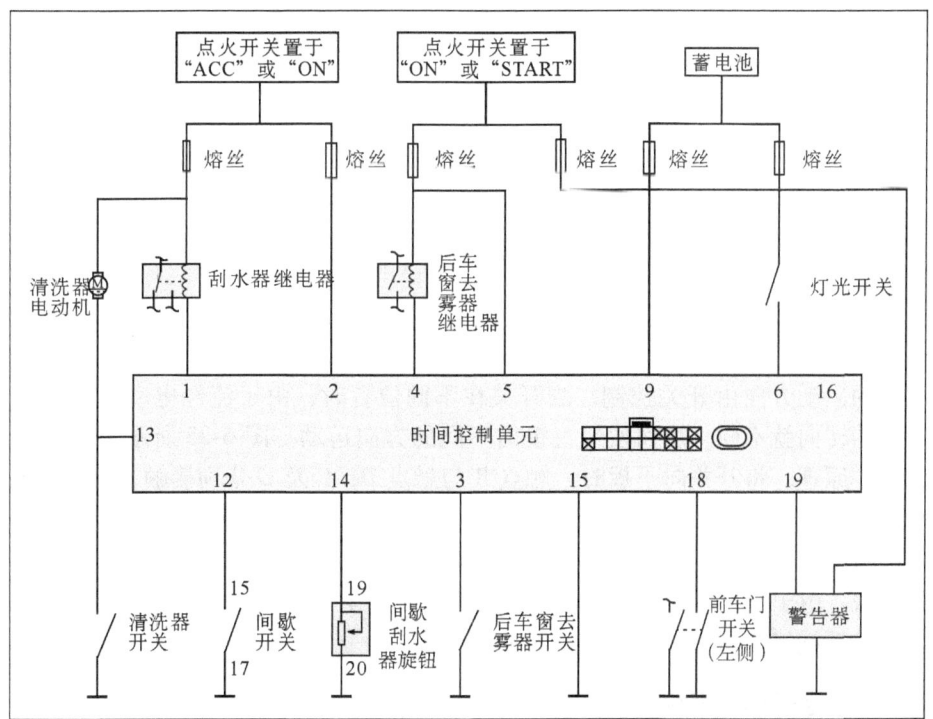

图6-23 刮水器系统电路图

时间有了变化，可以任意地调快和调慢。这就可以肯定是组合开关出了问题，更换一个新的组合开关后再试，发现间歇时间调整恢复正常。至此，故障排除。

第三节 电动后视镜的原理与检修

一、电动后视镜的构造

电动后视镜主要由直流电动机、车镜支架、连接机构和镜面玻璃等构成，如图6-24所示。两个直流电动机的其中一个控制后视镜的上下偏转，而另外一个则用来控制后视镜的左右偏转。电动后视镜的工作由组合开关进行控制，组合开关由旋转开关、摇动开关、线束等组成。后视镜控制开关通过交换电动机电路的极性来改变电动机转动的方向。每个电动机带有一个自复位的电路断路器，当后视镜到达行程的机械极限时，电路断路器就会将电路断开。

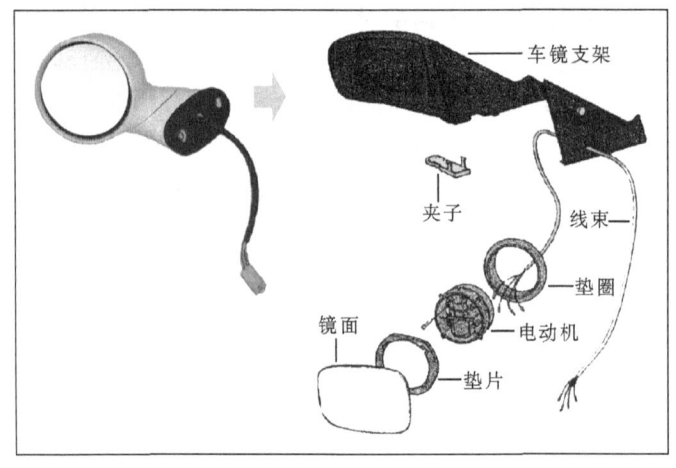

图6-24 电动后视镜结构图

二、电动后视镜的控制原理

后视镜的运动方向由开关控制，当开关在不同位置时，由于流经电动机的电流方向不同，电动机的转向就不同，从而使后视镜向不同的方向运动。图6-25所示为电动后视镜控制系统的基本原理。将开关向下扳时，触点B与触点D、C及E分别接触，电流经电源→触点E→触点C→电动机→触点B→触点D→搭铁，电动机即转动使后视镜进行垂直方向运动；将开关向上扳时，触点B与E、C与D分别接触，电流经电源→触点E→触点B→触点C→触点D→搭铁，由于流过电动机的电流发生改变，因此电动机反方向转动，后视镜进行反方向运动。电动后视镜的典型电路如图6-26所示。

三、电动后视镜的检修

由于不同车型的电动后视镜组件结构各不相同，所以在维修时应该针对不同的车型，确定应该采用的维修方法。下面主要针对广州本田雅阁轿车的后视镜结构，介绍具体的检修过程。

第六章 电动附件

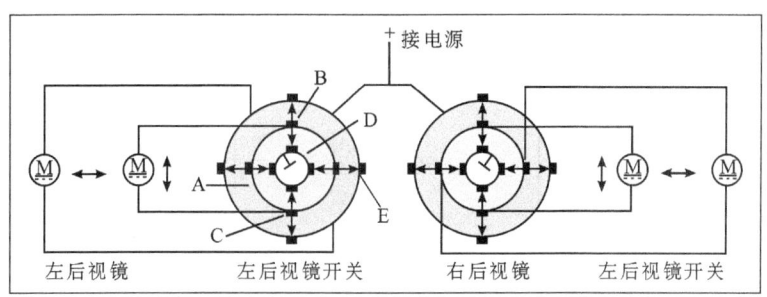

图 6-25 电动后视镜控制系统的基本原理

1. 电动后视镜开关

拆下电动后视镜，用万用表检查后视镜开关各端子的连通，如表 6-5 所示。电动后视镜开关插接器识别如图 6-27 所示。如果开关出了故障，应该及时进行更换。

表 6-5 电动后视镜开关连通表

应 用	端 子	应 用	端 子
左后视镜		右后视镜	
上	1 和 4；2 和 7	上	1 和 4；2 和 8
下	1 和 7；2 和 4	下	1 和 8；2 和 4
左	1 和 7；2 和 9	左	1 和 8；2 和 10
右	1 和 9；2 和 7	右	1 和 10；2 和 8

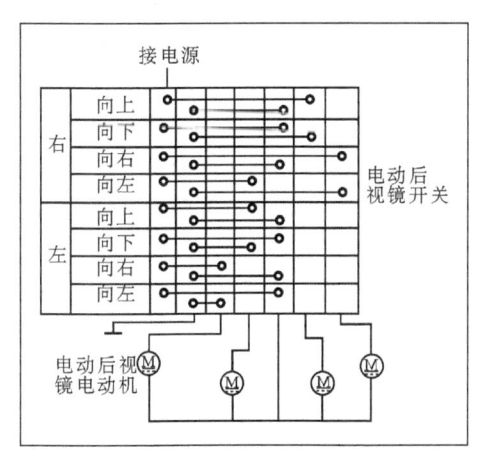

图 6-26 电动后视镜的典型电路

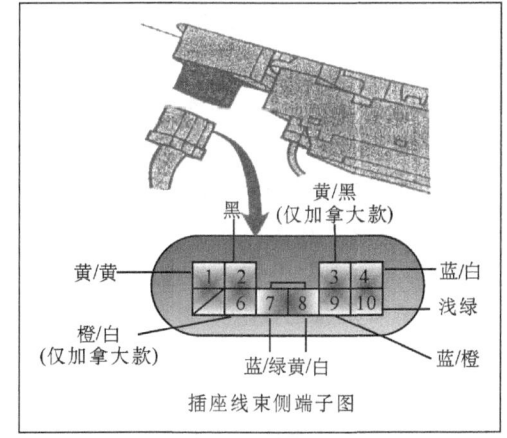

图 6-27 电动后视镜开关插接器识别

2. 电动后视镜执行器

拆下车门内板，断开电动后视镜 3 针插接器（美国款）或 6 针插接器（加拿大款），如图 6-28 所示。用跨接线连接指定端子观察后视镜是否正确地活动，如表 6-6 所示。如后视镜工作状况与检测表不符，则需要对后视镜组件进行更换。

147

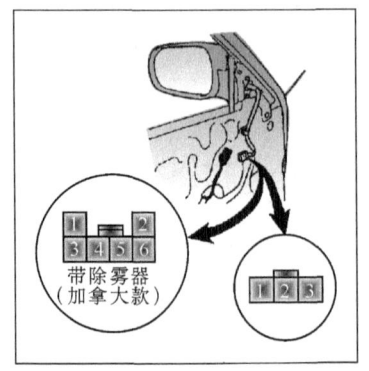

图 6-28 电动后视镜 3 针(美国款)或 6 针插接器(加拿大款)识别

表 6-6 电动后视镜执行器(本田雅阁)检测表

12V 针编码(加拿大①)	搭铁针编码(加拿大①)	后视镜工作
1(4)	2(5)	上
2(5)	1(4)	下
2(5)	3(6)	左
3(6)	2(5)	右

① 后视镜装备除雾器。

四、维修案例

一汽马自达 6 外后视镜折回功能失灵

☞ 故障现象

一辆马自达 6 轿车外后视镜折回功能失灵进站检修。经检查发现,控制外后视镜折回开关时外后视镜左右两侧均不动作,但后视镜镜片角度调节功能正常。

☞ 故障诊断

常规检查副熔丝盒内的 MIRROR 5A 熔丝,正常,左右两侧外后视镜侧线束插接器也正常。首先分析该折回功能控制原理:ACC(附件)电源经(MIRROR 5A)熔丝、控制开关至左右两侧外后视镜线束插接器(左右两侧外后视镜与控制开关属并联关系)。当外后视镜折回控制开关按下(折回),用万用表测量外后视镜线束侧插接器电压时发现,P/B 色线为 12V,P 色线也为 12V。根据原理分析,外后视镜不论内部电控结构如何,它都属于一个负载。当有电流流过负载时,在负载两端应该产生一定压降而不会是相等电位,从这点看有两种可能:

1) 有可能后视镜内部电控系统短路,用万用表测量阻值不存在短路现象。
2) 有可能是后视镜线束侧插接器至搭铁回路处有断路现象,此电路在控制开关与后视镜之间只有常用接插件和控制开关内部接点。综合分析,第一种可能被排除,只有围绕第二种可能进行检查。

用万用表对后视镜控制开关进行检测,当复位时(开关不按下)O 色线与 P/B 色线导通,P 色线与 B 色线导通;当折回时(开关按下)O 色线与 P 色线导通,P/B 色线与 B 色线导通,根据电路图分析均正常。开关正常,负载(后视镜)正常,问题只与线束和常用接插件有关。测量开关端 P 色线与左侧后视镜线束插接器 P 色线的导通情况,正常。当检测开关端 P/B 色线与左侧后视镜线束插接器 P/B 色线时,阻值为无穷大。由于该线之间只有一个常用接插件(该接插件在中控面板下部),当检查接插件时发现,该线插脚腐蚀,接触不良,处理后插牢,左右两侧外后视镜折回功能恢复正常。通过询问车主得知,由于不慎将饮料洒入该部位,当时没有发现异常就没在意。

第六章 电 动 附 件

☞ 故障总结

通过排除此故障体会到，虽然此故障是一个比较简单的故障，但只有熟悉电路原理并会应用电路图，掌握比较全面的电工基础知识和分析判断能力，才能少走弯路，提高工作效率。随着汽车科技的迅猛发展，维修人员要不断学习电子基础知识，不断积累和培养综合能力，这样才能适应当今汽修行业的要求。

第四节　电动座椅的原理与检修

一、基本结构、组成

电动座椅由双向电动机、传动装置及座椅调节器等部分组成。进行前、后移动控制的电动座椅装有一个双向电动机，在前、后移动基础上还可升、降的四向移动座椅装有两个双向电动机，除具有前、后移动和上、下升降功能外，座椅前端或后端还可分别升降的六向移动座椅装有3个双向电动机。遥控电动座椅甚至装有4个以上的双向电动机，除能保证六向移动的功能外，还能调整头枕高度、倾斜度、座椅长度及扶手位置等。前座椅结构及工作情况如图6-29所示。

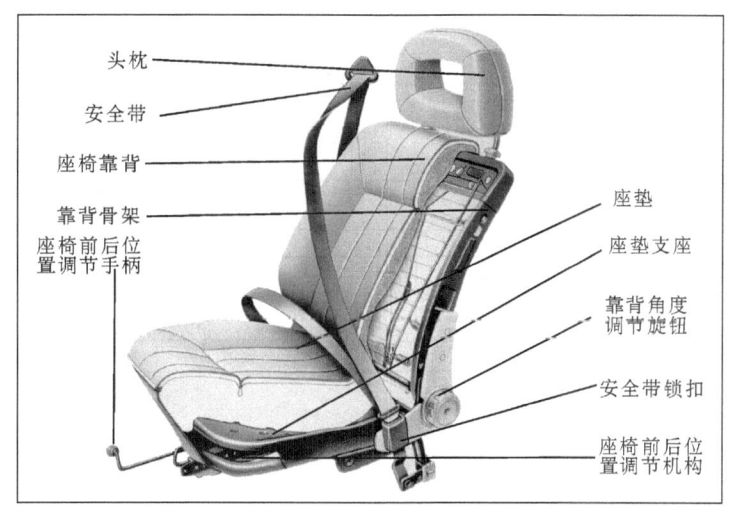

图6-29　前座椅结构及工作情况

电动座椅的机械部分由变速器、万向节、螺旋千斤顶及齿轮传动机构组成。开关接通后，电动机动力经齿轮、万向节、变速器、软轴等传至座椅调节器。当调节器到达行程终点时软轴停止运动，此时若电动机仍在运转，其动力将被橡胶万向节所吸收以防电动机过载损坏。

电动座椅的电动机采用永磁式结构，利用调整开关可控制电流流经电动机的方向。典型的调整开关由一个四位置扳钮开关和一对位置开关组成，如图6-30所示。四位置扳钮开关用来调整前、后和上、下的位置，两只双位置开关分别调整座椅的前俯和后仰。

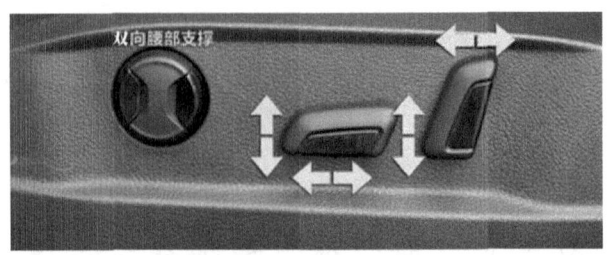

图 6-30　电动座椅的调整开关

二、工作原理

六方向电动座椅的控制电路如图 6-31 所示。流过电动机的电流方向决定了电动机的旋转方向，而电流的流向则由调整开关的电刷决定。如果驾驶人将调整开关中的四位置开关扳到"下位置"，整个座椅将下移。此时，调整开关的电刷 3 和 4 均处在左位，蓄电池电压经过电刷 4、6 和 8 分别送至座椅前部和后部的高度调节电动机。搭铁回路经电刷 5 和 7 汇合到电刷 3 搭铁。

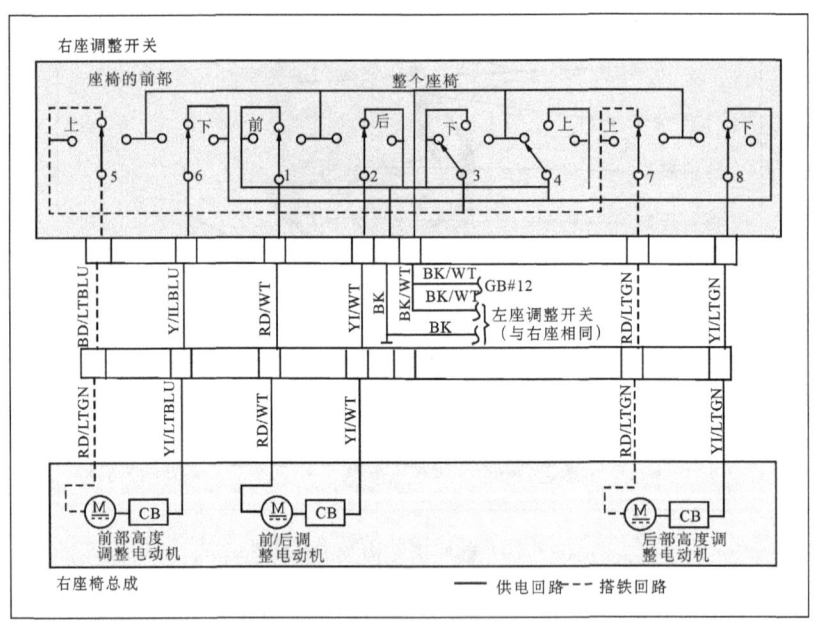

图 6-31　六方向电动座椅的控制电路

1. 带存储功能的电动座椅

带存储功能的电动座椅采用了微机控制。它能将选定的座椅调节位置进行存储，只要按指定的按键开关，座椅就会自动地调节到预先选定的座椅位置上。带存储功能电动座椅的控制电路框图如图 6-32 所示。

该系统有一个存储器，存储装置通过 4 个电位计来控制座椅的调定位置。只要座椅位置调定后，驾驶人按下存储器的按钮，电子控制装置就把这些电压信号存储起来，作为重新调整位置时的基准。使用时，只要一按按钮，就能按存储的座椅位置的要求调整座椅位置。

2. 可调整坐姿的电动座椅

可调整坐姿的电动座椅实物如图6-33所示。带驾驶姿势存储功能的电动座椅控制电路如图6-34所示。

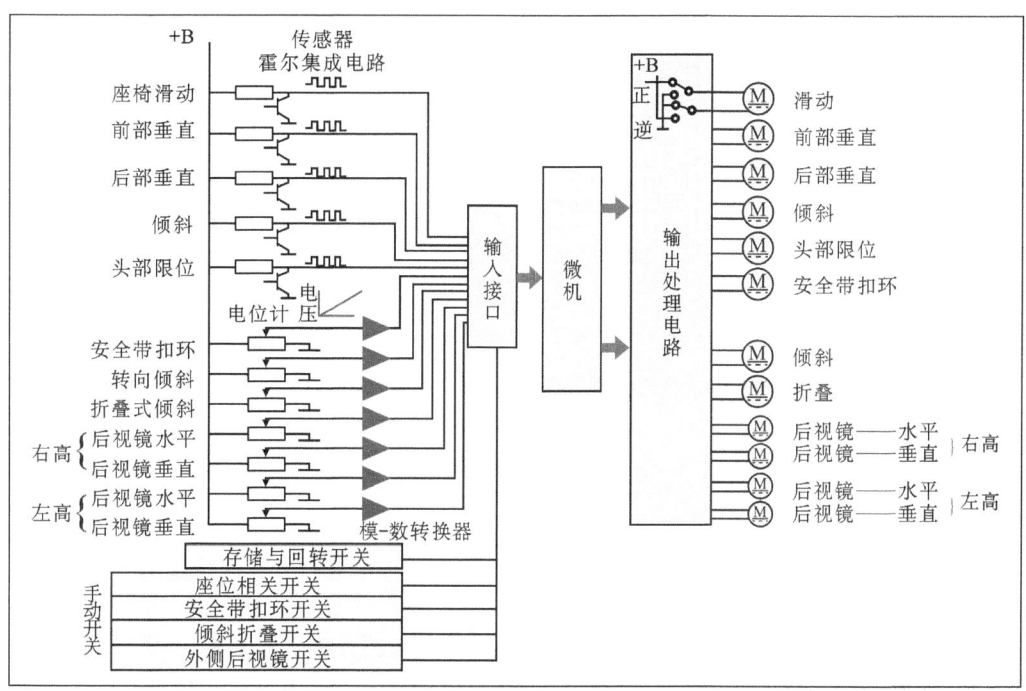

图6-32 带存储功能电动座椅的控制电路框图

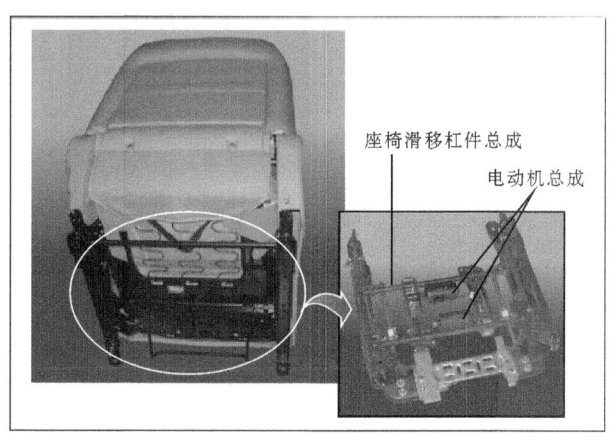

图6-33 电动座椅实物

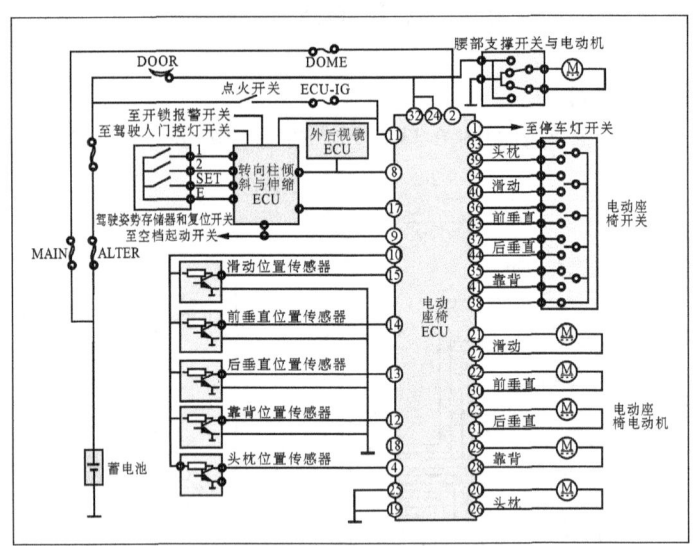

图 6-34 带驾驶姿势存储功能的电动座椅控制电路

三、电动座椅的检修

故障 1：电动座椅不动作、调节失效
如果电动座椅出现不动作、调节失效故障，可按如下方法和步骤进行检测：

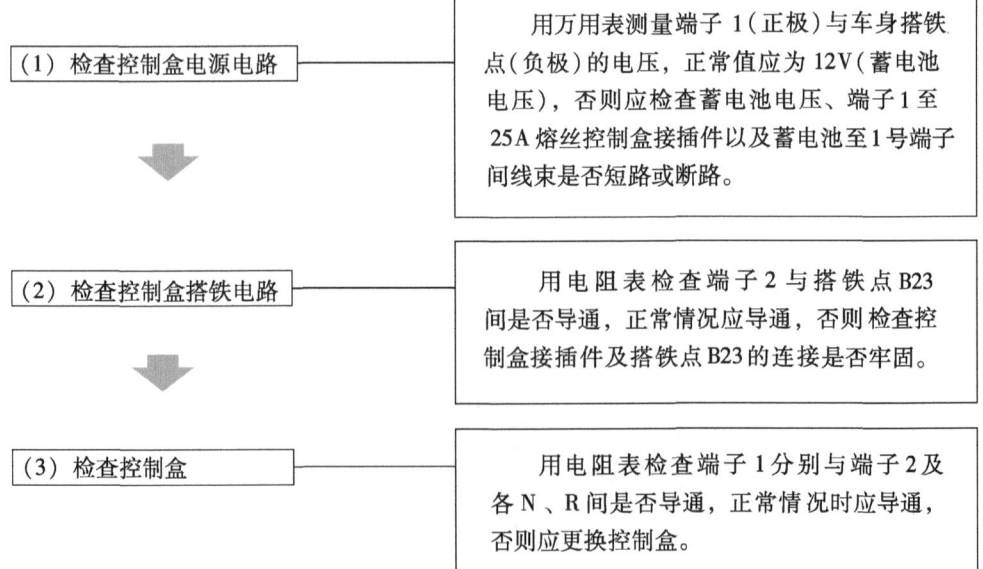

故障 2：电动座椅不能向前或向后移动
如果电动座椅不能向前或向后移动，可按如下方法和步骤进行检测：

第六章 电动附件

（1）检查控制盒(B)开关及连接线束	用试灯或发光二极管测试滑轨电动机的接插件端子D3至车身的搭铁情况，且按住控制盒向前开关"FORWARD"（连接端子B3），试灯应点亮，否则表明控制盒向前开关损坏，应更换；然后，用试灯检查滑轨电动机的接插件端子D4至车身的搭铁情况，且按住控制盒向后开关"BACK"（连接端子B4），试灯应点亮，否则表明控制盒向后开关损坏，应更换；最后，用万用表检查端子D4至B4、D3至B3间的线束导通情况，如不导通则说明M（285）线束断路或与端子连接不良，应更换或检修。

⬇

（2）检查滑动电动机	用试灯检查滑动电动机接插件D3至D4，且分别按下控制器向前、向后开关,试灯应分别点亮，否则说明接插件接触不良或滑动电动机损坏，应检修或更换。

故障3：电动座椅前端不垂直升降

如果电动座椅前端不垂直升降，可按如下方法和步骤进行检测：

（1）检查控制盒开关及连接线束	首先用试灯或发光二极管测试前升降电动机的接插件端子，且按住控制盒向下开关"DOWN"（连接端子B9），试灯应点亮，否则表明控制盒向下开关损坏，应更换；然后用试灯检查前升降电动机的接插件端子F10至搭铁点的电路情况，按住控制盒前端向上开关"UP"（连接端子B10），试灯应点亮，否则表明控制盒前端向上开关损坏，应更换；最后用万用表检查端子F9与B9、F10与B10之间的线束导通情况，如不导通则表明"O"（275）线束断路或与端子连接不良，应予修理或更换。

⬇

（2）检查前升降电动机	用试灯检查前升降电动机接插件端子F9、F10，且分别按下控制盒向上、向下开关，应分别点亮，否则表明接插件接触不良或前升降电动机损坏，应检修或更换。

故障4：电动座椅后端不垂直升降

如果电动座椅后端不垂直升降，可按如下方法和步骤进行检测：

(1) 检查控制盒(B)开关及连接线束	首先用试灯测试后升降电动机接插件端子 E1 至车身的搭铁情况，且按住控制盒后端的向下开关"DOWN"（连接端子 B7），试灯应点亮，否则表明控制盒后端向下开关损坏，应更换；然后用测试灯检查后升降电动机接插件端子 E8 至车身的搭铁情况，且按住控制盒(B)后端向上开关"UP"（连接端子 B8），试灯应点亮，否则表明控制盒后端向上开关损坏，应更换；最后用万用表检查端子 E1 至 B1、E8 至 B8 间线束的导通情况，如不导通则表明 N(215)线束断路或与端子连接不良，应更换或检修。
⬇	
(2) 检查后升降电动机	用试灯测试后升降电动机接插件端子 E1 至 B8，且分别按下控制盒后端向上和向下的开关，试灯应分别点亮，否则表明接插件接触不良或后升降电动机损坏，应检修或更换。

故障 5：电动座椅调角器不能转动

如果电动座椅调角器不转动，可按如下方法和步骤进行检测：

(1) 检查控制盒(B)开关及连接线束	首先用试灯测试调角器电动机的接插件端子 C5 至车身的搭铁情况，且按住控制盒向前开关"FORWARD"，试灯应点亮，否则表明控制盒向前开关损坏，应更换；然后用试灯测试调角器电动机接插件端子 C6 至车身的搭铁情况，且按住控制盒后端向后开关"BACK"（B6 相连），试灯应点亮，否则表明控制盒后端向后开关损坏，应更换；最后用万用表检查端子 C5 与 B5、C6 与 B6 间线束的导通情况，若不导通则表明 I(680)线束断路或与端子连接不良，应更换或检修。
⬇	
(2) 检查调角器电动机	用试灯检查调角器电动机的接插件 C5 至 C6，并分别按下控制盒后端开关向前"FORWARD"及向后"BACK"，试灯应点亮，否则表明接插件接触不良或调角器电动机损坏，应检修或更换。

四、维修案例

案例：克莱斯勒电动座椅卡孔

部分 2001~2005 年生产的 Sebring 和 Stratus 轿车的电动座椅偶尔会出现粘连或完全卡死的故障。克莱斯勒汽车公司称，故障原因可能是调节器长螺钉氧化，或者座椅调节连杆润滑不足。

维修时，将吊灯和镜子放到后面乘员地板部位，照亮座椅下面，固定好镜子的位置，以便看清座椅底部。如果在调节器的两根水平方向的长螺钉上发现了氧化现象,则应松开座椅螺栓,向后推动座椅以露出座椅的整个调节器机构,用钢丝刷清除金属上的氧化层。这时,使用电动座椅,如果还是粘连,应在整个螺钉长度方向涂抹足量的润滑脂(零件号为05017414AA),然后再前后使用电动座椅数次,使润滑脂分布均匀。最后,重新安装座椅,并将其固定螺栓拧至45lbf·ft(约60.8N·m)即可。

第五节 中控门锁、防盗报警系统的原理与检修

一、中控门锁系统的组成及工作原理

中央门锁系统主要由控制开关、门锁控制器和门锁执行机构等组成,如图 6-35 所示。

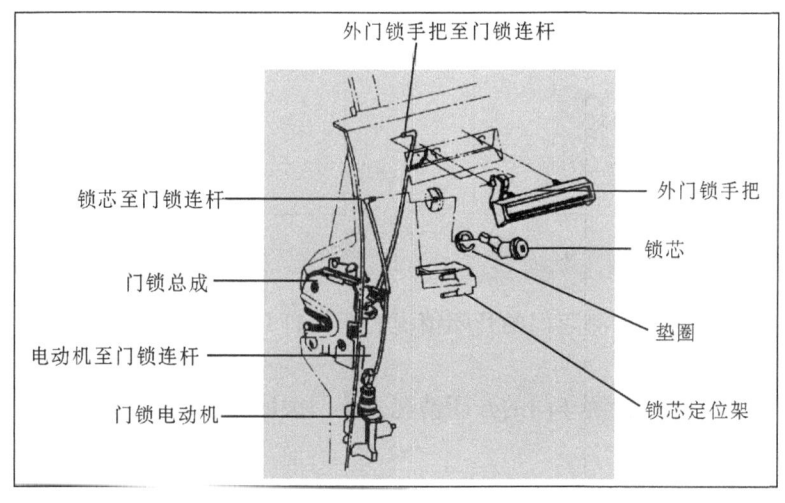

图 6-35 中央门锁系统的组成

1. 控制开关

(1) 门锁控制开关 安装在前左门和右门的扶手上,如图 6-36 所示。将开关推向前门是锁门,推向后门是开门。

(2) 钥匙开锁报警开关 用于探测点火钥匙是否插进钥匙门内,当钥匙在钥匙门内时,钥匙开锁报警开关接通电路报警;当钥匙离开钥匙门时取消报警,如图 6-37 所示。

(3) 钥匙控制开关 安装在每个前门的钥匙门上,如图 6-38 所示。当从外面用钥匙开门和关门时,钥匙控制开关便发出开门或锁门的信号给门锁 ECU。

(4) 行李箱盖开启器开关 位于仪表板下面,拉动此开关便能打开行李箱盖,如图6-39 所示。钥匙门靠近行李箱盖开启器,推压钥匙门,断开行李箱内主开关,此时再拉开启器开关也不能打开行李箱盖。将钥匙插进钥匙门内顺时针旋转打开钥匙门,当主开关再次接通时,便可用行李箱盖开启器打开行李箱。

图 6-36　门锁控制开关

图 6-37　钥匙开锁报警开关

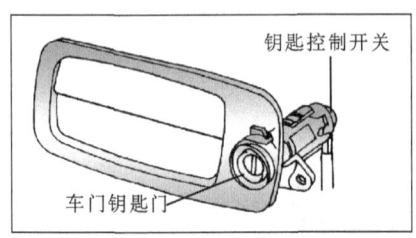

图 6-38　钥匙控制开关

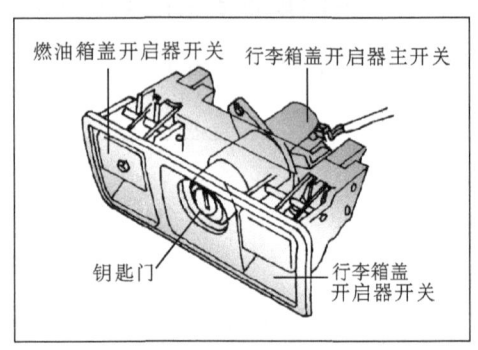

图 6-39　行李箱盖开启器开关

（5）门控开关　用于探测车门的开闭情况。车门打开时，门控开关接通；车门关闭时，门控开关断开。

（6）门锁开关　用于检测车门的开闭情况。车门关闭时，门锁开关断开；车门开启时，门锁开关接通。

2. 门锁控制器

（1）晶体管式　门锁控制器内部设有闭锁和开锁两个继电器，由晶体管开关电路控制，利用电容器的充、放电过程，控制一定的脉冲电流持续时间，使门锁执行机构完成闭锁和开锁动作，如图 6-40 所示。

（2）电容式门　该系统利用充足电的电容器，在工作时继电器串联接入电容器的放电回路，使其触点短时间闭合。当（正向或反向）转动车门钥匙时，相应的电路开关（闭锁或开锁）接通，电容器放电电流通过继电器线圈搭铁，线圈产生电磁吸力，触点闭合，接通执行机构电磁线圈的电路，完成闭锁或开锁的动作。当电容器放电完毕后，继电器触点打开，中央门锁系统停止工作。此时另一只电容器被充电，为下一次操纵做好准备，如图 6-41 所示。

（3）车速感应式　在中央门锁系统中加装一车速（10km/h）感应开关，当汽车行驶速度达 10km/h 以上时，若车门未闭锁，不需要驾驶人操纵，门锁控制器将自动关闭。每个门可单独进行门锁开关。车速感应式中央门锁系统电路如图 6-42 所示。

第六章 电动附件

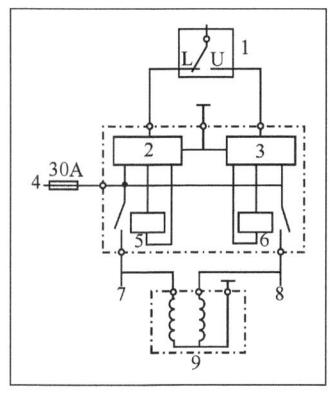

图 6-40 晶体管式中央门锁系统

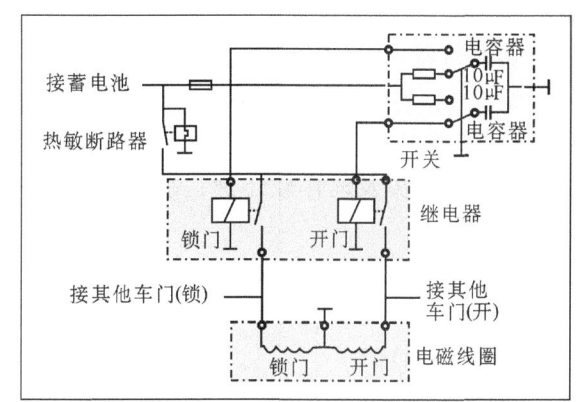

图 6-41 电容控制的中央门锁系统电路

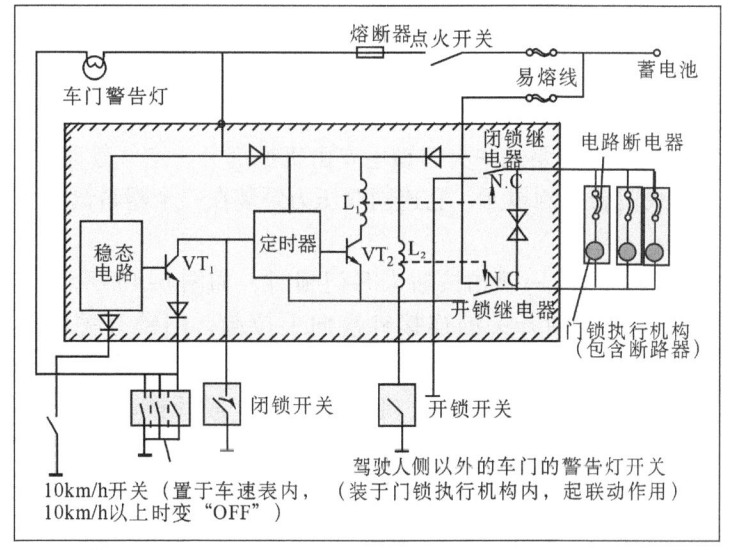

图 6-42 车速感应式中央门锁系统电路

接通点火开关,电流流经 3 个车门警告灯开关搭铁(此时若门锁未锁,则开关打开),警告灯点亮。若按下闭锁开关,则定时器使晶体管 VT_2 导通。在 VT_2 导通期间,锁定继电器线圈 L_1 通电,锁定继电器常开触点闭合,门锁执行机构通过正向电流,车门闭锁。按下开锁开关,则开锁继电器线圈 L_2 通电,开锁继电器常开触点闭合,门锁执行机构通过反向电流,车门开锁。若车门未闭锁,且行车速度低于 10km/h,置于车速表内的 10km/h 开关闭合,此时稳态电路不给 VT_1 提供基极电流;当车速高于 10km/h 时,10km/h 开关断开,此时稳态电路给 VT_1 提供基极电流,VT_1 导通,定时器触发经 VT_1 和车门警告灯开关搭铁,就像按下闭锁开关一样,使车门闭锁,从而保证行车安全。

3. 门锁执行机构

(1)电磁线圈式　其内部有两个电磁线圈,分别用于开启和关闭门锁。当给锁门线圈通电时,衔铁带动连杆左移,即锁门;当给开门线圈通电时,衔铁带动连杆右移,即开锁,如图6-43所示。

（2）电动机式　采用可逆式电动机，如图6-44所示。当电动机转动时，蜗杆带动齿轮转动，齿轮推动锁杆，车门被锁上或打开，然后齿轮在回位弹簧的作用下返回原位置，防止操纵锁钮时电动机工作。位置开关当锁杆推向锁门位置时断开，推向开门位置时接通。其优点是体积小，耗电少及动作较迅速；缺点是开启和关闭之后，由于疏忽通电，易烧坏电动机。

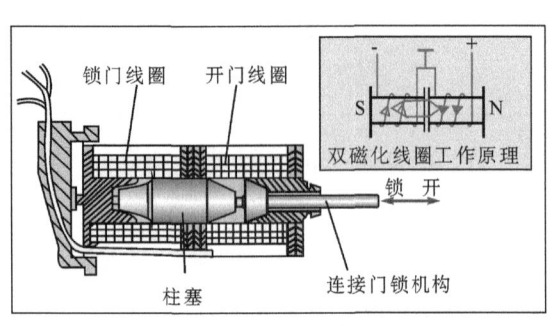

图6-43　电磁铁式门锁执行机构

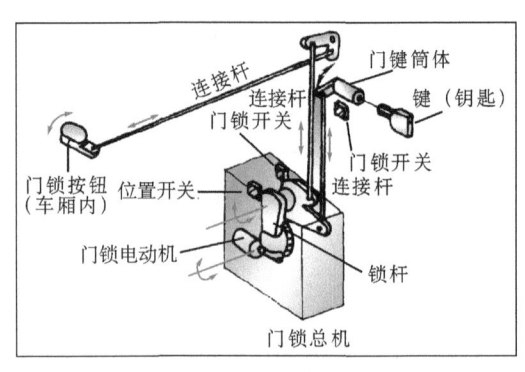

图6-44　电动机式门锁执行机构

（3）双压力泵式　双压力泵式中央门锁主要由机械部分、空气管路和电路3部分组成。电路部分的核心是中央门锁控制单元，它连同双压力泵装在一个塑料盒内，安装在后座椅下面，如图6-45所示。

当用钥匙或拨动两前门任一锁扣按钮来开门锁时，如图6-46所示，由于门锁通过连接杆与门锁开关相连接，门锁开关的连接杆被向上拉起，门锁开关内的开锁触点闭合。控制单元收到此信号后，立即命令双压力泵转动以压缩空气，系统管路中的气体呈正压，气体进入4个车门及行李箱盖的控制元件（膜片室）内，膜片推动连接杆向上运动将门锁打开。

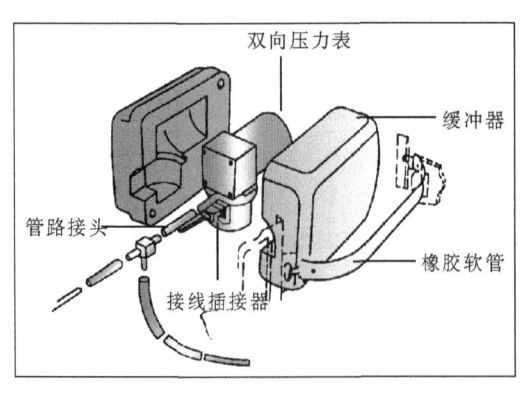

图6-45　双压力泵及控制单元

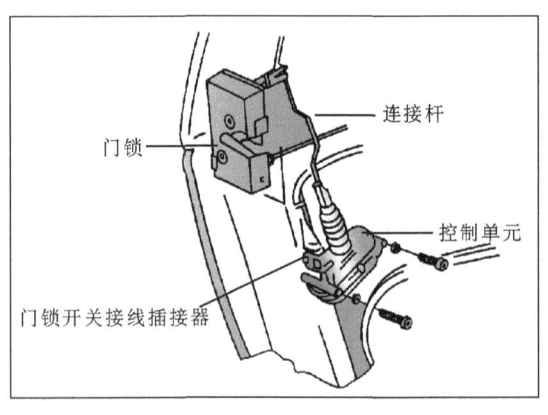

图6-46　前门锁控制元件

当用钥匙或按下两门的任一锁扣来锁住车门时，门锁开关的连接杆被压下，门锁开关内的门锁触点闭合，控制单元收到此信号后，立即命令双压力泵向另一个方向运转，用以抽吸空气，系统管路中呈负压，各门锁的控制元件的膜片室内进入真空状态，膜片带动连接管向下运动将门锁锁住。

后门及行李箱的门锁控制元件与前门的不同,它们没有门锁开关及接线,只是一个气动执行元件。

二、门锁无线遥控系统

不用钥匙插入门锁,可实现远距离开锁和闭锁。门锁无线遥控系统主要由发射机、分配器、接收机及熔丝装置等组成,其工作原理如图6-47所示。

发射机将此载体的频率按照数字识别代码信号进行频道偏移调制(FSK),再进行FM调制和发射,而不受外来杂音的干扰。FM波由汽车无线电调频机的FM天线进行接收,通过分配器进入接收机ECU的高频增幅处理器进行处理,与存储的识别代码进行比较。如果正确,则输入控制电路,控制执行元件工作。

发射机与点火钥匙合二为一,如图6-48所示。从识别代码存储回路到FSK调制回路,由于采用单芯片集成电路而使体积小型化,集成电路的背面为锂电路。发射开关每按一次,接收器便接收一次锁或解锁命令。

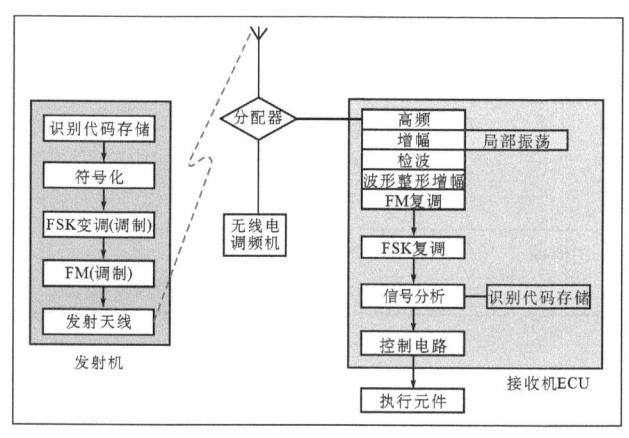

图6-47 门锁无线遥控系统工作原理

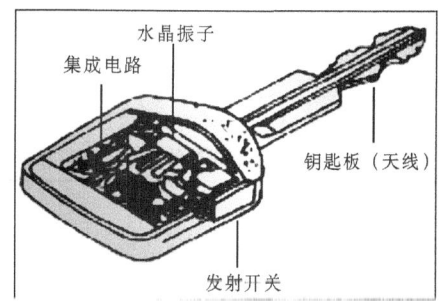

图6-48 发射机与点火钥匙合二为一

三、中控门锁的故障检修

1. 中控门锁故障检修

下面以丰田雷克萨斯LS400电动中央门锁系统为例,说明中央门锁系统的检修。

雷克萨斯LS400车门锁控制系统具有钥匙联动锁门和开门功能以及钥匙禁闭预防功能。所有车门可以通过前左或前右侧门上的钥匙操纵开关同时锁住和打开。若已执行了锁门操纵,而一侧前门打开并且点火开关钥匙仍插在锁芯中,则所有的车门会自动打开,以防止点火开关钥匙遗忘在汽车内。行李箱盖可以通过电磁开启器打开。

当有人企图不用钥匙强行进入汽车或打开发动机罩或行李箱盖时,或当蓄电池端子被拆下又重新连接时,防盗系统会使喇叭发声,并闪烁前灯和尾灯约1min作为报警。与此同时,系统关闭所有车门并脱开起动电动机电源。

雷克萨斯LS400中央门锁的常见故障及排除方法如表6-7所示。

表 6-7 雷克萨斯 LS400 中央门锁的常见故障及排除方法

故 障 现 象	排 除 方 法
门锁控制系统无动作功能	1) ECU 电源电路 2) 执行器电源电路 3) 行李箱盖开启电路 4) 门锁电动机电路 5) 防盗和门锁控制 ECU(门锁控制继电器)
用门锁控制开关和钥匙操纵开关不能控制所有车门, 部分车门锁住或打开	1) 门锁电动机电路 2) 防盗和门锁控制 ECU(门锁控制继电器)
门锁控制开关不能控制车门锁住或打开(用钥匙操 纵开关锁门和开门正常)	1) 门锁控制开关电路 2) 防盗和门锁控制 ECU(门锁控制继电器)
用钥匙操纵开关不能锁门或开门(用门锁控制 开关锁门或开门正常)	1) 钥匙操纵开关电路 2) 防盗和门锁控制 ECU(门锁控制继电器)
不执行钥匙禁闭预防功能	1) 钥匙未锁警告开关电路 2) 位置开关电路(前) 3) 行李箱盖开启器主开关和开启器开关电路 4) 点火开关电路
不执行行李箱盖开启器功能	1) 位置开关电路(前) 2) 行李箱盖开启电路 3) 点火开关电路
即使钥匙插入点火开关锁芯内并转到 ACC 位置,门锁控 制系统的安全功能未消除	1) 点火开关电路 2) 防盗和门锁控制 ECU(门锁控制继电器)

2. 中控门锁故障维修实例

☞ 故障现象

一辆行驶 2000km 的凯越轿车,车主对车辆进行贴膜装饰后出现中控门锁失效故障,即遥控和手动开关都不能锁止车门。

☞ 故障诊断

凯越轿车中控门锁电路如图 6-49 所示。根据车主的描述,依次检查中控门锁的电源输入信号、中控模块、遥控模块、输出控制信号、各门锁执行器。检查中控锁的电源和搭铁都正常,输入开锁信号不工作时对地断路,对电源电压断路,工作时对地导通。闭锁信号不工作时对地断路,对电源电压断路,工作时对地导通。依此判断门锁开关和电路正常。然后对左前门锁和防盗开关检查,结果表明开关和电路正常,更换新的中控模块后进行测试,故障依然存在。更换新的遥控模块后,故障依旧。对门锁输出控制电路和各执行器采用直接供电法测试,即用蓄电池电源连接中控模块插接器的 2 号脚,然后把 3 号脚搭铁,上锁正常;3号脚连接电源,2 号脚搭铁,开锁正常,这表明输出电路和各门锁执行器正常。

在反复测试中发现,中控模块中的继电器有"啪、啪"的动作声音传出,但模块并不能输出控制电压。另一个奇怪的现象是,开锁时开锁信号线搭铁,同时闭锁信号线也搭铁;闭锁时,开锁和闭锁两信号线依然同时搭铁。直接测量两信号线的电阻,两信号线是短路的。然后依次断开两信号线上的门锁开关，左前门锁和防盗开关、遥控模块两根线依然短路。下一个重点就只有两根线上的接线点，拆开线束发现实际的分线点比电路图上的分线多出两根，这多出的两根线通到哪里？有什么作用？电路图上没有表示出来。经拆开整个线束才发现，多出的两根线通往205插接器，而插接器的另一端并没有连线，是两根悬空的线。车辆在贴膜过程中，贴膜的水进入了205插接器，使两根悬空线的插件生锈短路，从而造成整个中控门锁不能工作。经除锈处理后，中控门锁工作正常。

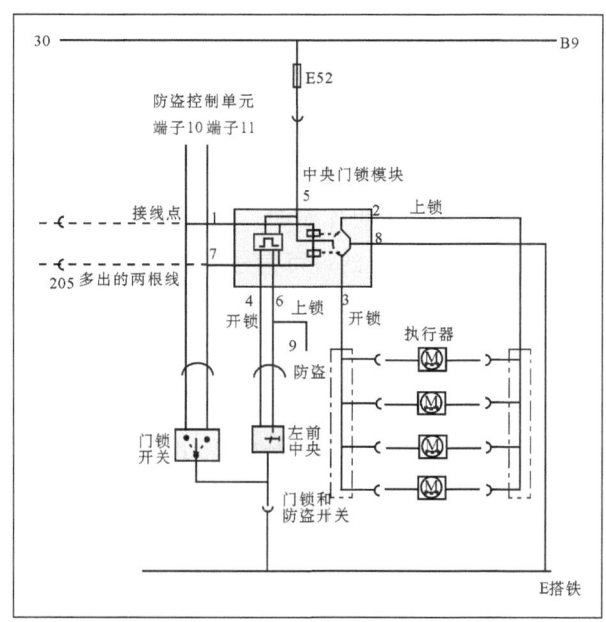

图6-49　凯越轿车中控门锁电路

四、防盗报警系统

许多现代汽车都装有防盗报警系统，当有人擅自打开任何一个车门时，报警系统以及与其相连接的声光电路立即启动报警，且不允许发动机起动或在发动机起动后几秒会自行熄火，以达到防盗的目的。

1. 组成及功用

防盗报警系统主要由电子模块、触发继电器、报警继电器、起动中断继电器、门框侧开关以及门锁开关等组成。当把自动门锁开关置于LOCK位置时，车门锁定后即开始进入预警状态。这时如防盗报警系统检测到有人用不正当的手段开启车门、发动机室盖、行李箱，或破坏车窗、车厢内有人移动、车辆倾斜时，报警电路就会启动：喇叭发出声响，尾灯、顶灯、外灯等发光，同时接通起动中断电路，有些车型还要将发动机点火和燃油供应切断，以防止发动机不正当起动。为防止破坏防盗报警系统（常用方法切断电源），有些车型在隐蔽位置加装了支援后备电源，防盗报警系统原理图如图6-50所示。

2. 防起动装置

防起动装置是利用机械或电气的方法阻止车辆行驶的装置，一般是阻止发动机起动。图6-51所示是电子式身份验明装置（简称ID），就是钥匙开关或电子钥匙（利用电子控制的钥

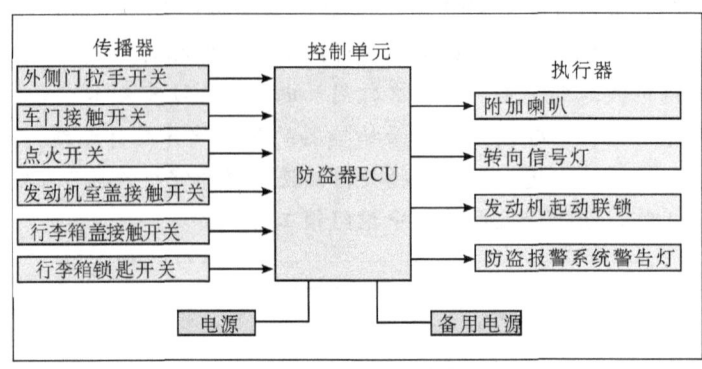

图 6-50 防盗报警系统原理图

匙键）。身份验明校核装置就是利用钥匙操作对照、判断 ID，输出许可信号的控制装置。所谓许可装置是按照来自身份验明校核装置的许可信号，进行发动机起动的装置。这些装置包括发动机 ECU、燃油泵或阀、点火继电器、起动机继电器等。柴油机则是装有电子控制装置的燃油泵。

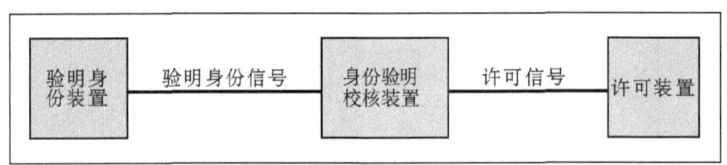

图 6-51 电子式身份验明装置

3. 防盗报警系统故障检修

仍以丰田雷克萨斯 LS400 为例，说明其防盗报警系统的故障检修方法，如表 6-8 所示。

表 6-8 雷克萨斯 LS400 防盗报警系统的常见故障表

故障现象			应检查电路
防盗报警系统不能设定			1）指示灯电路 2）行李箱盖钥匙操纵开关电路 3）行李箱盖控灯开关电路 4）门控灯开关电路 5）位置开关电路（后） 6）发动机室盖控制开关电路
系统设定后指示灯不闪烁			指示灯电路
系统设定后	后门打开时	系统不工作	位置开关电路（后）
	发动机室盖打开时		发动机室盖控制灯开关电路
在系统发出报警期间	汽车喇叭不发声		汽车电喇叭继电器电路
	防盗喇叭不发声		防盗喇叭电路
	前灯、尾灯不闪		前灯、尾灯控制继电器电路
	起动机电路未能切断		起动机继电器电路
	后门锁处于打开状态，不能锁住		位置开关电路（后）

第六章 电动附件

(续)

故障现象		应检查电路
系统已设定	点火钥匙转至 ACC 或 "ON" 时不能消除	点火开关电路
	用钥匙打开行李箱盖时仍能工作	行李箱盖钥匙操纵开关电路
	即使后门打开系统仍能维持设定状态	门控灯开关电路
即使系统未设定	汽车喇叭发响	汽车喇叭继电器电路
	防盗喇叭发响	防盗喇叭电路
	前灯一直亮	前灯控制继电器电路
	尾灯一直亮	尾灯控制继电器电路

注意：防盗报警系统的故障排除是以车门锁控制系统工作正常为前提的。因此，在进行防盗报警系统故障检修前，应首先检查并确定车门锁控制系统能正常工作。

参 考 文 献

[1] 赵学敏,王玉东. 汽车电气系统构造与维修[M]. 北京:国防工业出版社,2003.
[2] 张美娟. 汽车电器与电控系统简明教学图解[M]. 北京:电子工业出版社,2004.
[3] 孙余凯,项绮明. 汽车电器维修入门[M]. 北京:人民邮电出版社,2004.
[4] 张春化,蹇小平. 汽车电器与电路[M]. 北京:人民邮电出版社,2003.
[5] 周建平. 汽车电气设备构造与维修[M]. 北京:人民交通出版社,2002.
[6] 毛峰. 汽车电器设备与维修[M]. 北京:机械工业出版社,2005.
[7] 王遂双. 汽车电子控制系统的原理与检修[M]. 北京:北京理工大学出版社,2004.
[8] 张美娟,廖学军,王库房. 高级汽车维修电工培训教材[M]. 北京:电子工业出版社,2004.
[9] 杨宝玉. 汽车电脑[M]. 北京:人民交通出版社,2005.
[10] 舒华,姚国平. 汽车电子控制技术[M]. 北京:人民交通出版社,2002.

读者沟通卡

一、申请课件

本书附赠教学课件供任课教师采用,可在机械工业出版社教育服务网(www.cmpedu.com)注册后免费下载;也可扫描二维码关注"爱车邦"微信订阅号获取课件。

 爱车邦	**免费下载** 教学课件、学习视频、海量学习资料 ➢ 扫描二维码,关注**"爱车邦"** ➢ 点击"粉丝互动"→"视频课件"

二、意见反馈和编写合作

联 系 人:谢元
电　　话:010-88379771
电子信箱:22625793@qq.com
地　　址:北京市西城区百万庄大街 22 号汽车分社
邮　　编:100037